3-vallin kara: Täysi pöydän ympyräkuvio

Esimerkkejä ammattilaisurheilun turnauksista

Testaa itsesi vastaan ammattilaisjoukkueita

Allan P. Sand
PBIA Sertifioitu biljardin ohjaaja

ISBN 978-1-62505-276-6
PRINT 7x10

ISBN 978-1-62505-430-2
PRINT 8.5x11

First edition

Copyright © 2019 Allan P. Sand

All rights reserved under International and Pan-American Copyright Conventions.

Published by Billiard Gods Productions.
Santa Clara, CA 95051
U.S.A.

For the latest information about books and videos, go to: http://www.billiardgods.com

Acknowledgements
Wei Chao created the software that was used to create these graphics.

Sisällysluettelo

Käyttöönotto 1
Tietoja taulukon asetteluista 1
Taulukon asennusohjeet 2
Asettelujen tarkoitus 2
A: Täysi ympyrä (pitkä vallin) 3
   A: Ryhmä 1 3
   A: Ryhmä 2 8
   A: Ryhmä 3 13
   A: Ryhmä 4 18
   A: Ryhmä 5 23
B: Täysi ympyrä (lyhyt vallin) 28
   B: Ryhmä 1 28
   B: Ryhmä 2 33
   B: Ryhmä 3 38
C: 4 vallin (pitkä vallin) 43
   C: Ryhmä 1 43
   C: Ryhmä 2 48
   C: Ryhmä 3 53
   C: Ryhmä 4 58
   C: Ryhmä 5 63
D: 4 vallin (lyhyt vallin) 68
   D: Ryhmä 1 68
   D: Ryhmä 2 73
   D: Ryhmä 3 78
   D: Ryhmä 4 83
E: 5 vallin (pitkä vallin) 88
   E: Ryhmä 1 88
   E: Ryhmä 2 93
   E: Ryhmä 3 98
   E: Ryhmä 4 103
   E: Ryhmä 5 108
F: 5 vallin (lyhyt vallin) 113
   F: Ryhmä 1 113
   F: Ryhmä 2 118
G: 6+ vallin (pitkä vallin) 123
   G: Ryhmä 1 123
   G: Ryhmä 2 128
   G: Ryhmä 3 133
   G: Ryhmä 4 138
H: 6+ vallin (lyhyt vallin) 143
   H: Ryhmä 1 143
   H: Ryhmä 2 148

Other books by the author …
- 3 Cushion Billiards Championship Shots (a series)
- Carom Billiards: Some Riddles & Puzzles
- Carom Billiards: MORE Riddles & Puzzles
- Why Pool Hustlers Win
- Table Map Library
- Safety Toolbox
- Cue Ball Control Cheat Sheets
- Advanced Cue Ball Control Self-Testing Program
- Drills & Exercises for Pool & Pocket Billiards
- The Art of War versus The Art of Pool
- The Psychology of Losing – Tricks, Traps & Sharks
- The Art of Team Coaching
- The Art of Personal Competition
- The Art of Politics & Campaigning
- The Art of Marketing & Promotion
- Kitchen God's Guide for Single Guys

Käyttöönotto

Tämä on yksi sarjasta 3 tyyny biljardi -kirjoja, jotka osoittavat, kuinka ammattimaiset pelaajat tekevät päätöksiä, jotka perustuvat taulukon asetteluun. Kaikki nämä ulkoasut ovat kansainvälisiltä kilpailuilta.

Nämä asettelut asettavat sinut pelaajan päähän, alkaen pallojen paikoista (ensimmäisessä taulukossa). Toisen taulukon asettelun mukaan pelaaja päätti tehdä.

Tietoja taulukon asetteluista

Nämä ovat pöydän kolme palloa:

Ⓐ (CB) (sinun biljardipallo)

⊙ (OB) (vastustaja biljardipallo)

● (OB) (punainen biljardipallo)

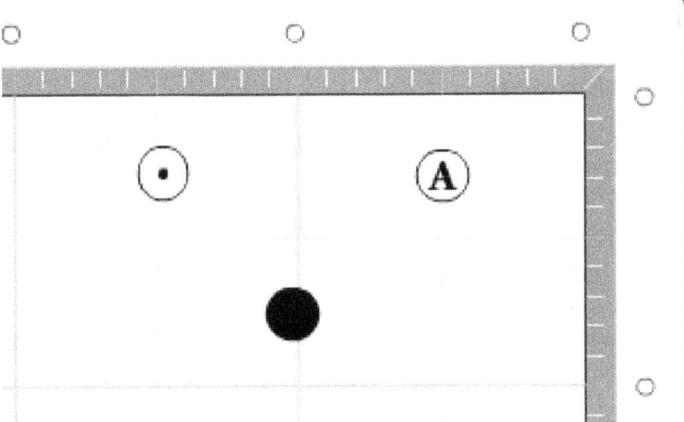

Jokaisessa konfiguraatiossa on kaksi taulukon ulkoasua. Ensimmäinen taulukko on pallopisteitä. Toinen taulukko on, kuinka pallot liikkuvat pöydällä.

Taulukon asennusohjeet

Käytä paperin vahvistusrenkaita merkitsemään pallopisteitä (ostakaa missä tahansa toimistotarvikkeiden myymälässä).

Aseta kolikko jokaiseen pöytätyynyyn, jonka (CB) koskettaa.

Vertaa (CB) polkuasi toisen taulukkon kokoonpanon kanssa. Jos haluat oppia, saatat tarvita useita yrityksiä. Jokaisen vian jälkeen tee säätö ja yritä uudelleen, kunnes olet onnistunut.

Asettelujen tarkoitus

Nämä asettelut on tarkoitettu kahteen tarkoitukseen.

- Analyysisi - Kotona voit pohtia, kuinka pelata kokoonpanoa ensimmäisellä pöydällä. Vertaa ideoita toisen taulukon todelliseen kuvioon. Ajattele ratkaisua ja harkitse vaihtoehtoja. Toisesta taulukosta voit myös analysoida, miten ohjeita noudatetaan. Henkisesti pelata laukaus ja päättää, miten voit onnistua.

- Käytä pöydän kokoonpanoa - Aseta pallot paikoilleen ensimmäisen pöydän kokoonpanon mukaisesti. Yritä kuvata samalla tavoin kuin toinen taulukkokaavio. Saatat tarvita useita yrityksiä ennen kuin löydät oikean tavan pelata. Näin voit oppia ja pelata näitä laukauksia kilpailujen ja turnausten aikana.

Henkisen analyysin ja käytännön käytännön yhdistelmä tekee sinusta älykkäämpää pelaajaa.

A: Täysi ympyrä (pitkä vallin)

(CB) menee pois ensimmäisestä (OB) pitkästä vallin ja sitten lyhyeen vallin. Ympyrä jatkuu vastakkaiseen pitkään vallin.

Ⓐ (CB) (sinun biljardipallo) – ⊙ (OB) (vastustaja biljardipallo) – ● (OB) (punainen biljardipallo)

A: Ryhmä 1

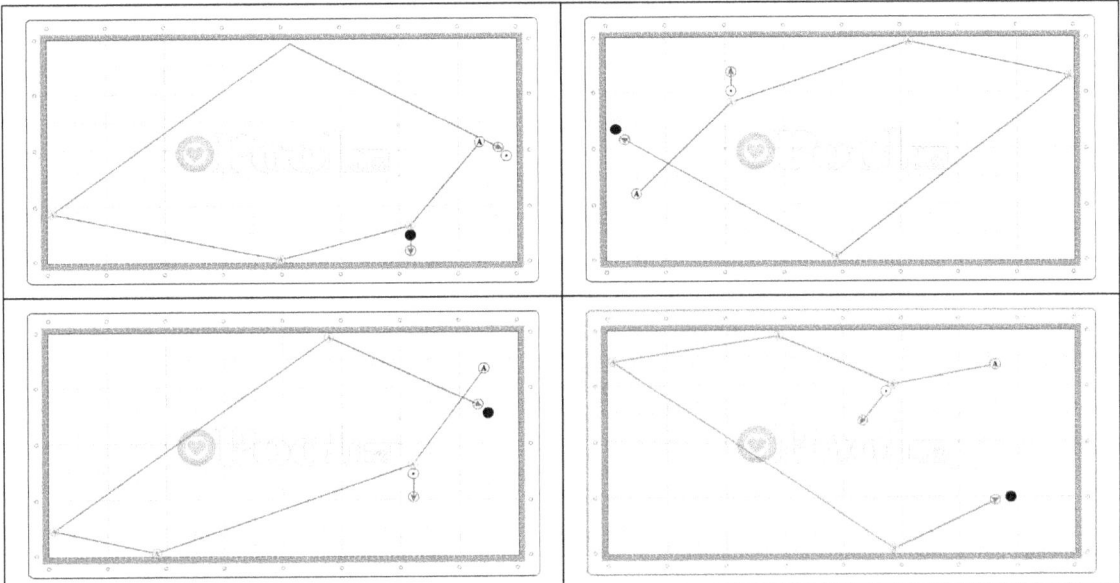

Analyysi:

A:1a. _____

A:1b. _____

A:1c. _____

A:1d. _____

A:1a – Piirustus

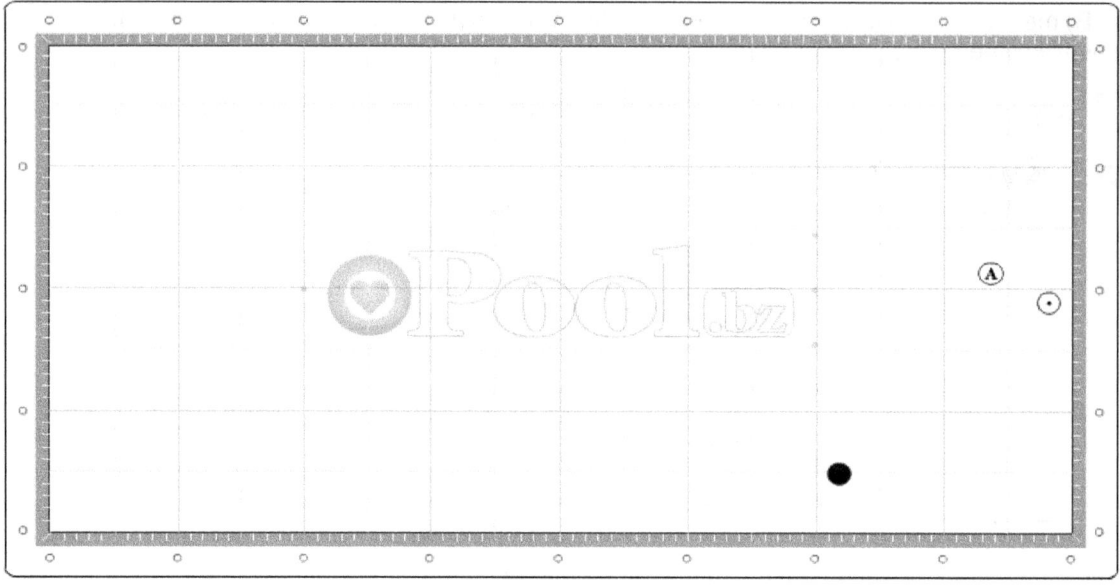

Huomautuksia ja ideoita:

Pallokuviota

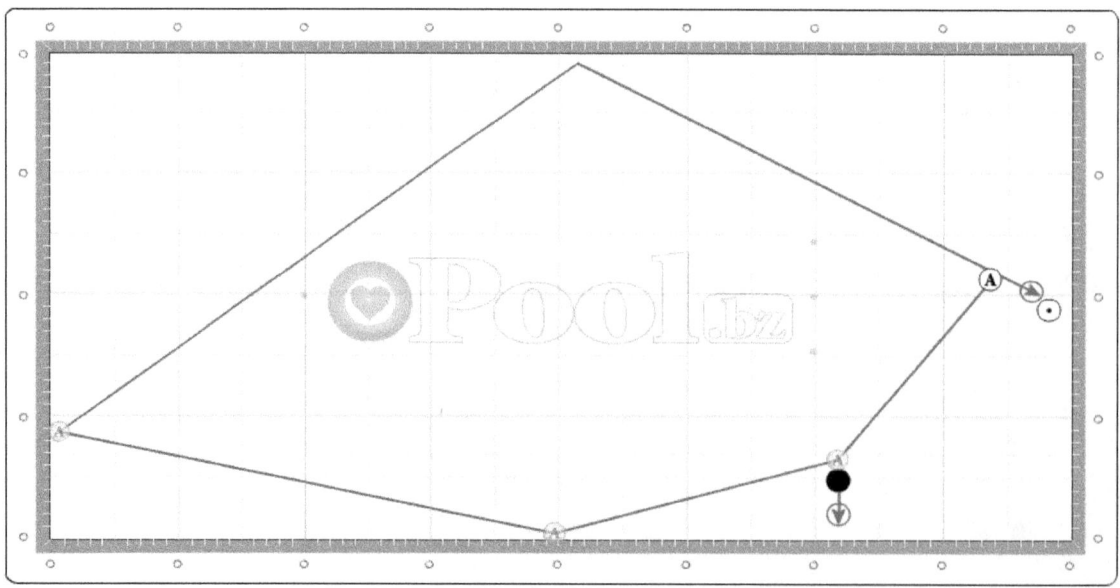

A:1b – Piirustus

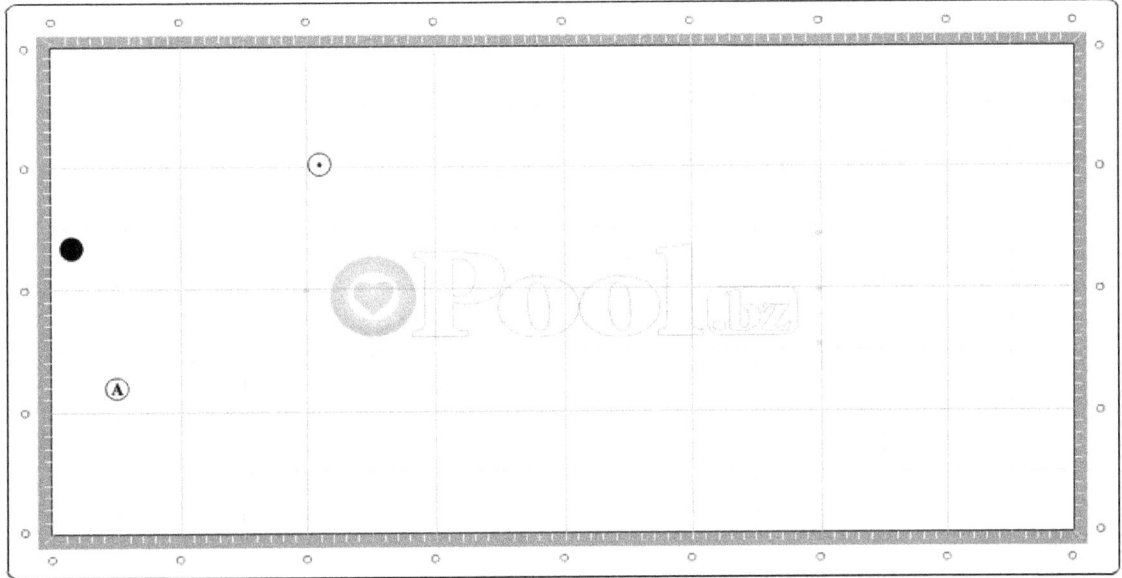

Huomautuksia ja ideoita:

Pallokuviota

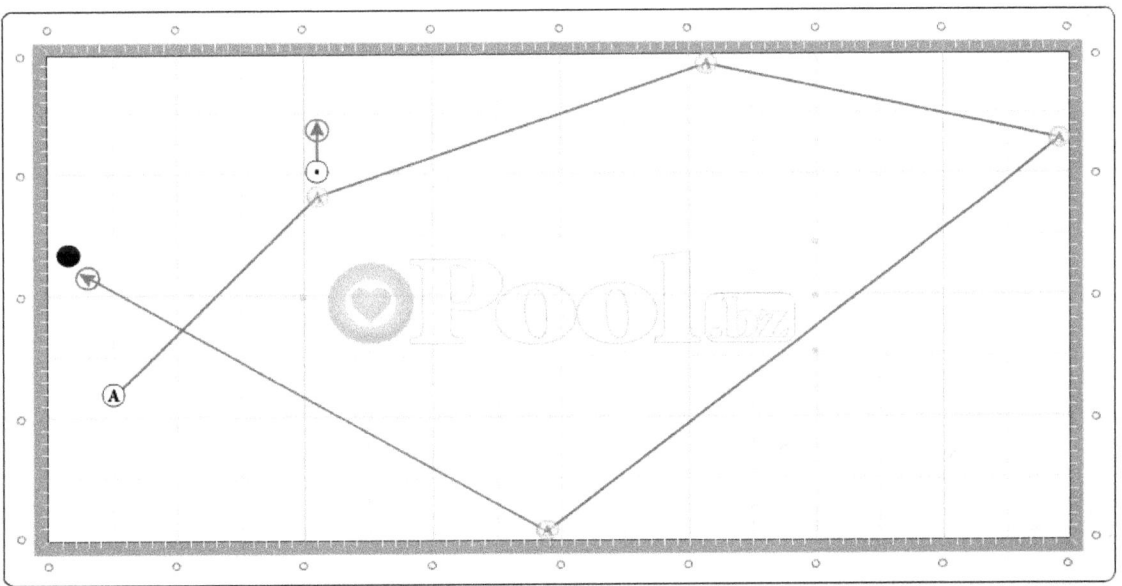

A:1c – Piirustus

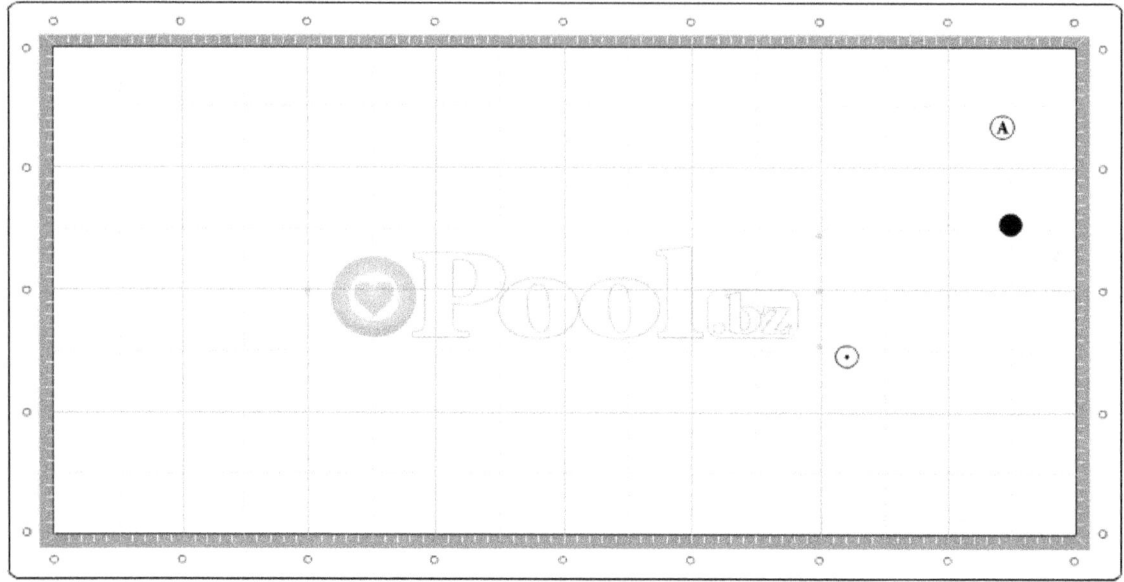

Huomautuksia ja ideoita:

Pallokuviota

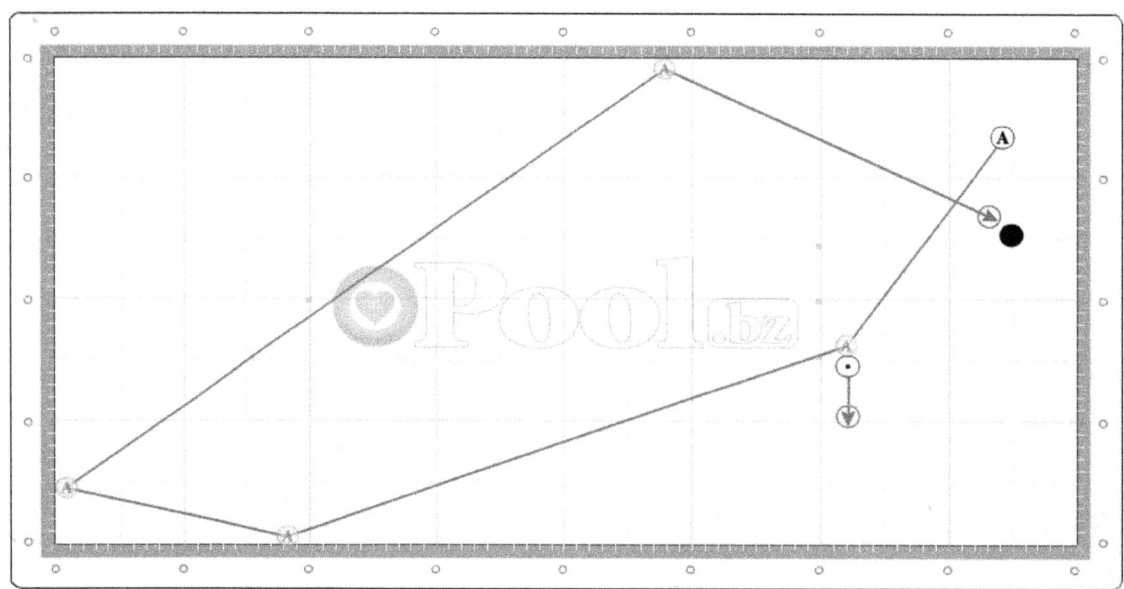

A:1d – Piirustus

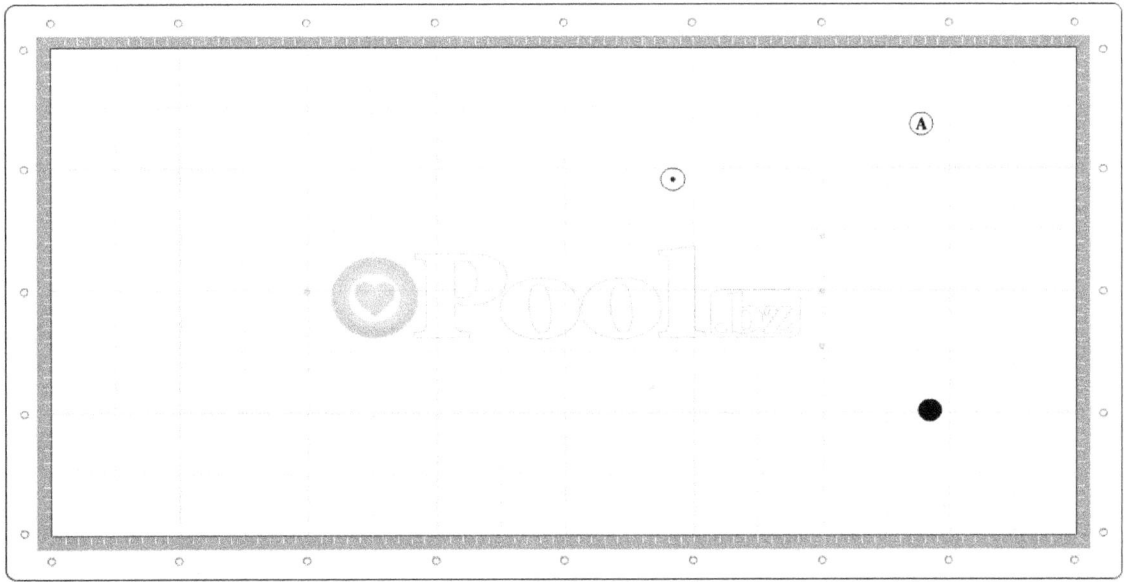

Huomautuksia ja ideoita:

Pallokuviota

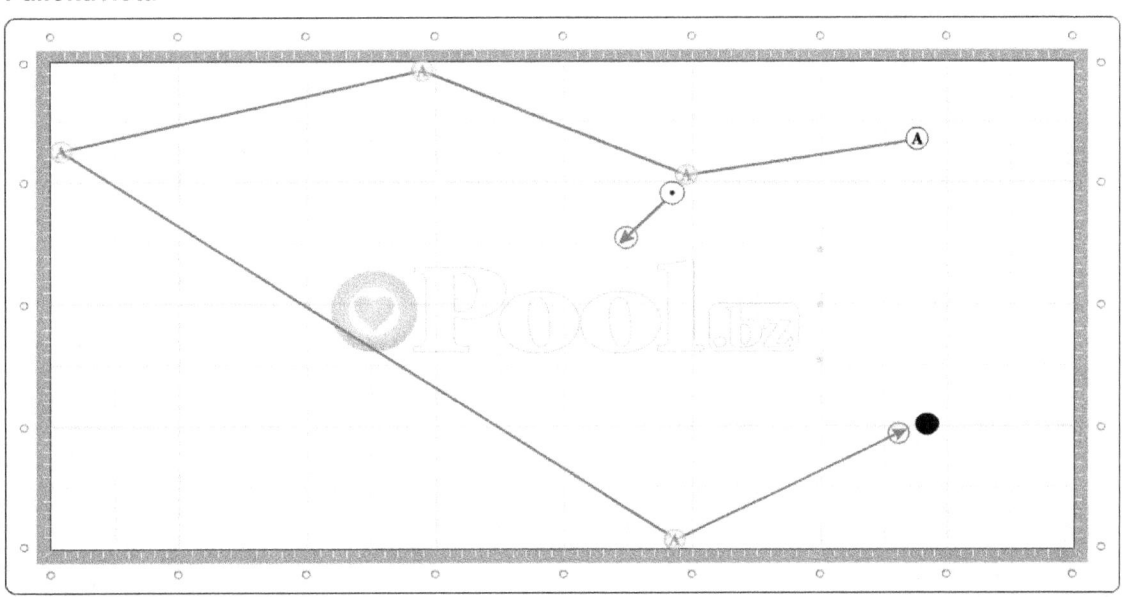

A: Ryhmä 2

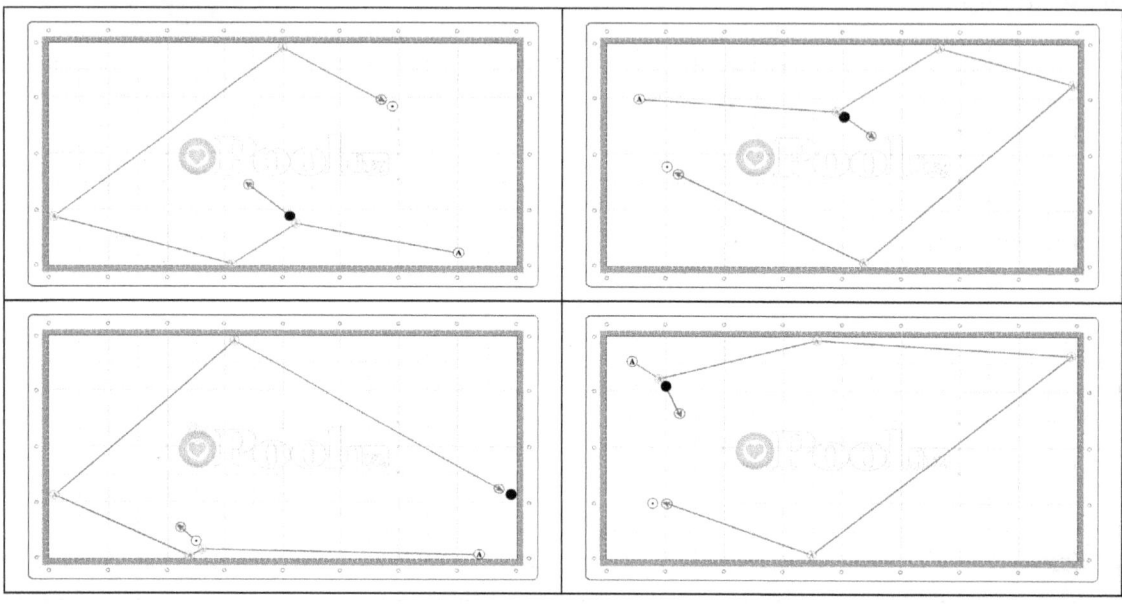

Analyysi:

A:2a. _____

A:2b. _____

A:2c. _____

A:2d. _____

A:2a – Piirustus

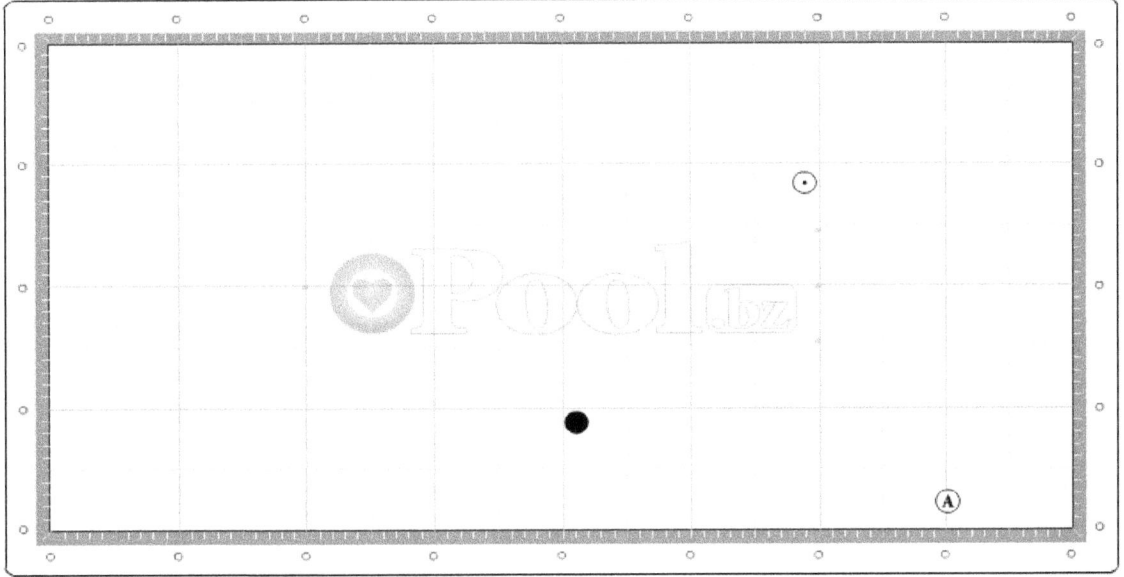

Huomautuksia ja ideoita:

Pallokuviota

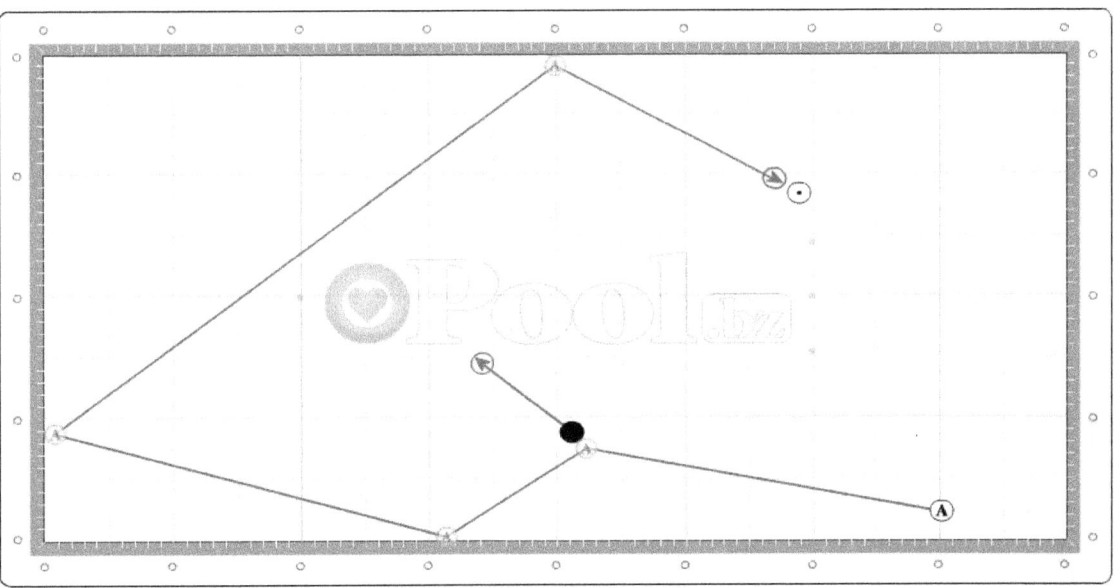

A:2b – Piirustus

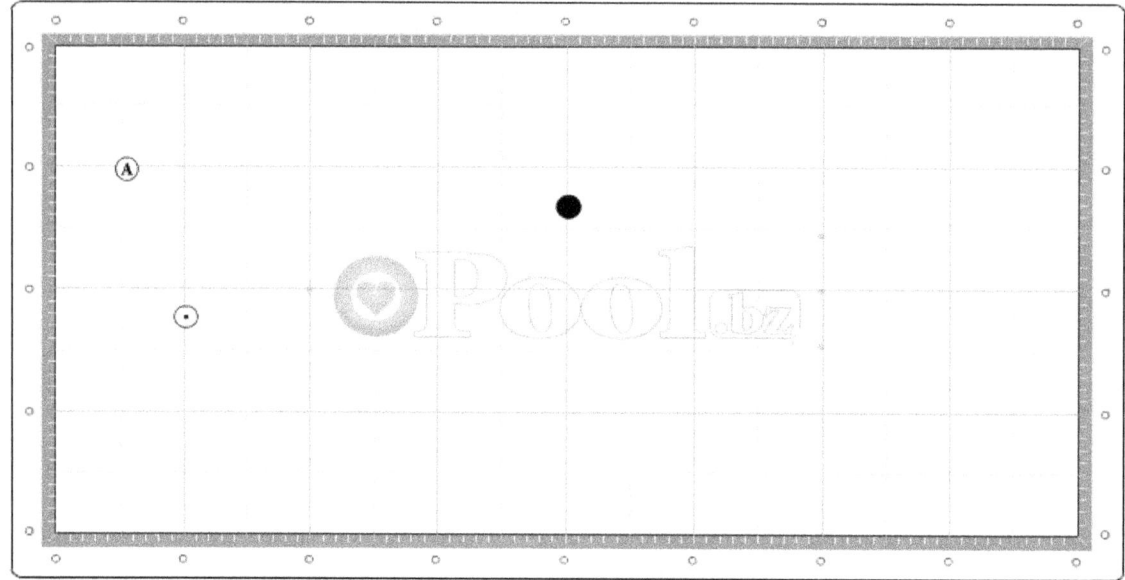

Huomautuksia ja ideoita:

Pallokuviota

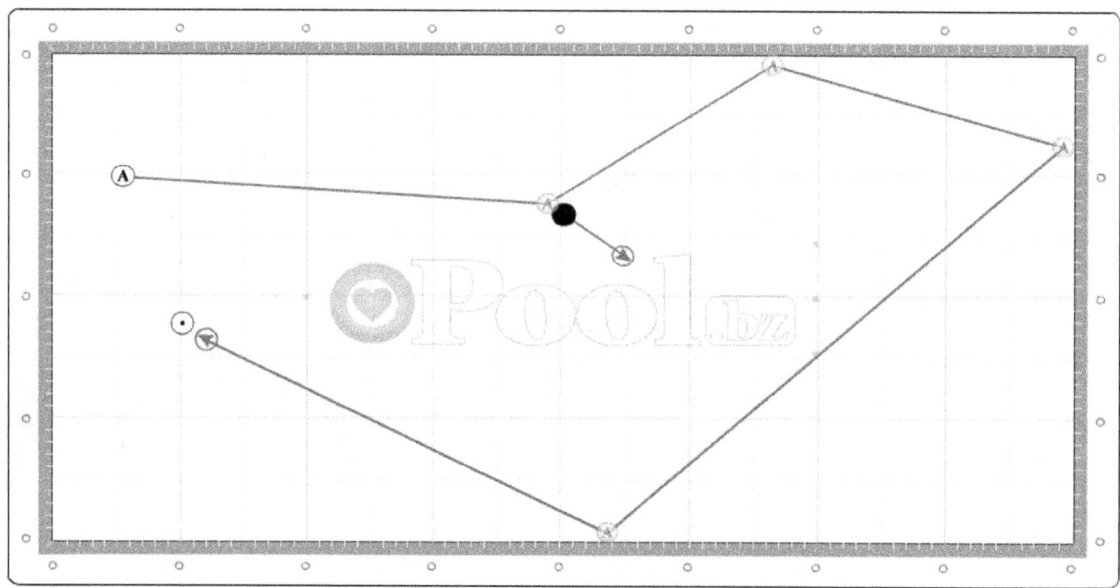

A:2c – Piirustus

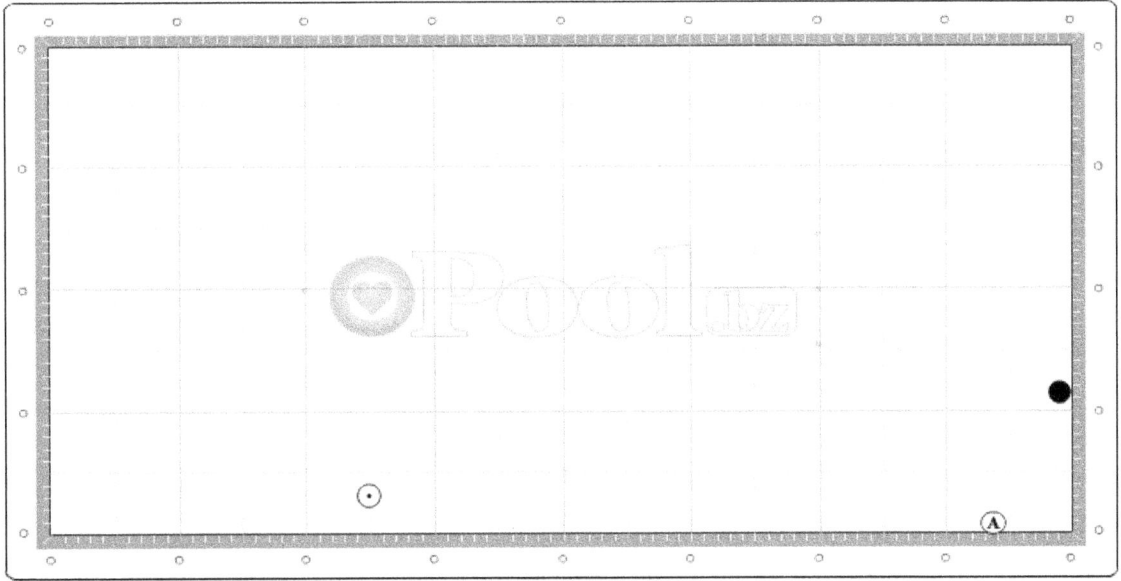

Huomautuksia ja ideoita:

Pallokuviota

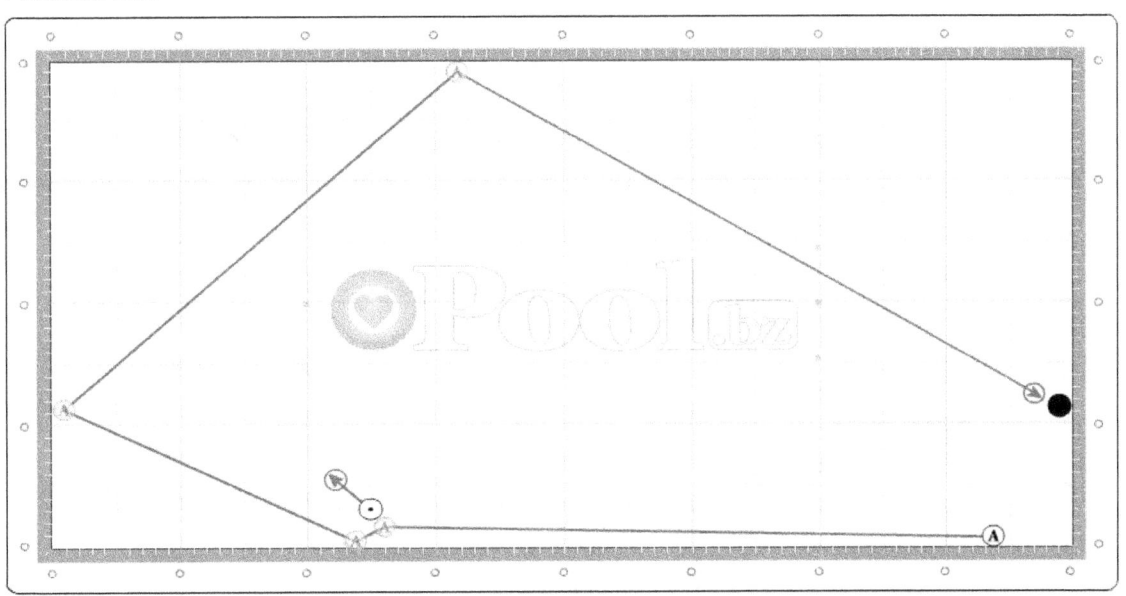

A:2d – Piirustus

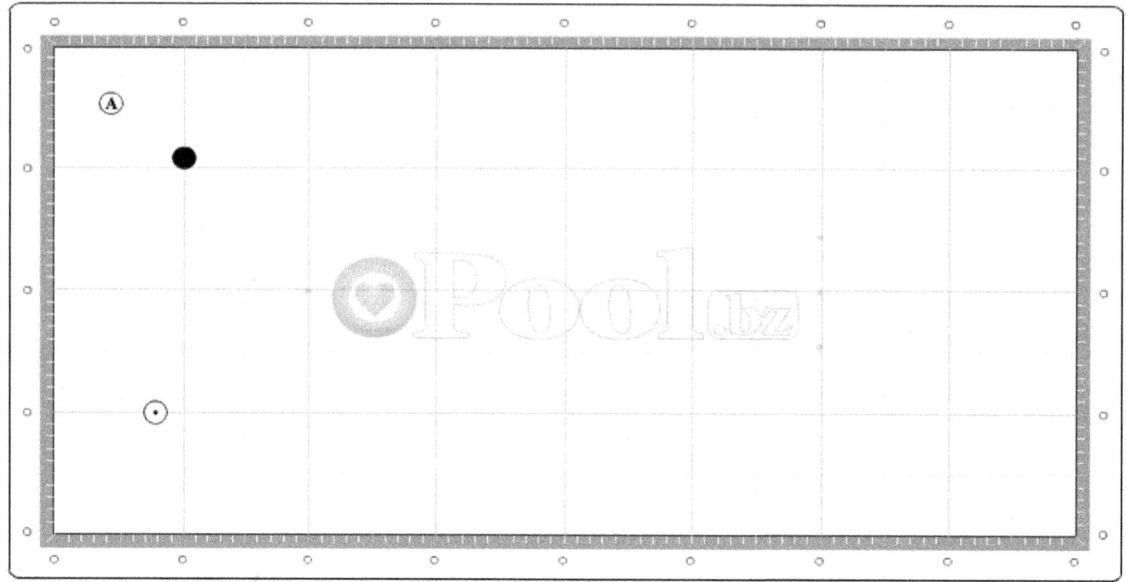

Huomautuksia ja ideoita:

Pallokuviota

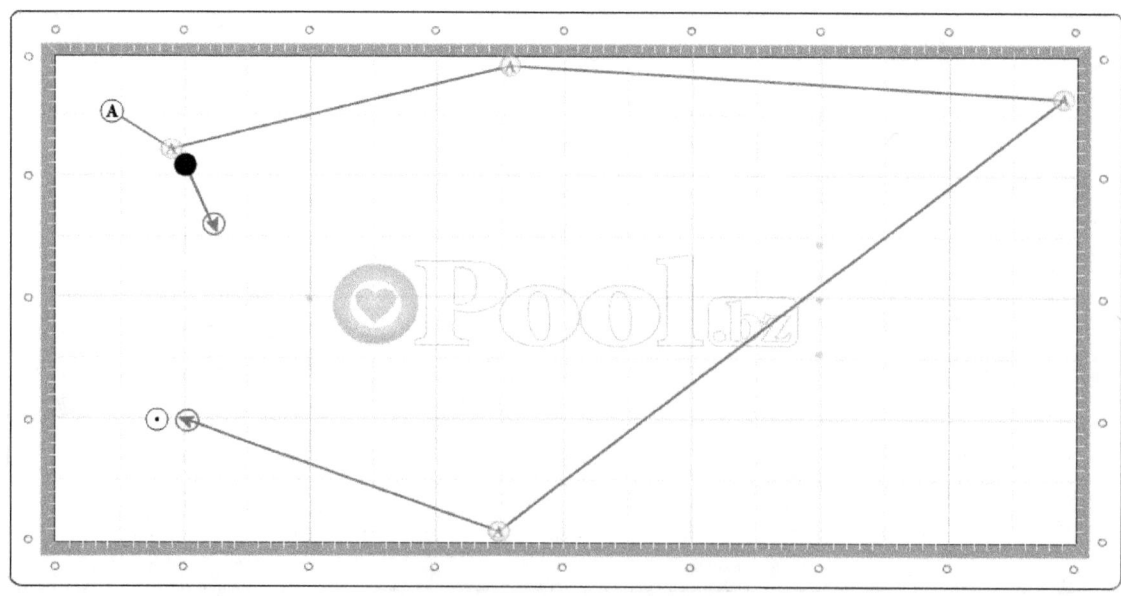

A: Ryhmä 3

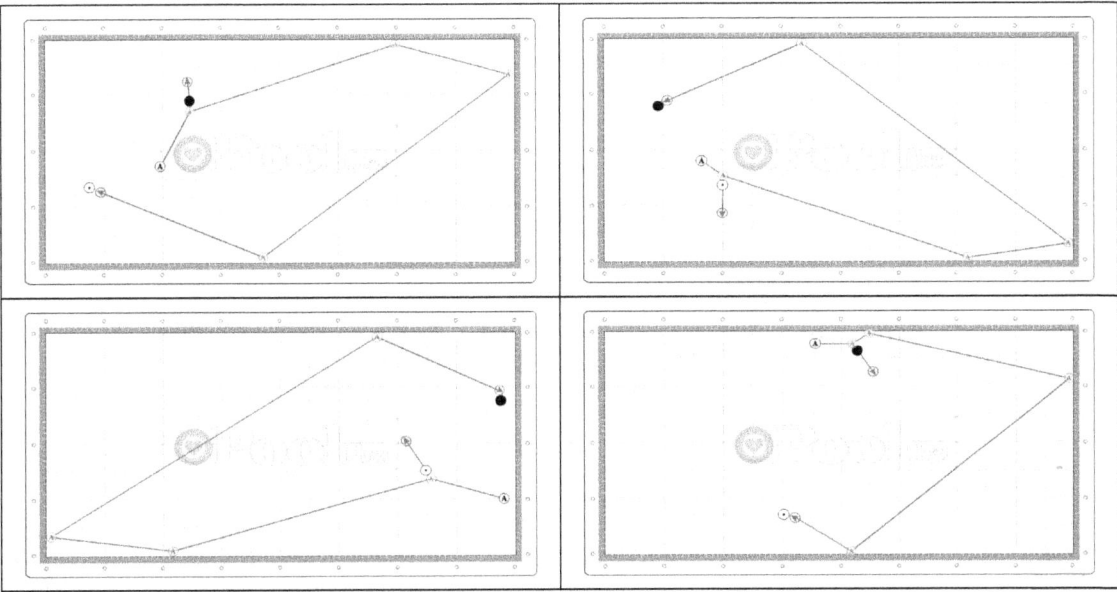

Analyysi:

A:3a. _____

A:3b. _____

A:3c. _____

A:3d. _____

A:3a – Piirustus

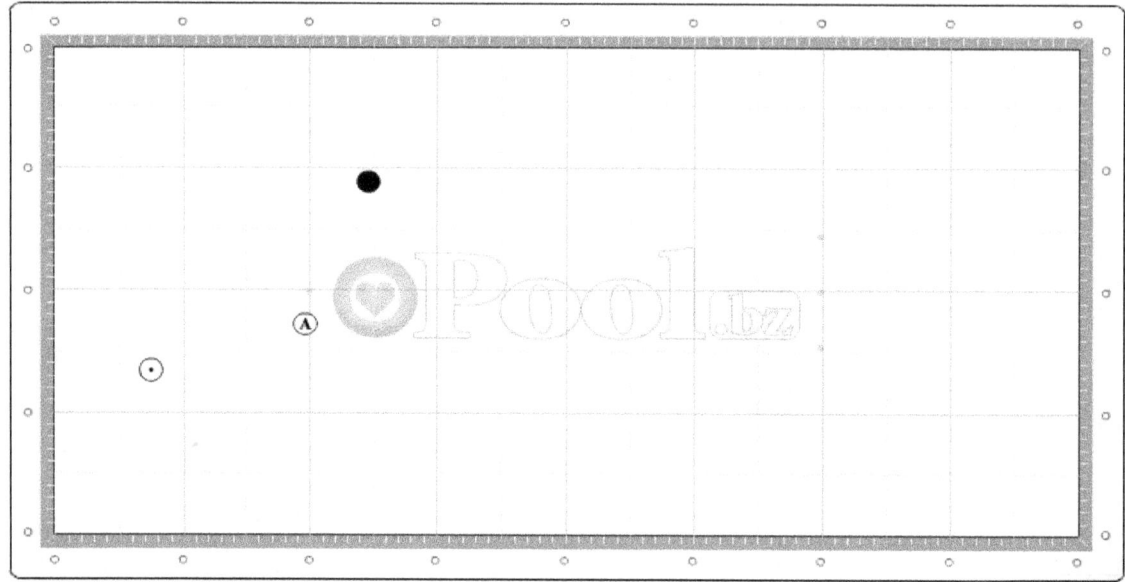

Huomautuksia ja ideoita:

Pallokuviota

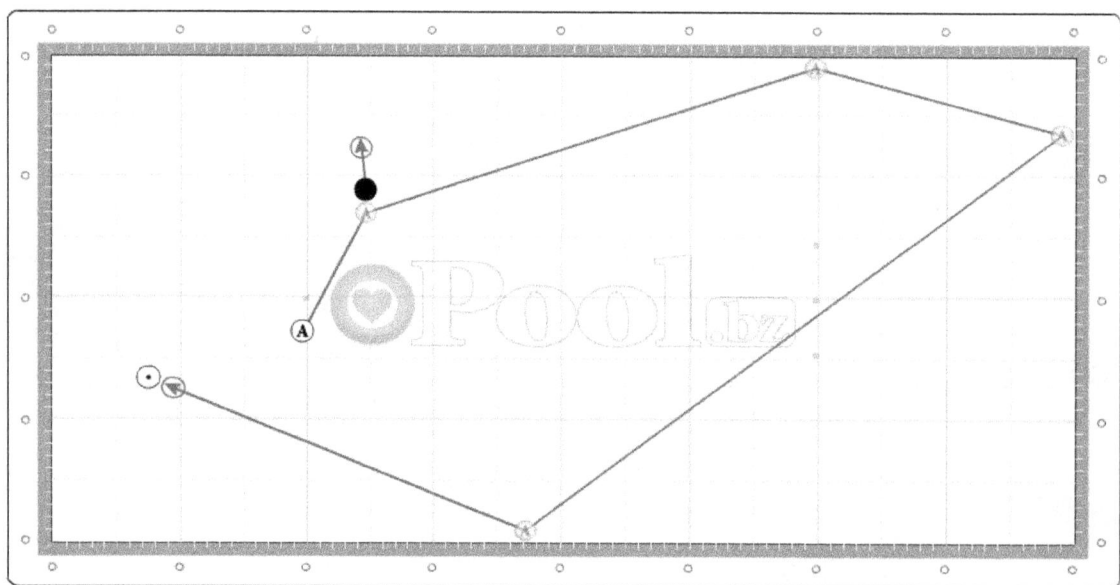

A:3b – Piirustus

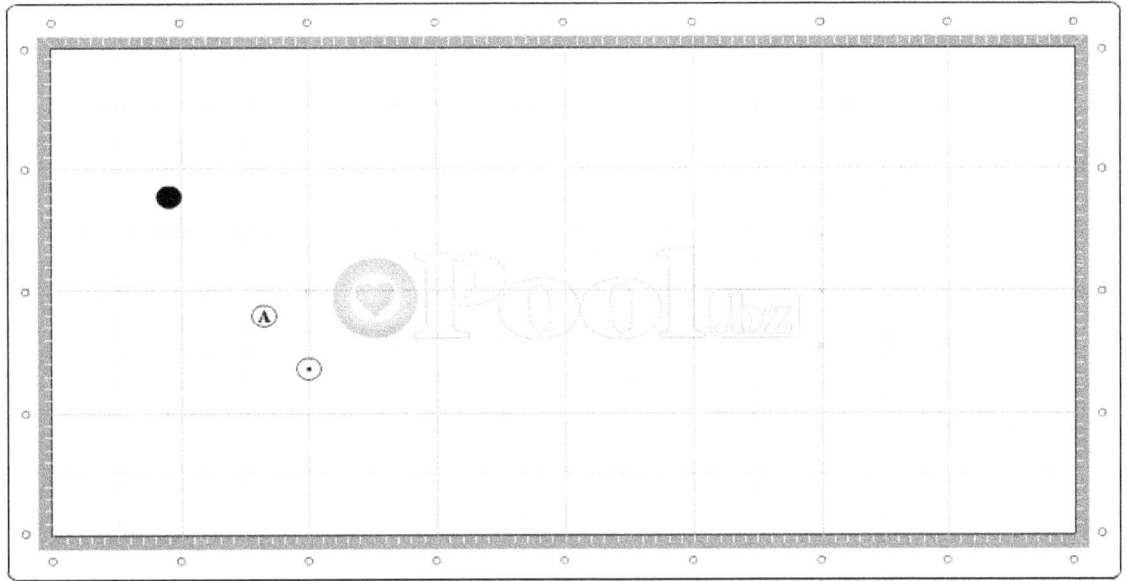

Huomautuksia ja ideoita:

Pallokuviota

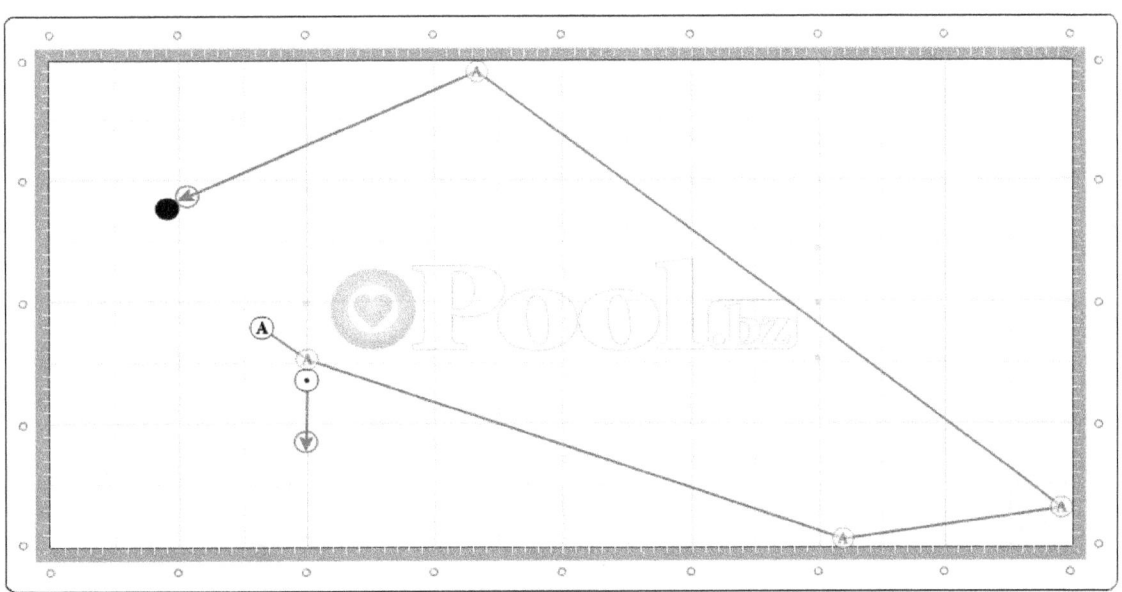

A:3c – Piirustus

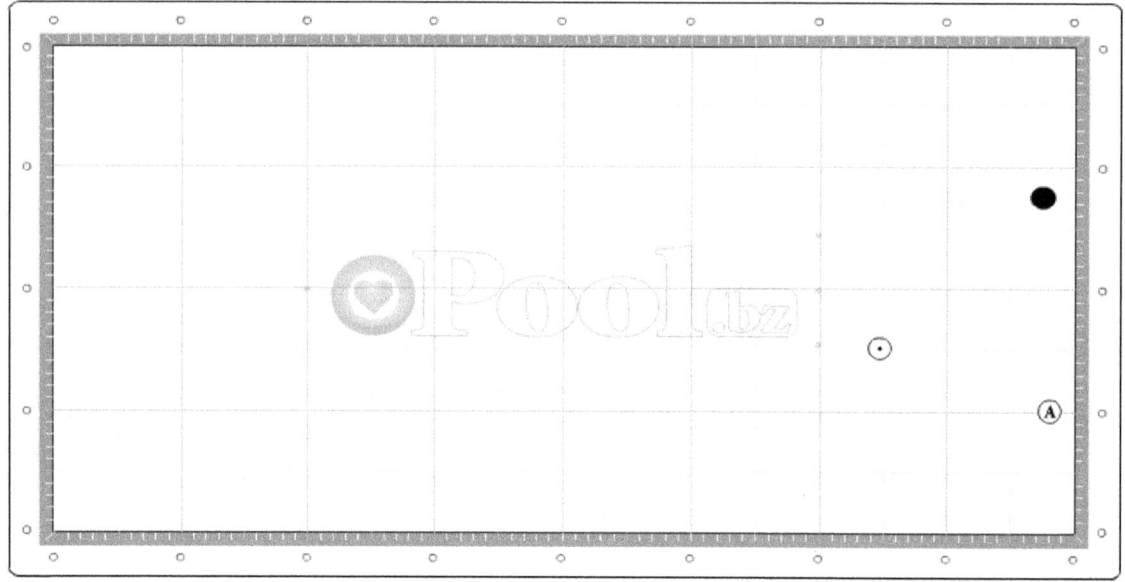

Huomautuksia ja ideoita:

Pallokuviota

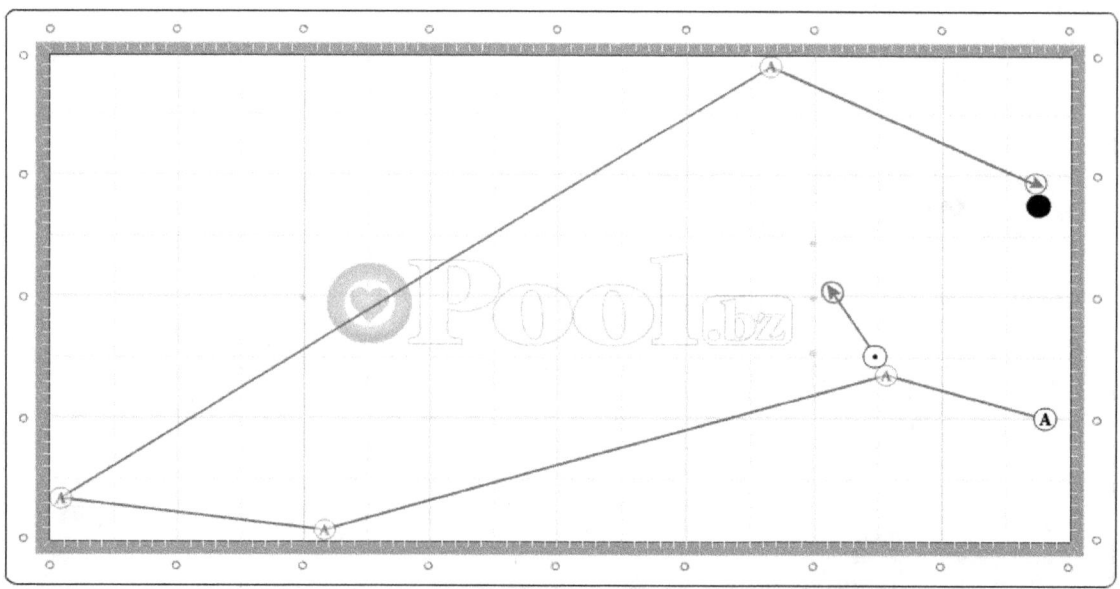

A:3d – Piirustus

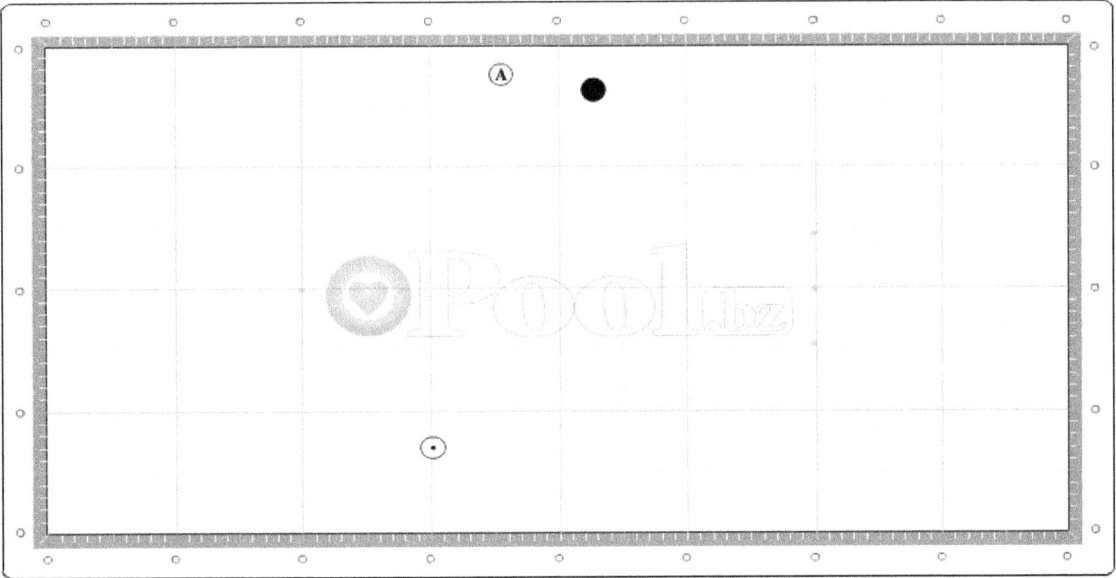

Huomautuksia ja ideoita:

Pallokuviota

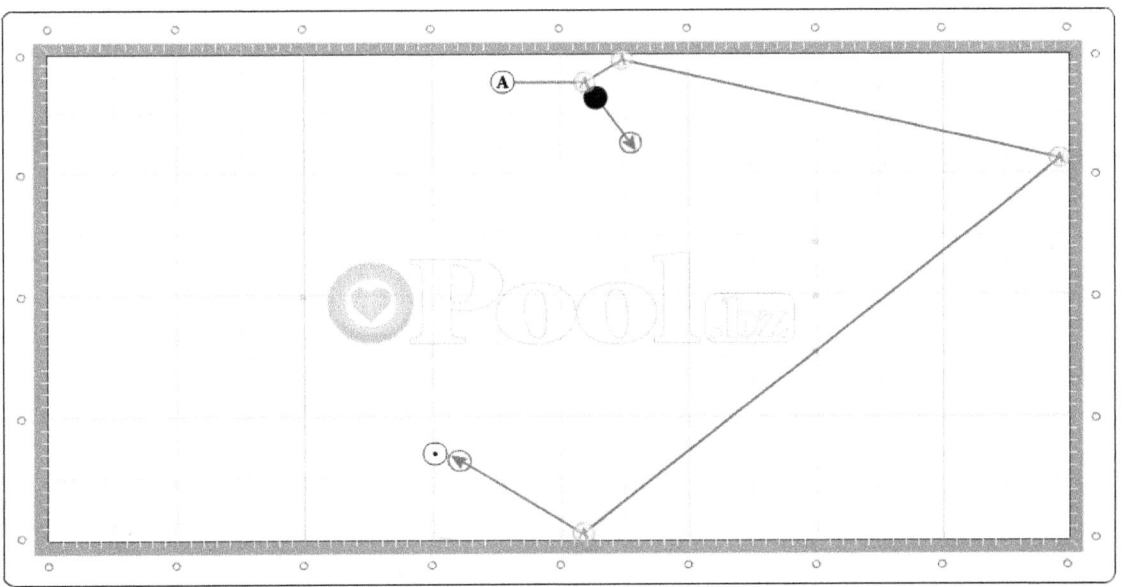

A: Ryhmä 4

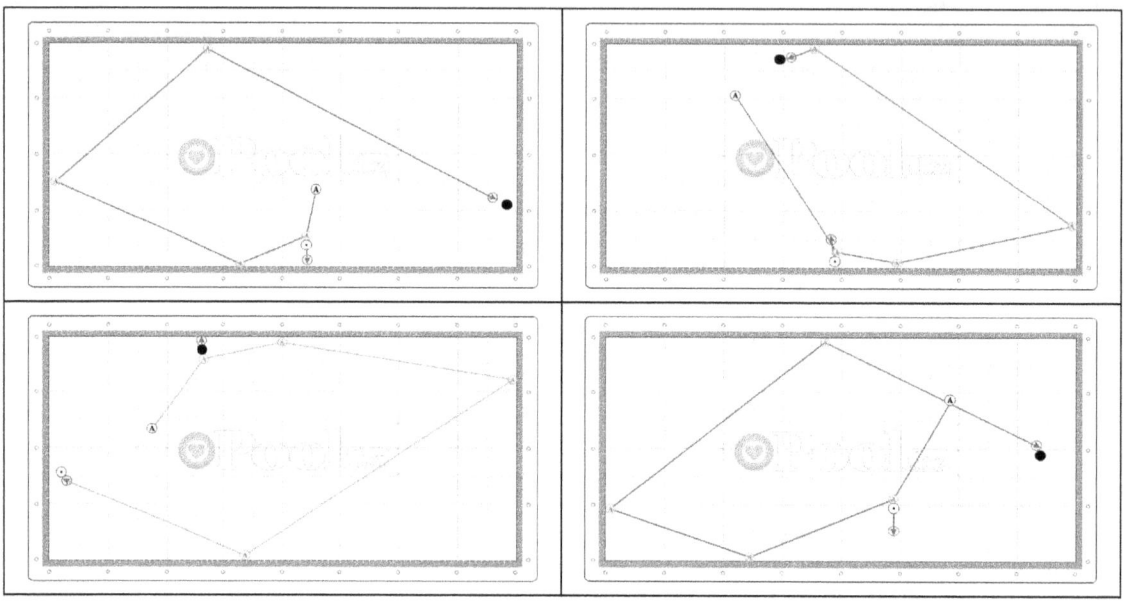

Analyysi:

A:4a. _____

A:4b. _____

A:4c. _____

A:4d. _____

A:4a – Piirustus

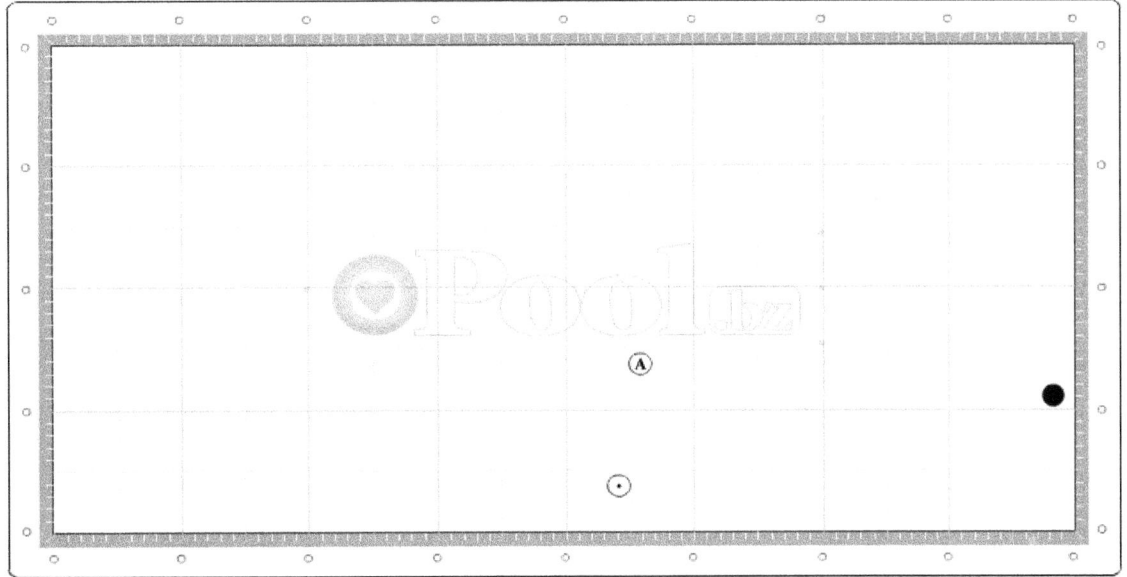

Huomautuksia ja ideoita:

Pallokuviota

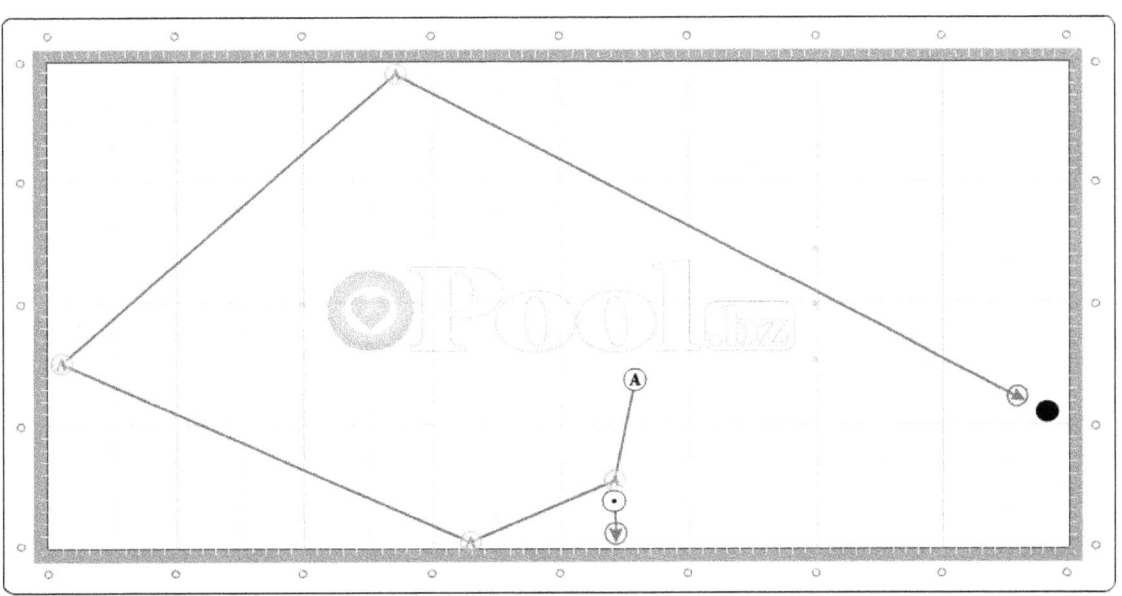

A:4b – Piirustus

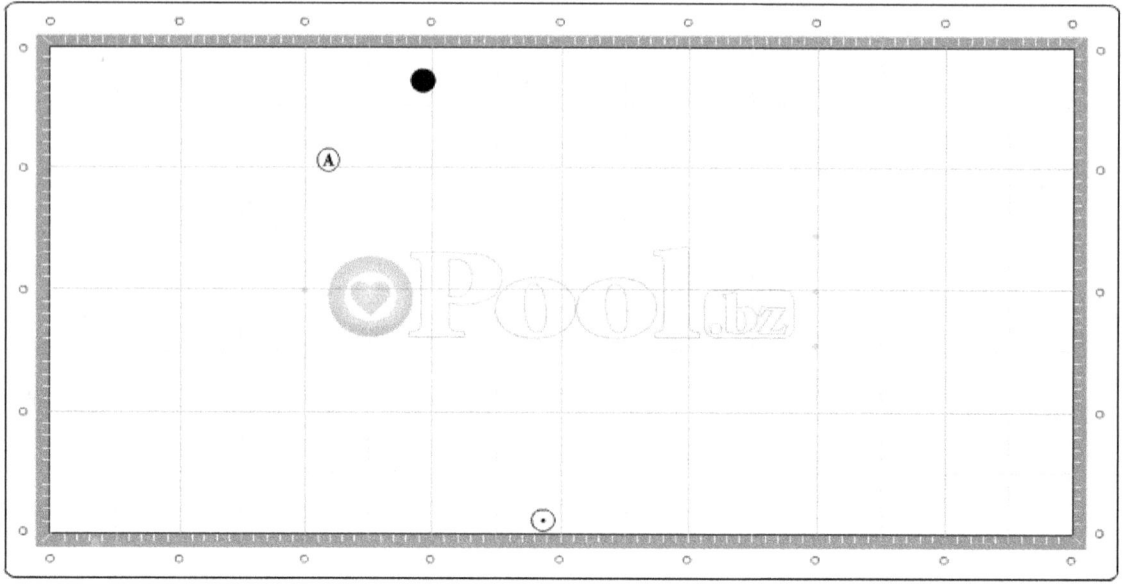

Huomautuksia ja ideoita:

Pallokuviota

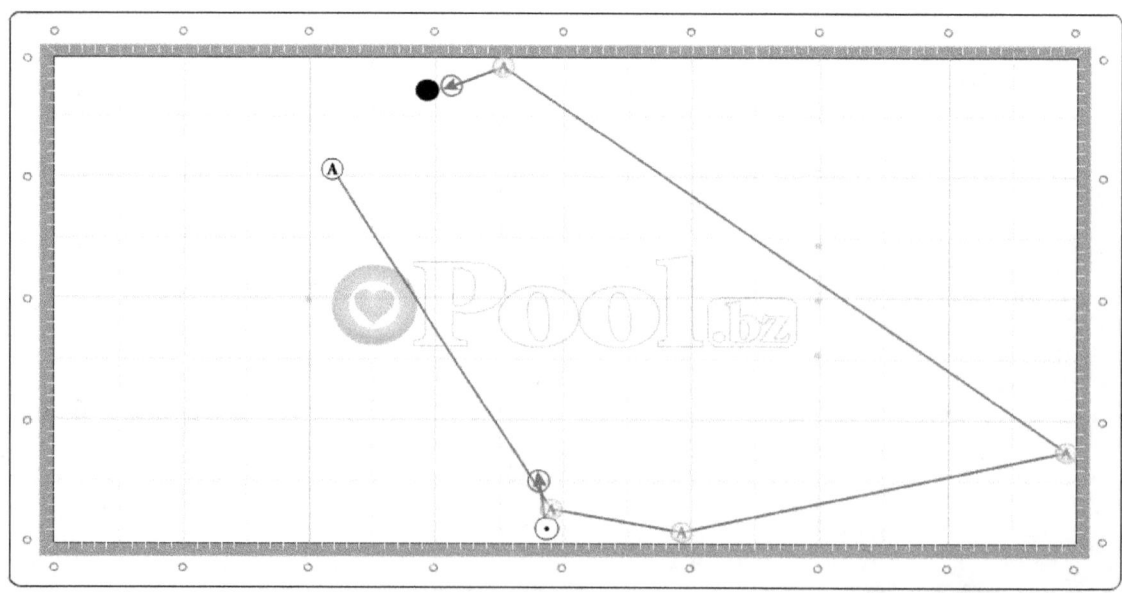

A:4c – Piirustus

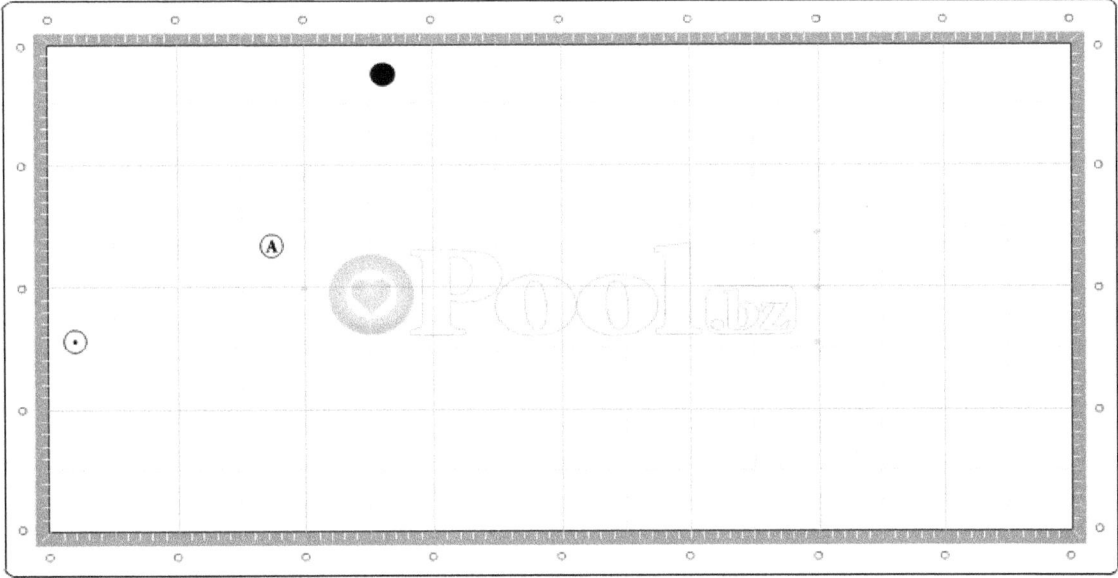

Huomautuksia ja ideoita:

Pallokuviota

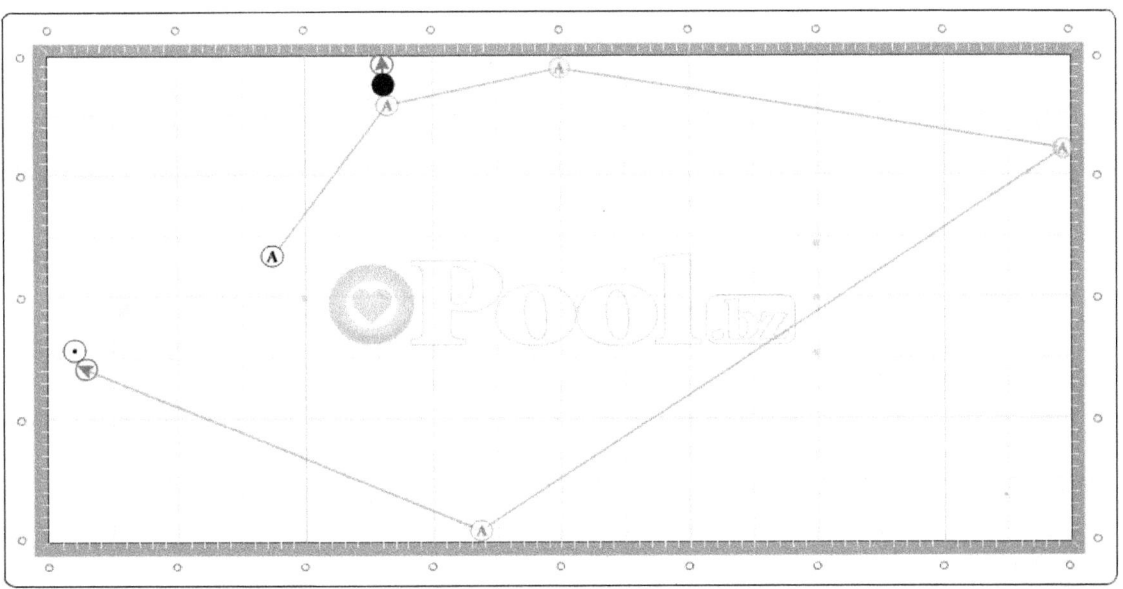

A:4d – Piirustus

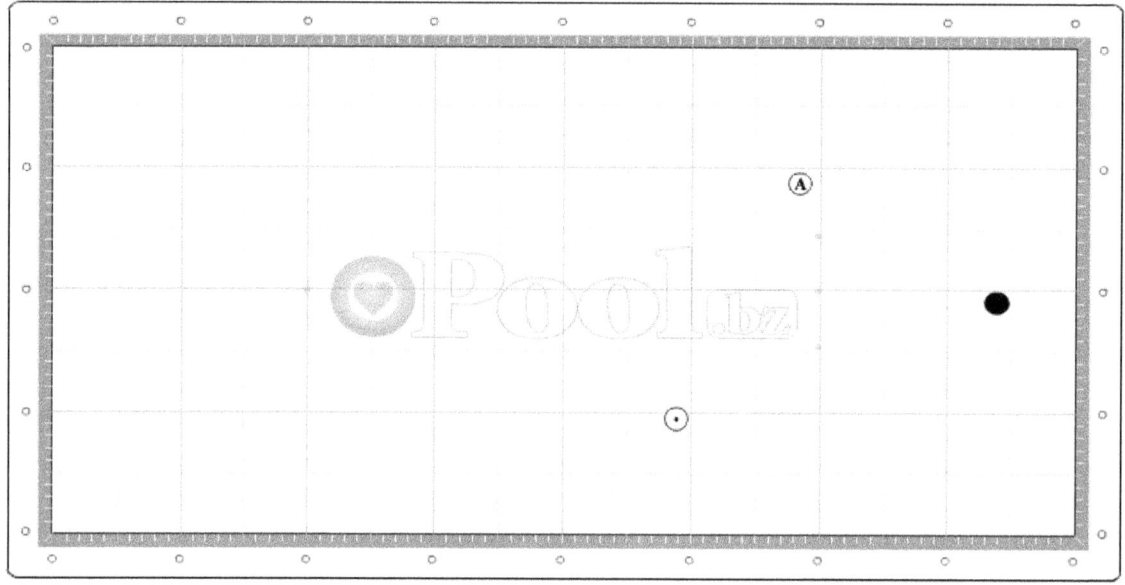

Huomautuksia ja ideoita:

Pallokuviota

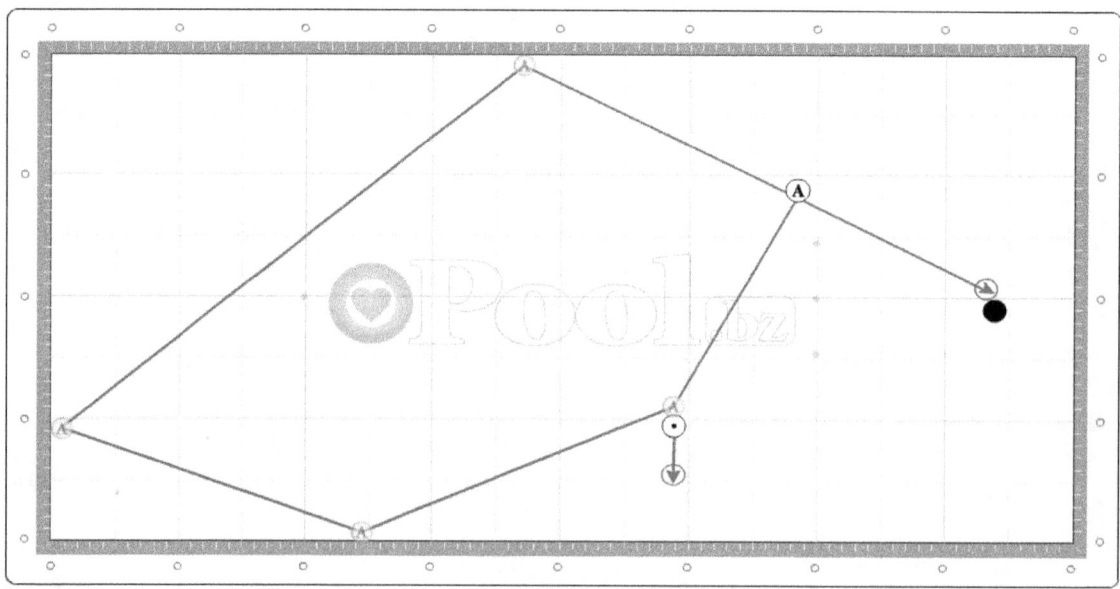

A: Ryhmä 5

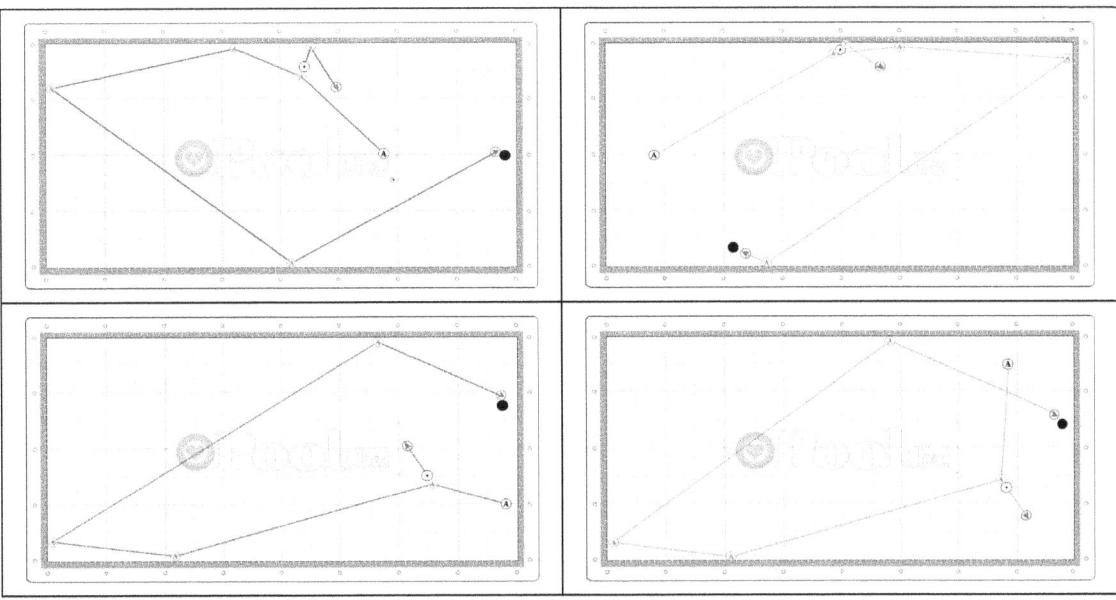

Analyysi:

A:5a. _____

A:5b. _____

A:5c. _____

A:5d. _____

3-vallin kara: Täysi pöydän ympyräkuvio

A:5a – Piirustus

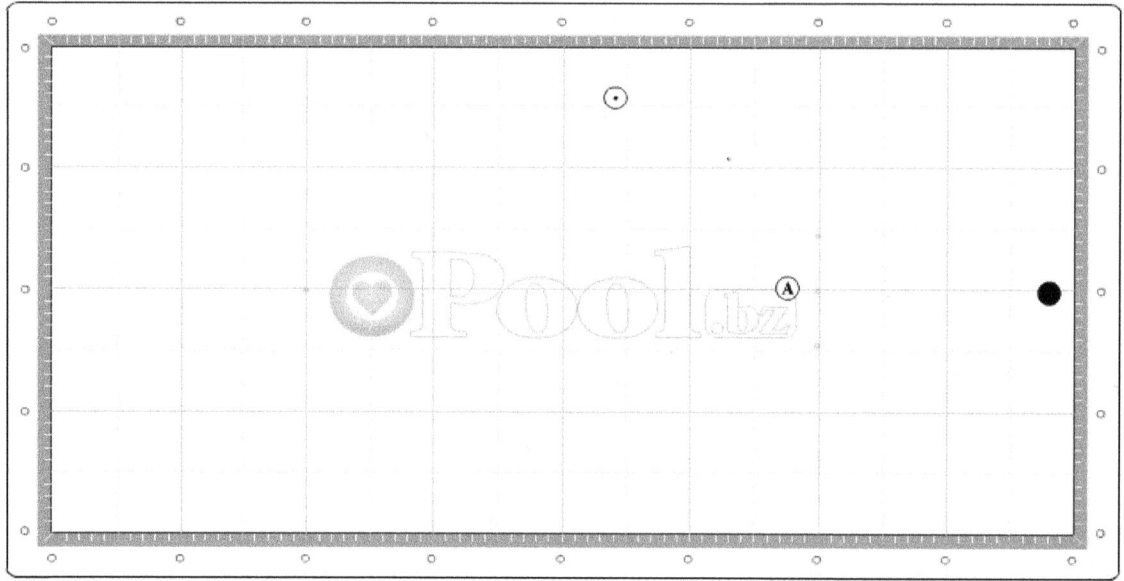

Huomautuksia ja ideoita:

Pallokuviota

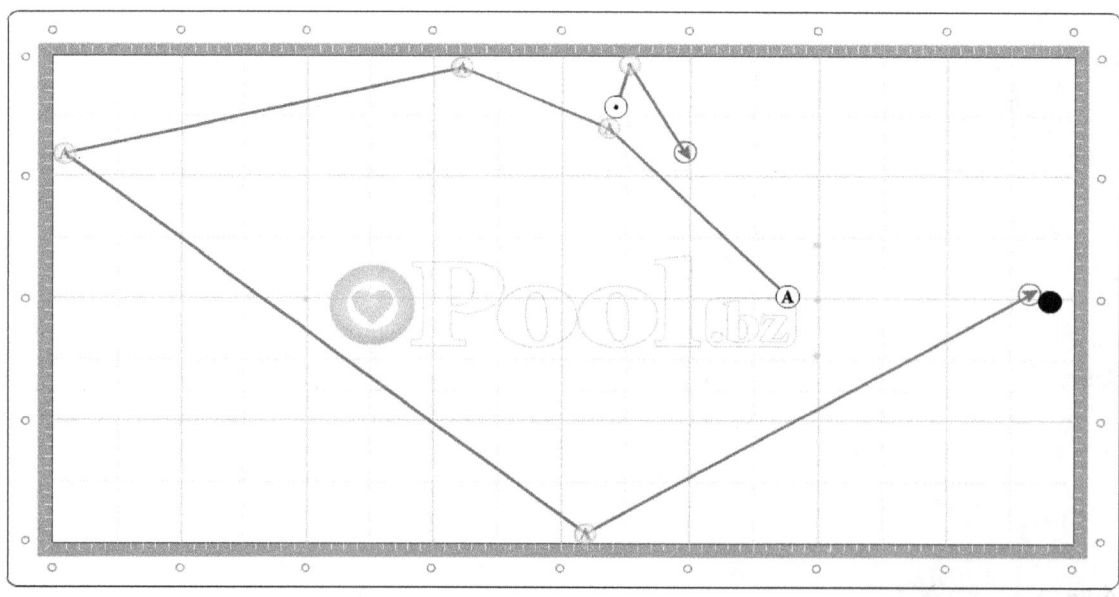

A:5b – Piirustus

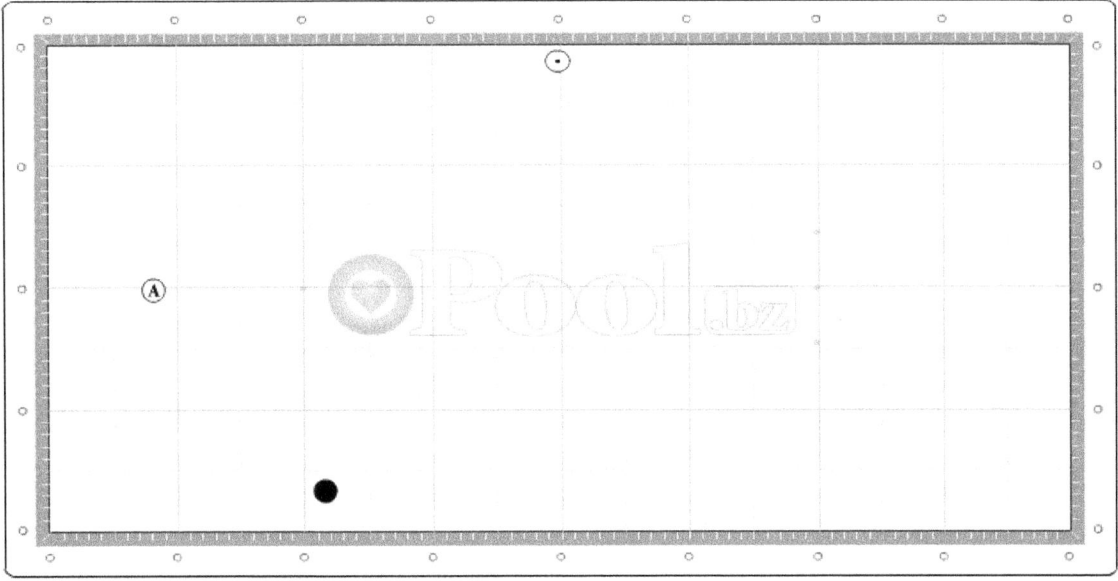

Huomautuksia ja ideoita:

Pallokuviota

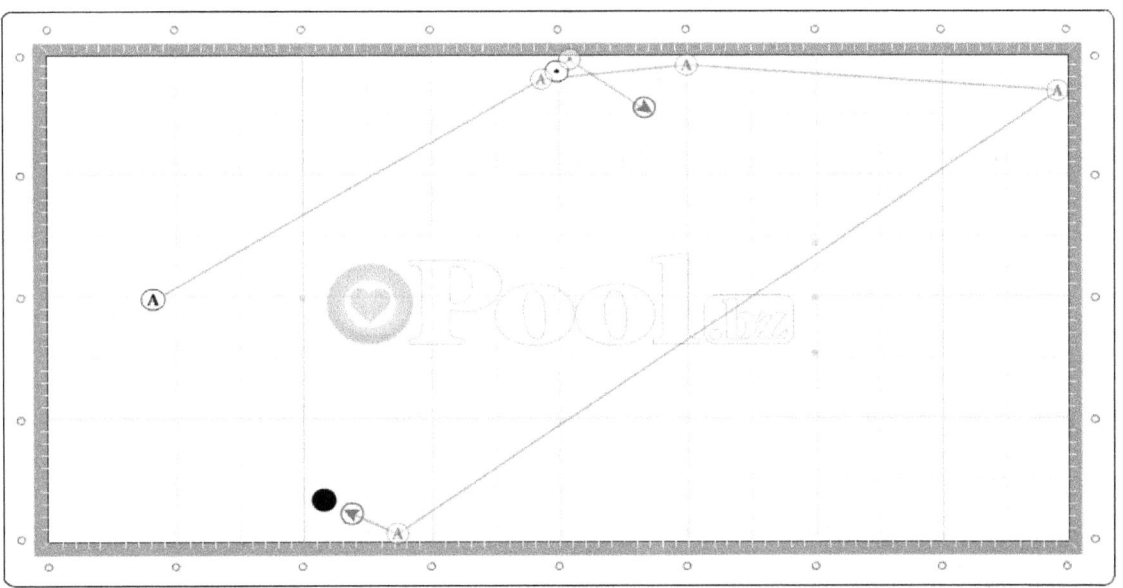

A:5c – Piirustus

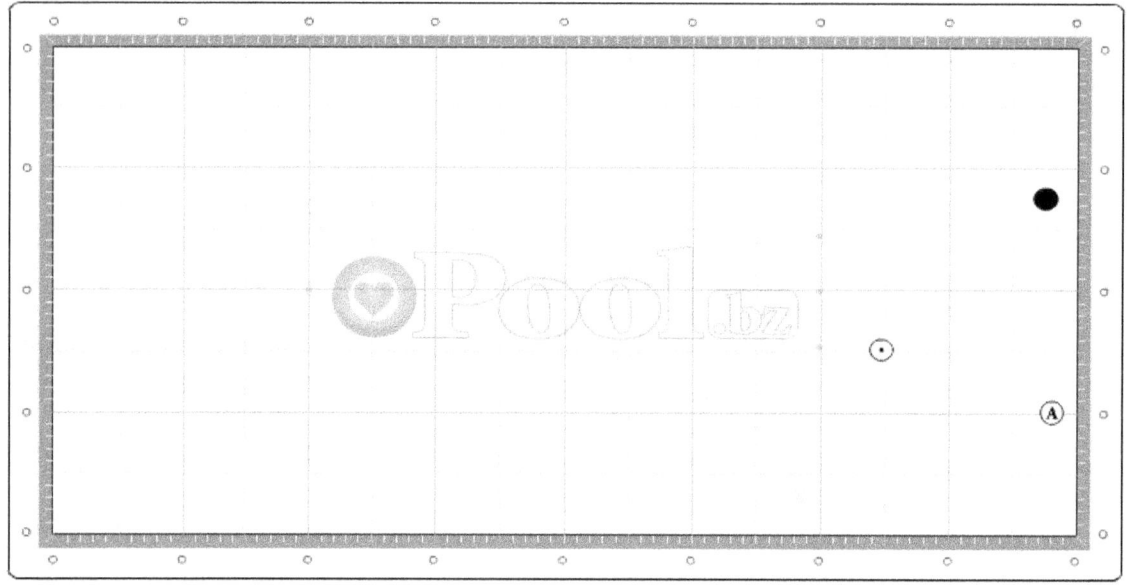

Huomautuksia ja ideoita:

Pallokuviota

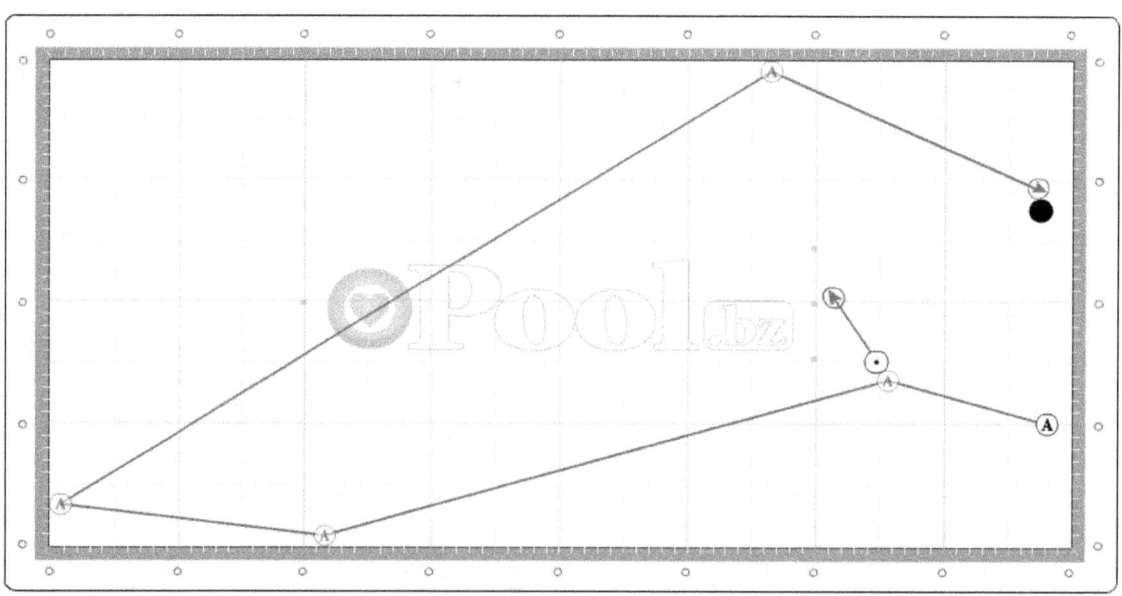

A:5d – Piirustus

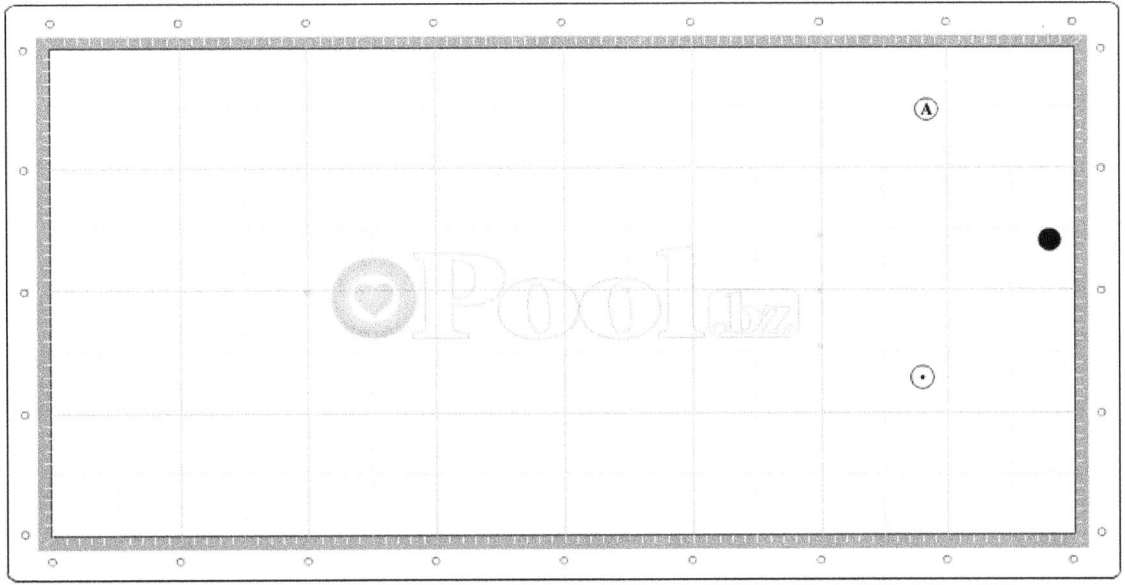

Huomautuksia ja ideoita:

Pallokuviota

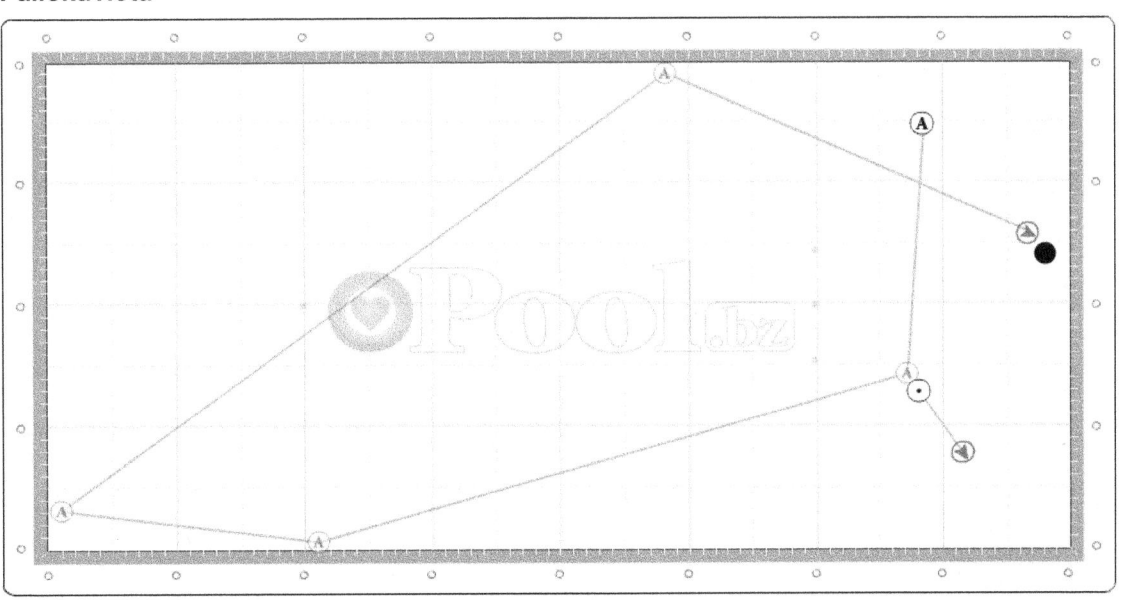

B: Täysi ympyrä (lyhyt vallin)

(CB) tulee pois ensimmäisestä (OB) ja lyhyt vallin. Sitten (CB) menee pitkä vallin ja vastakkaiseen lyhyt vallin.

(A) (CB) (sinun biljardipallo) – (•) (OB) (vastustaja biljardipallo) – ● (OB) (punainen biljardipallo)

B: Ryhmä 1

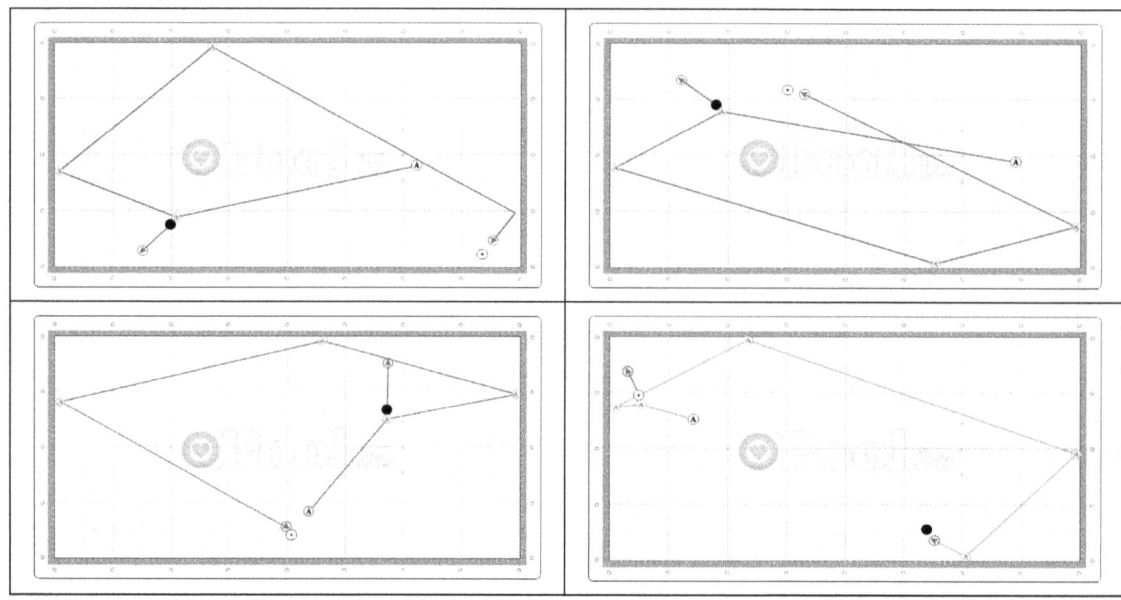

Analyysi:

B:1a. _____

B:1b. _____

B:1c. _____

B:1d. _____

B:1a – Piirustus

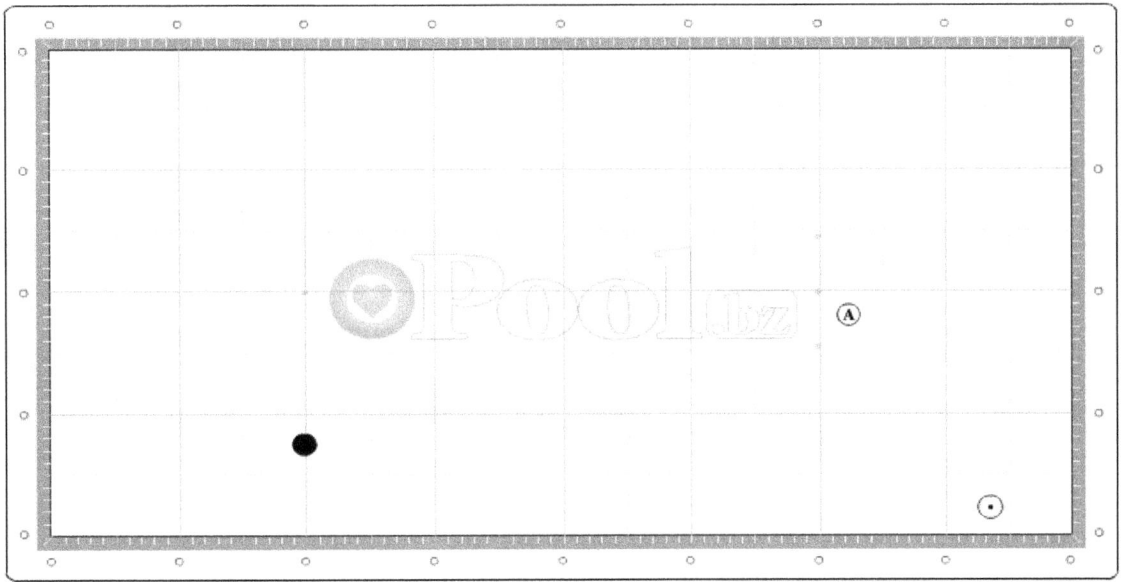

Huomautuksia ja ideoita:

Pallokuviota

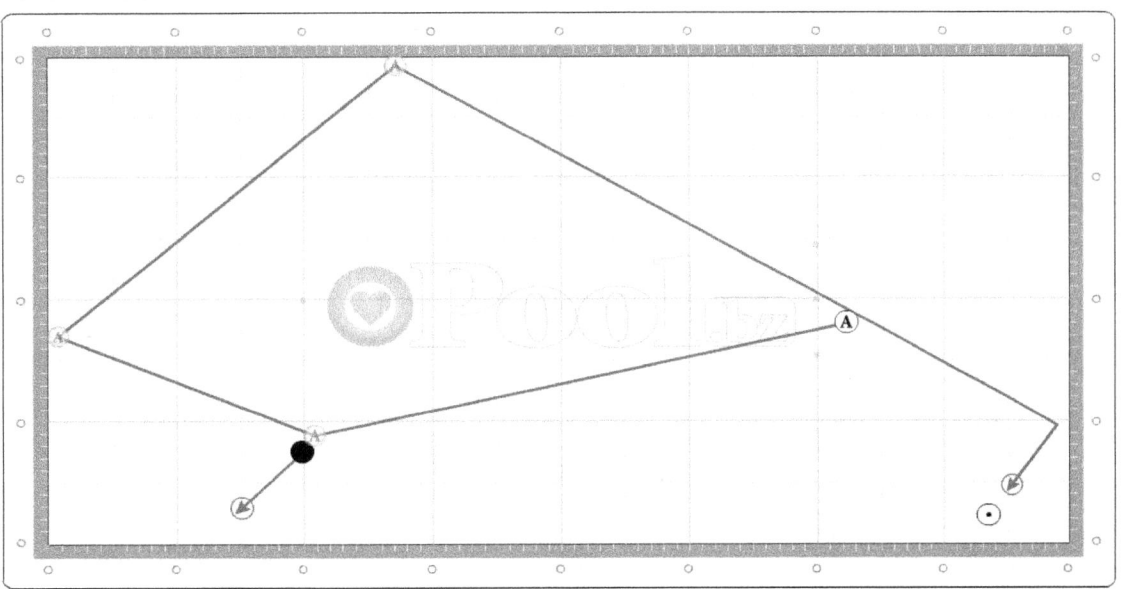

B:1b – Piirustus

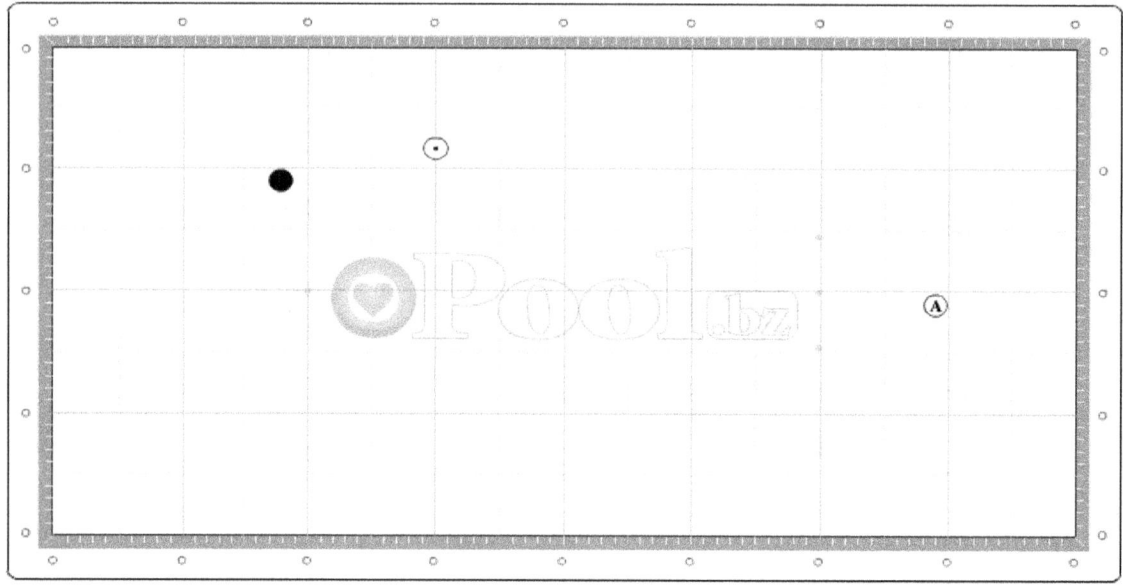

Huomautuksia ja ideoita:

Pallokuviota

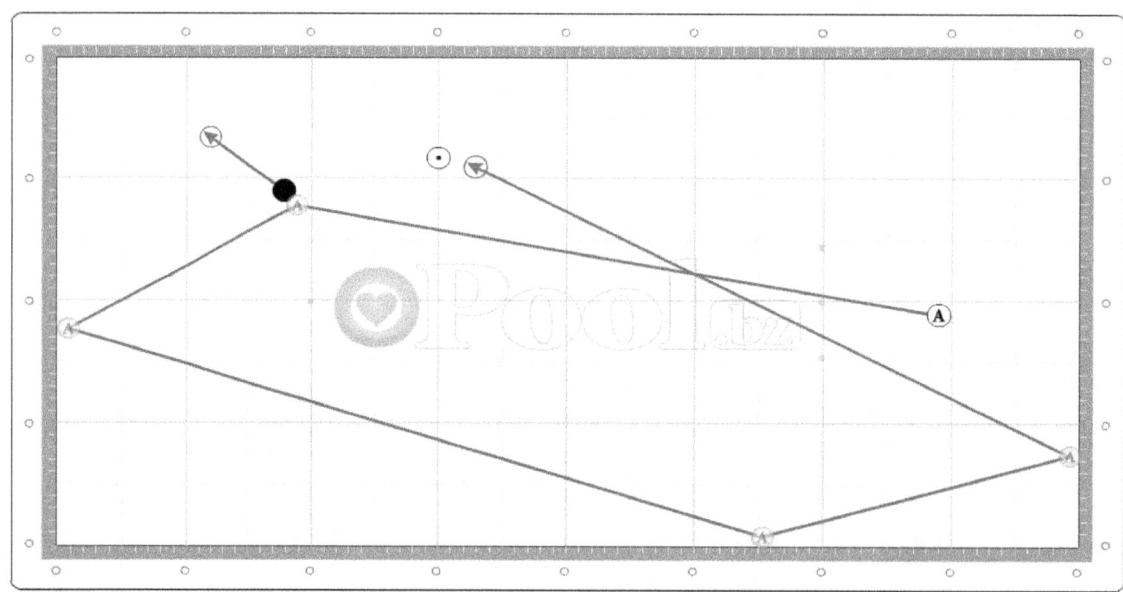

B:1c – Piirustus

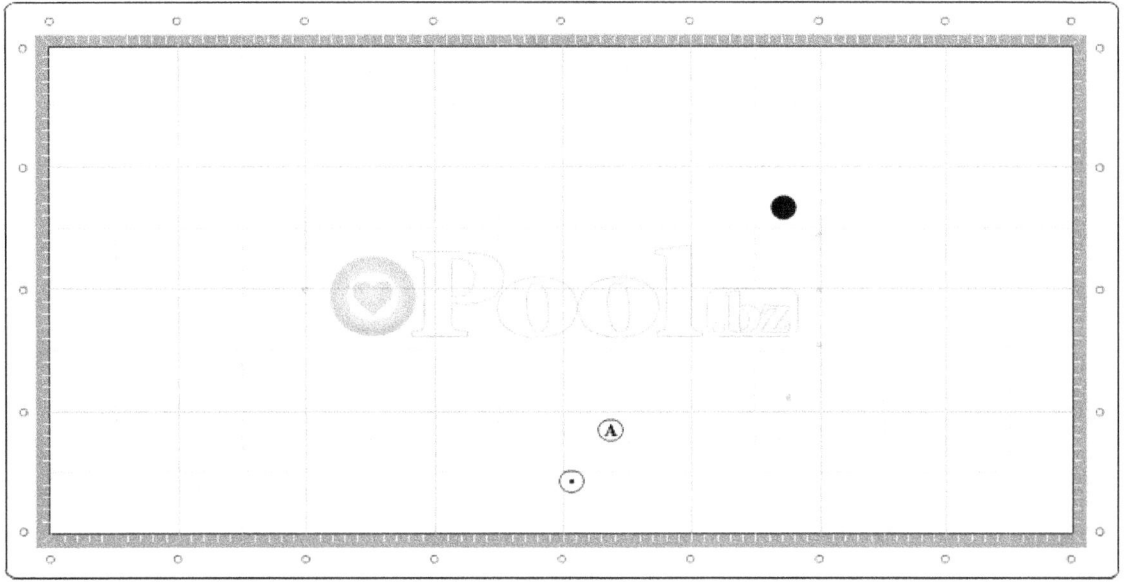

Huomautuksia ja ideoita:

Pallokuviota

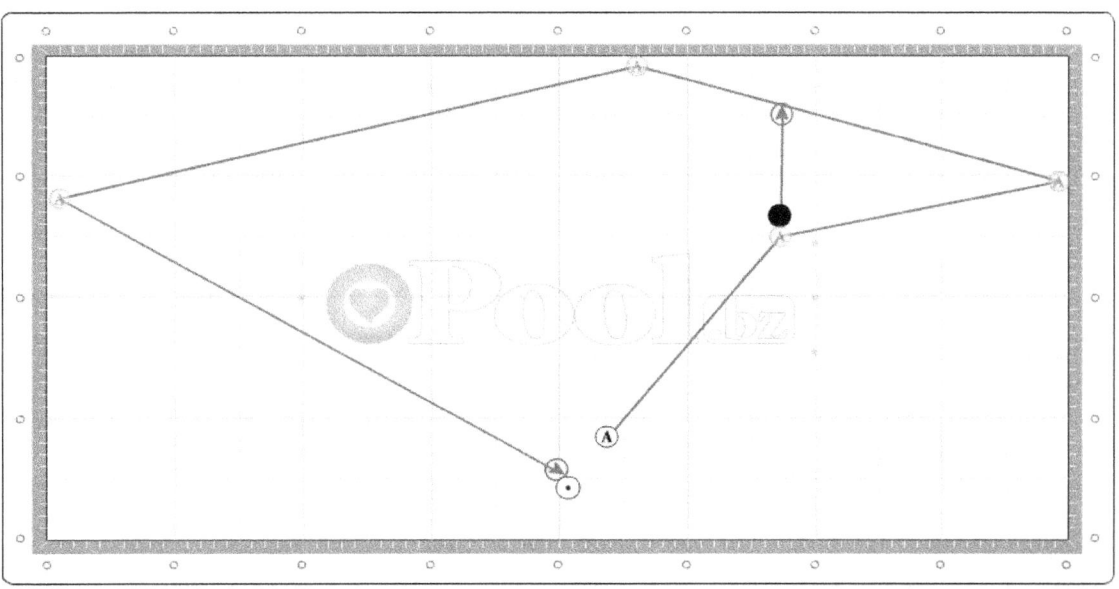

3-vallin kara: Täysi pöydän ympyräkuvio

B:1d – Piirustus

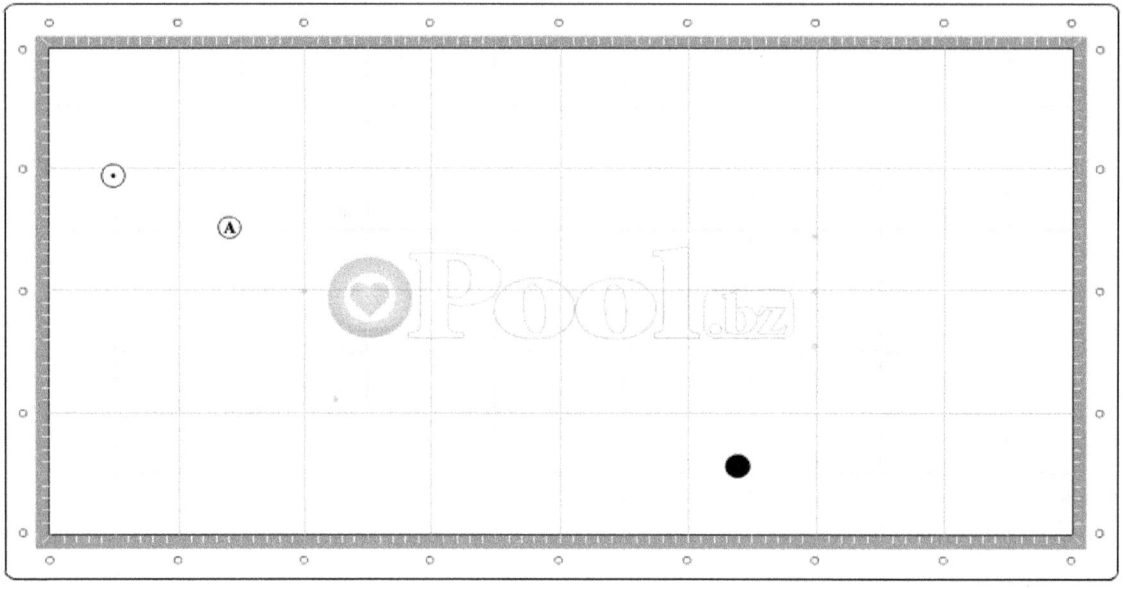

Huomautuksia ja ideoita:

Pallokuviota

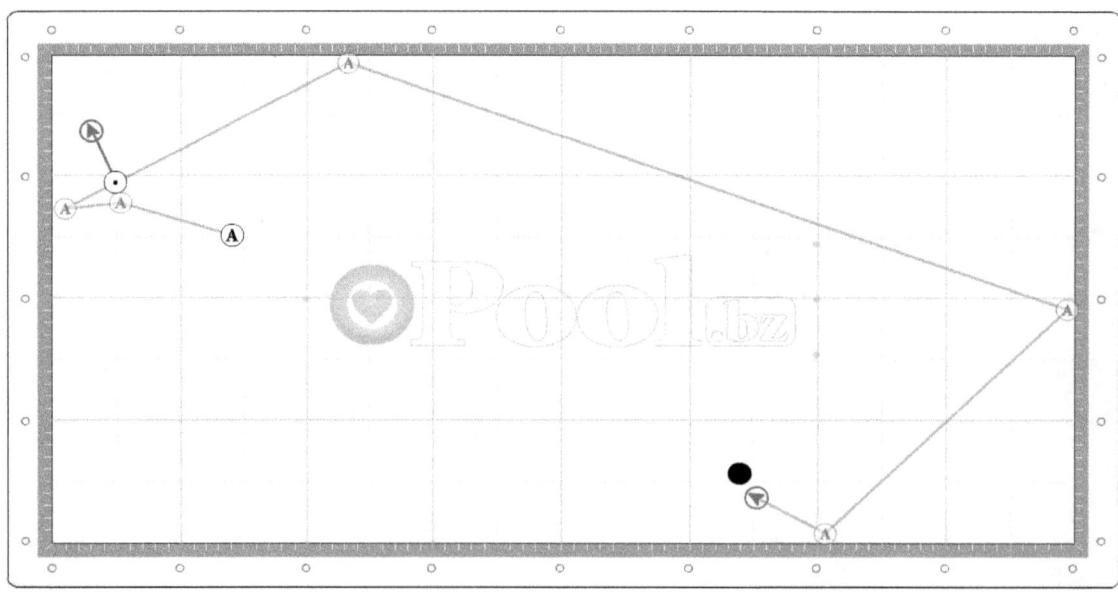

B: Ryhmä 2

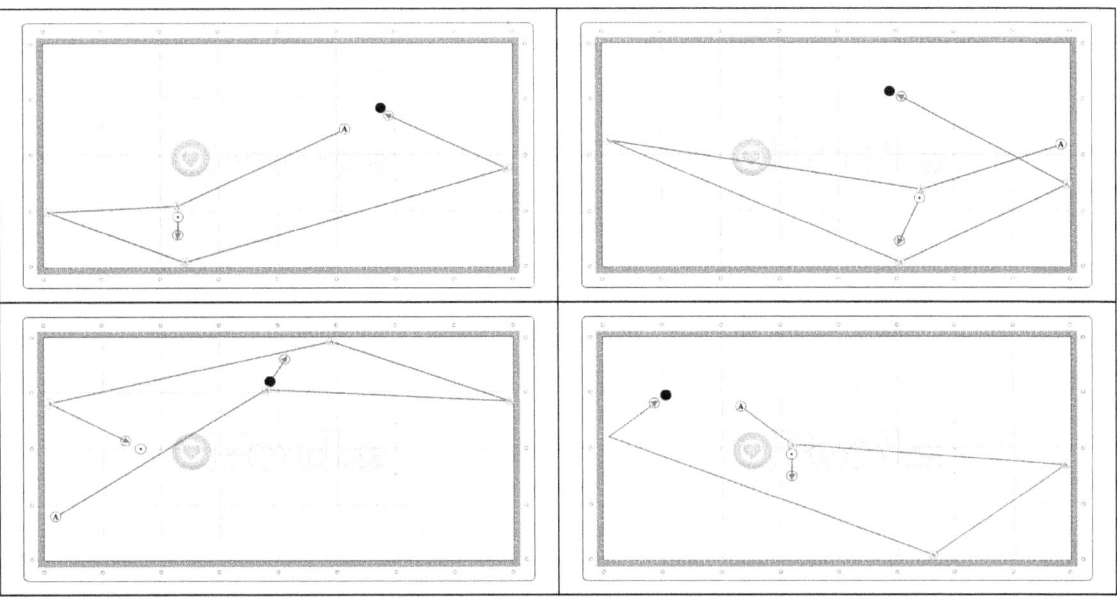

Analyysi:

B:2a. _____

B:2b. _____

B:2c. _____

B:2d. _____

3-vallin kara: Täysi pöydän ympyräkuvio

B:2a – Piirustus

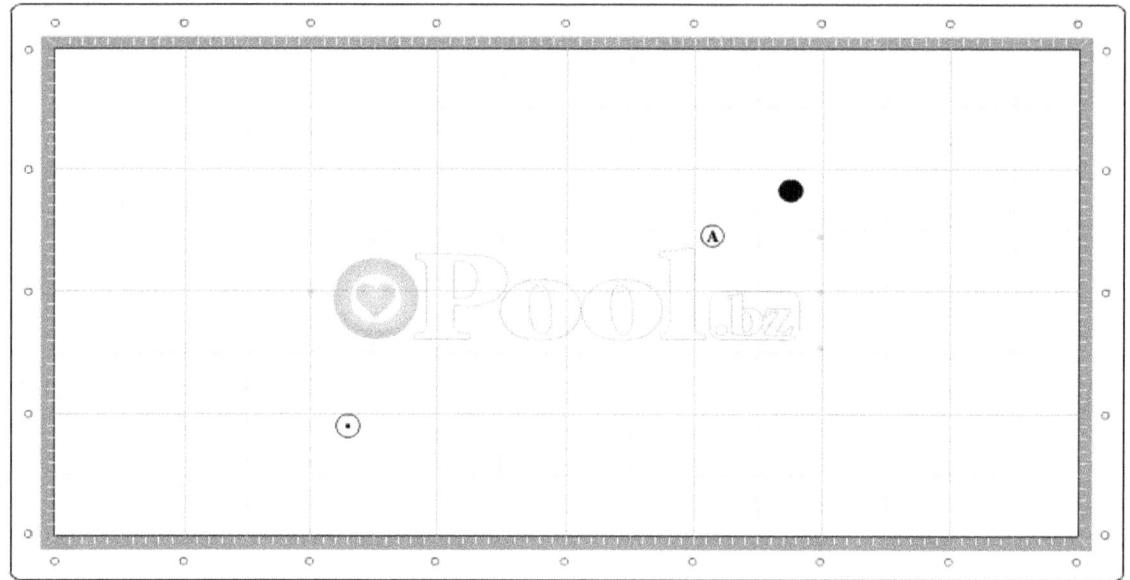

Huomautuksia ja ideoita:

Pallokuviota

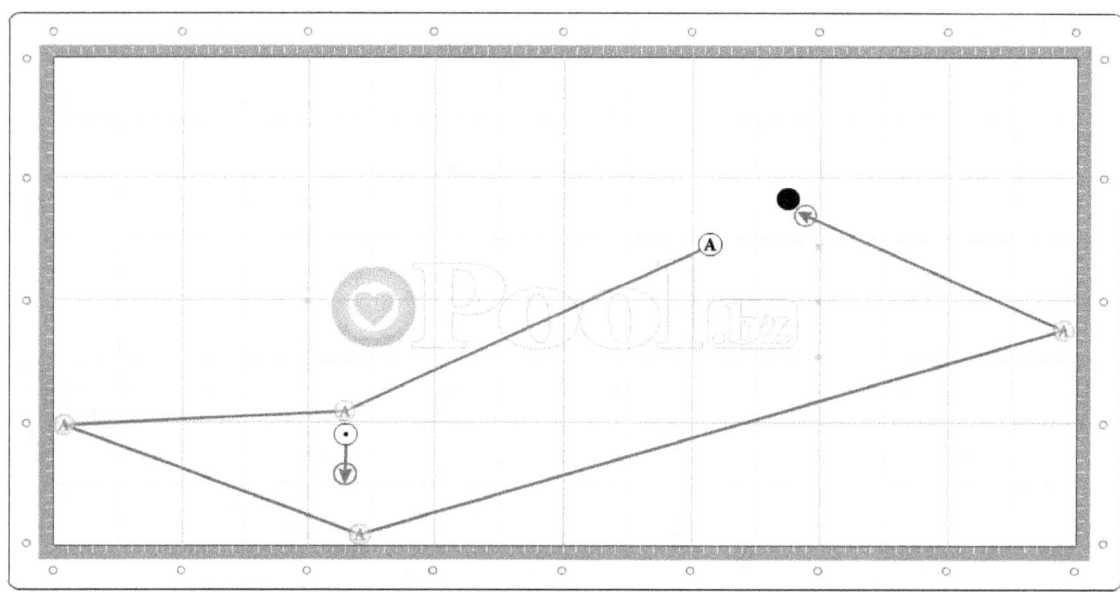

B:2b – Piirustus

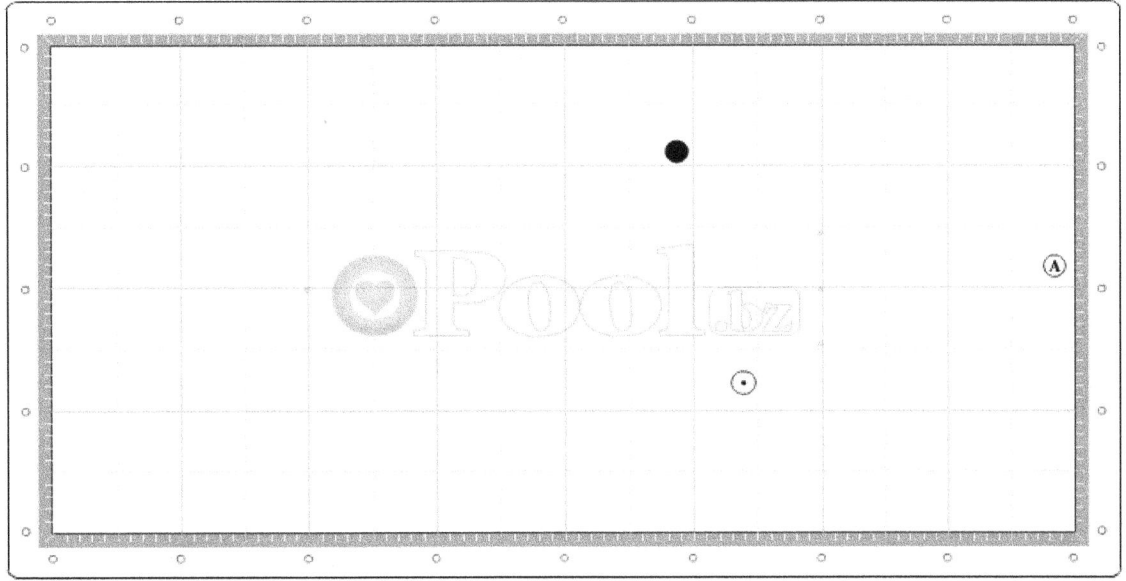

Huomautuksia ja ideoita:

Pallokuviota

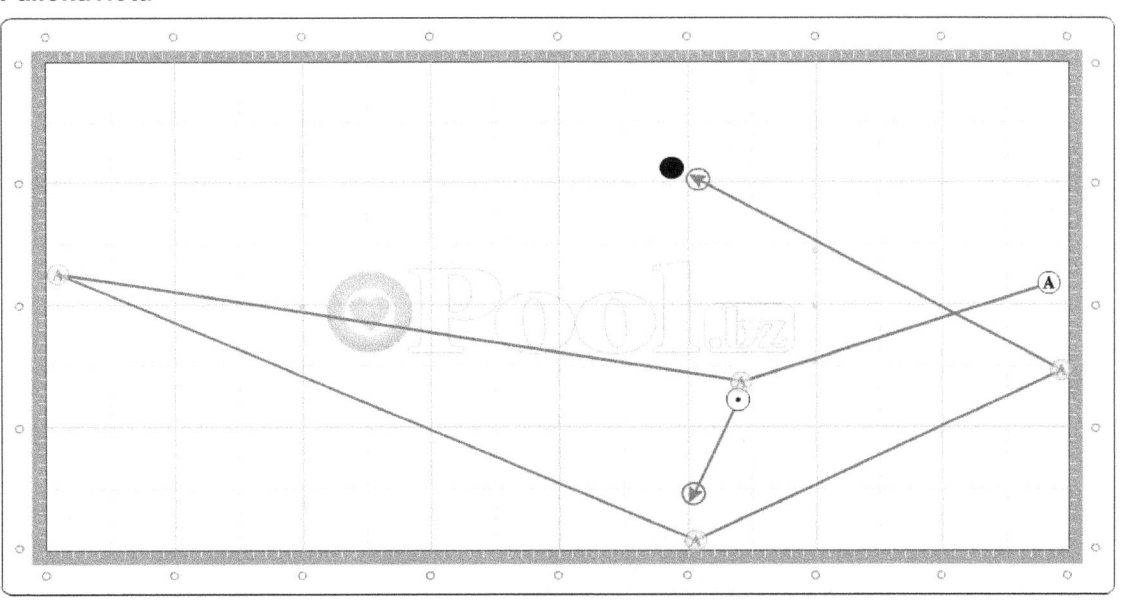

B:2c – Piirustus

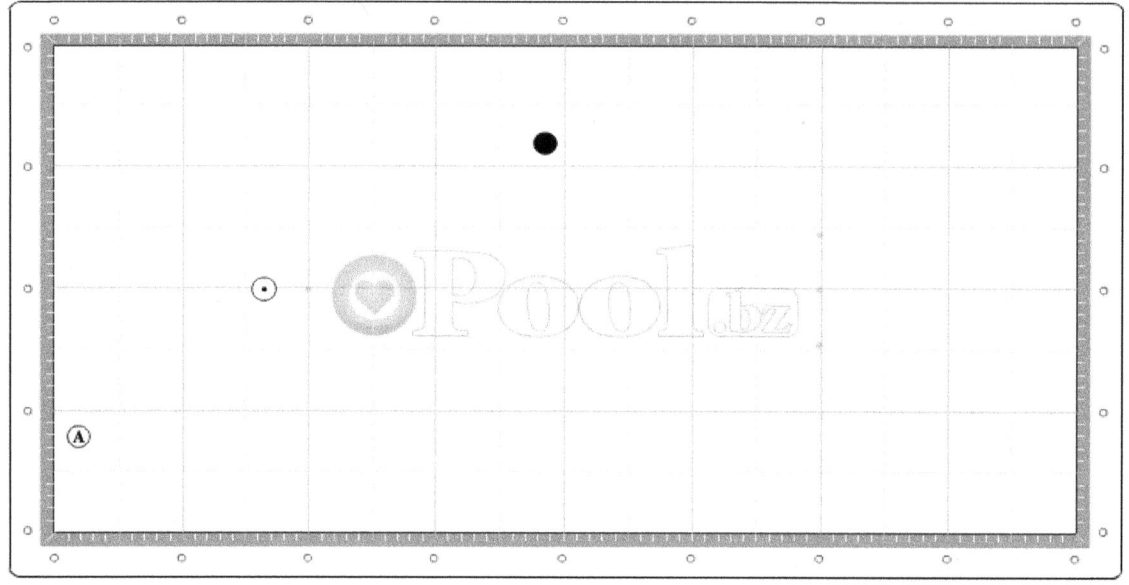

Huomautuksia ja ideoita:

Pallokuviota

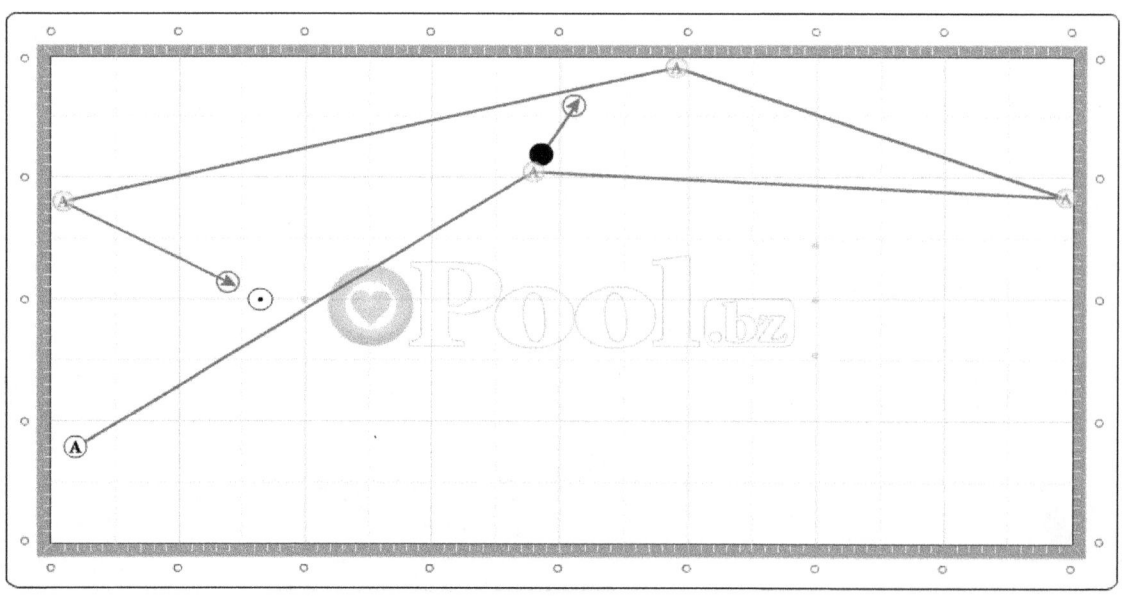

B:2d – Piirustus

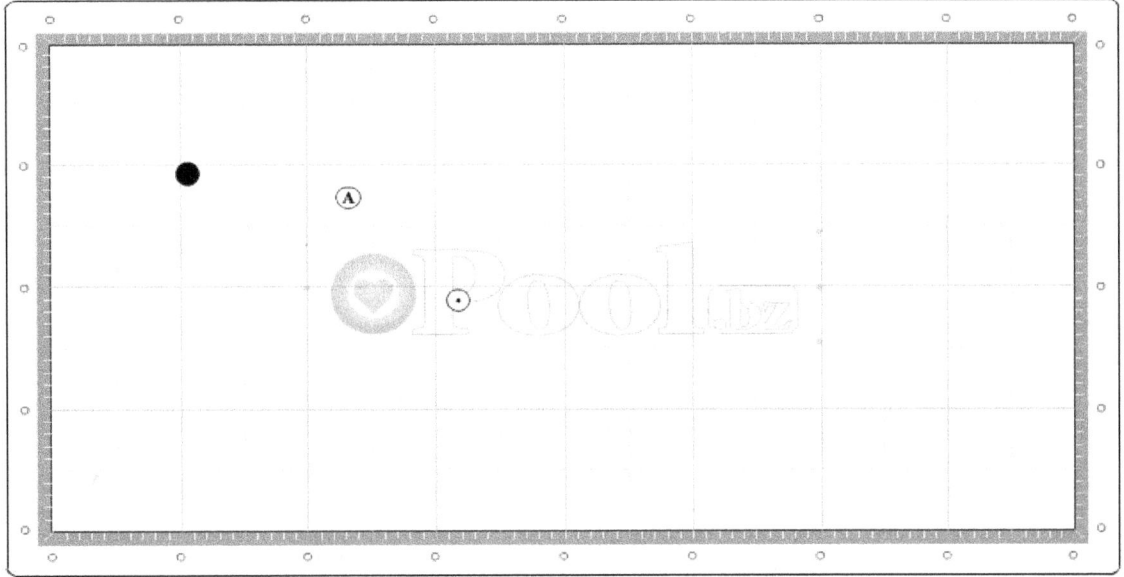

Huomautuksia ja ideoita:

Pallokuviota

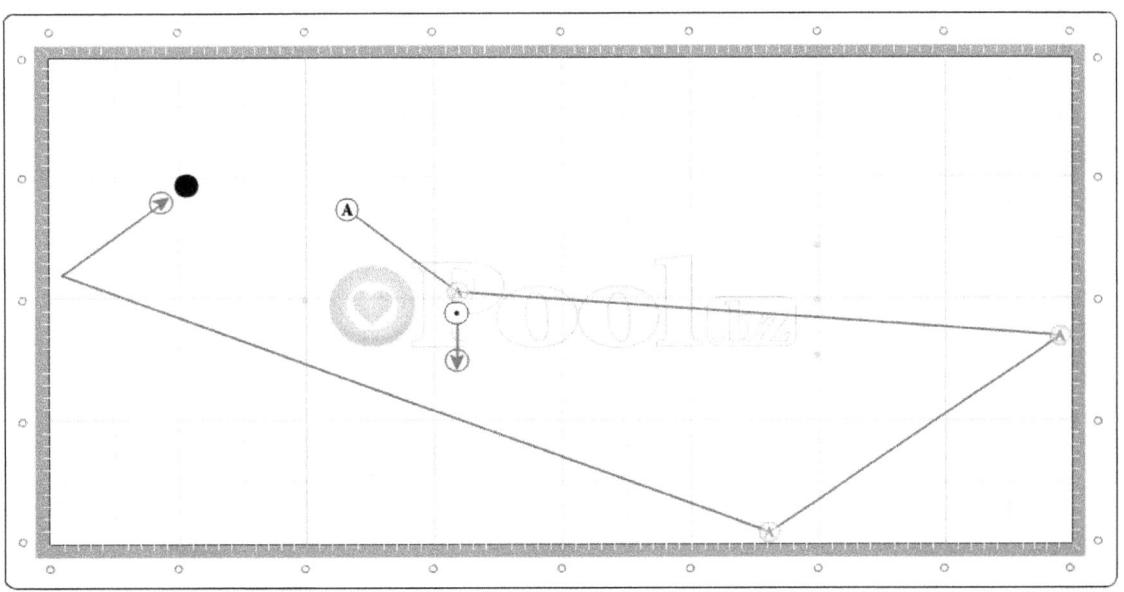

B: Ryhmä 3

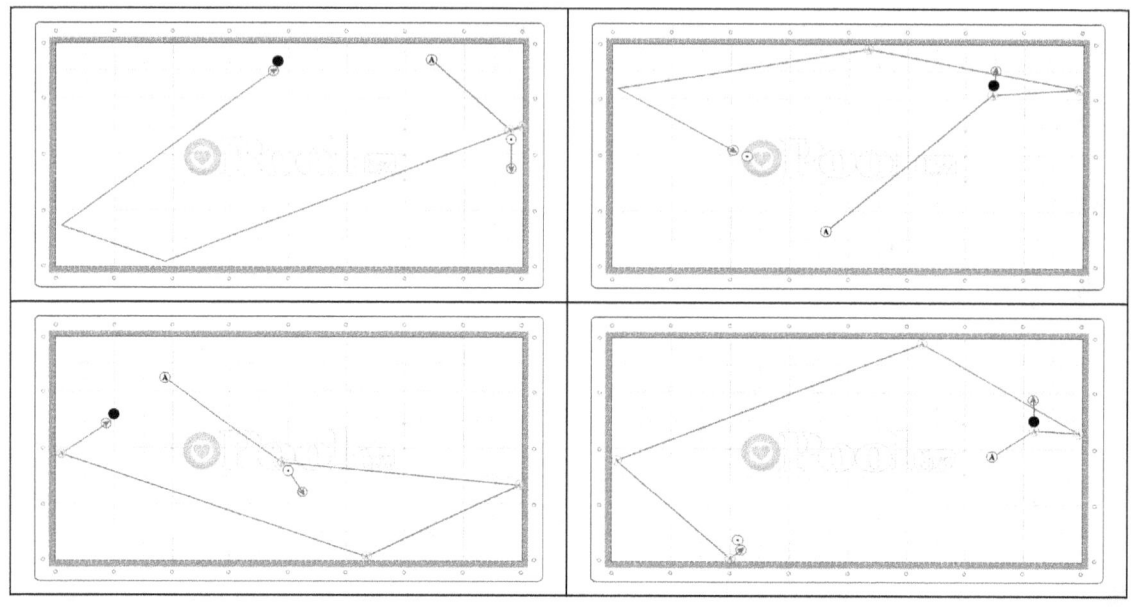

Analyysi:

B:3a. _____

B:3b. _____

B:3c. _____

B:3d. _____

B:3a – Piirustus

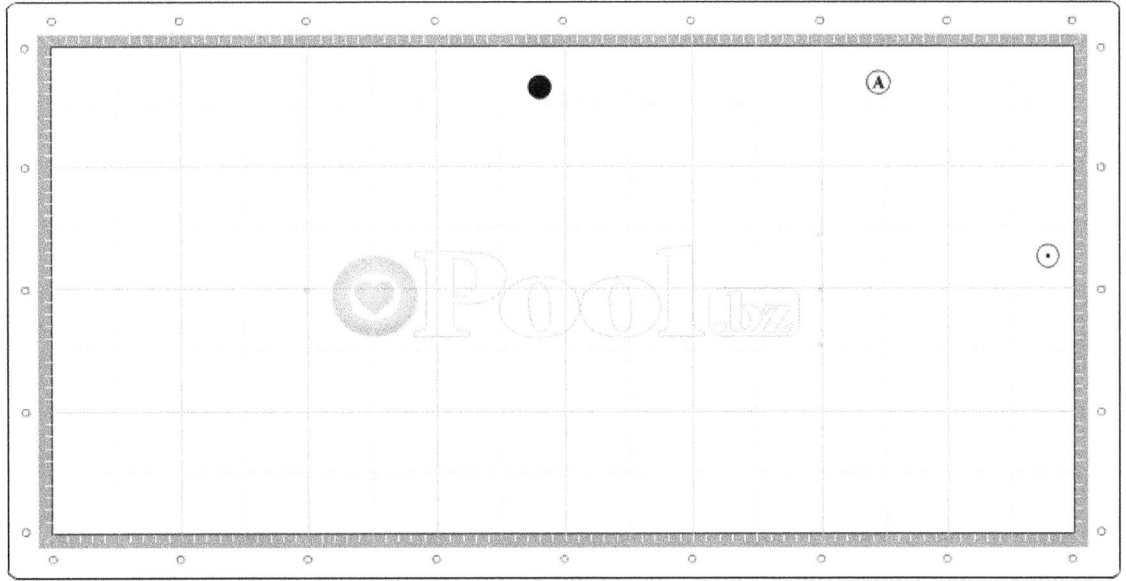

Huomautuksia ja ideoita:

Pallokuviota

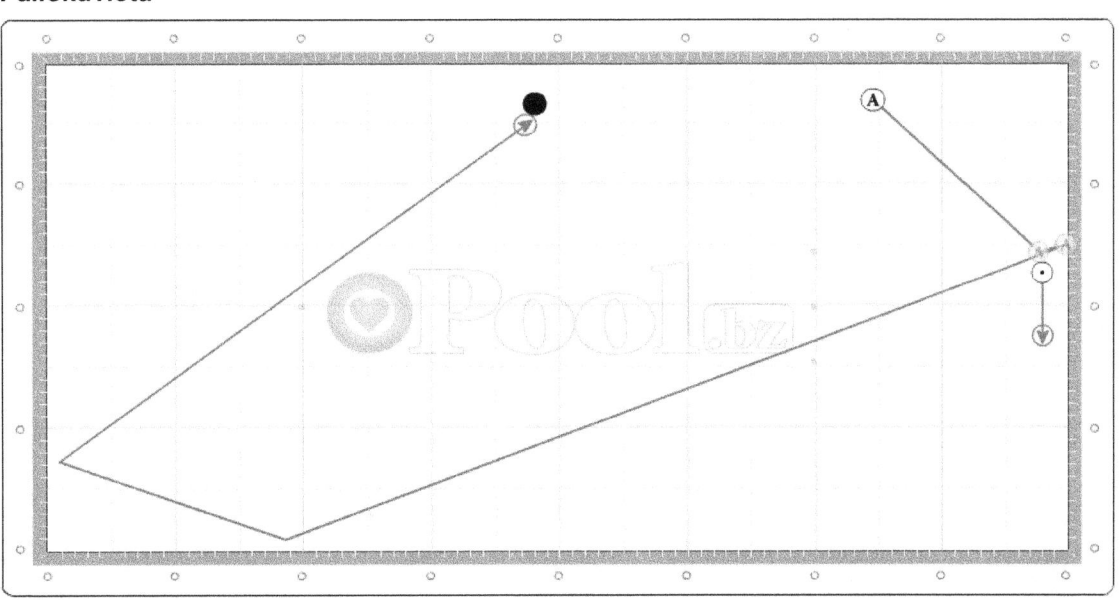

B:3b – Piirustus

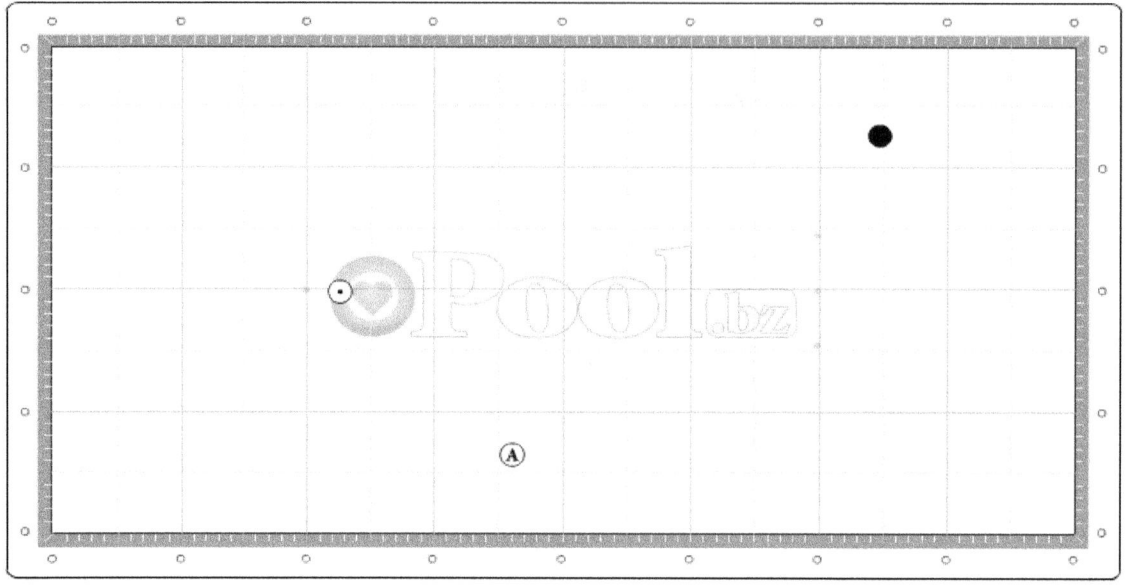

Huomautuksia ja ideoita:

Pallokuviota

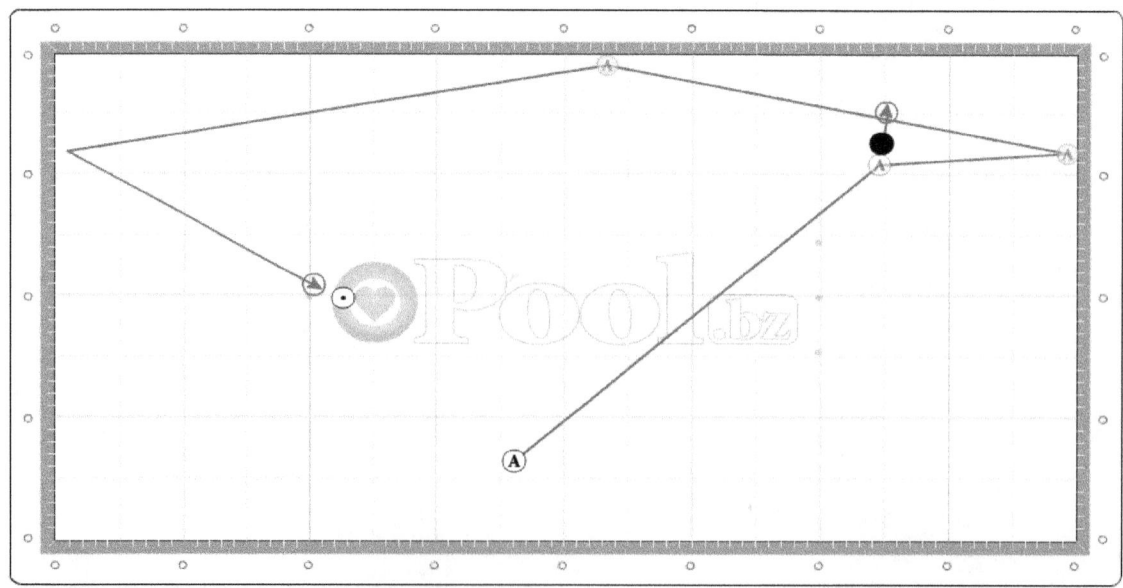

B:3c – Piirustus

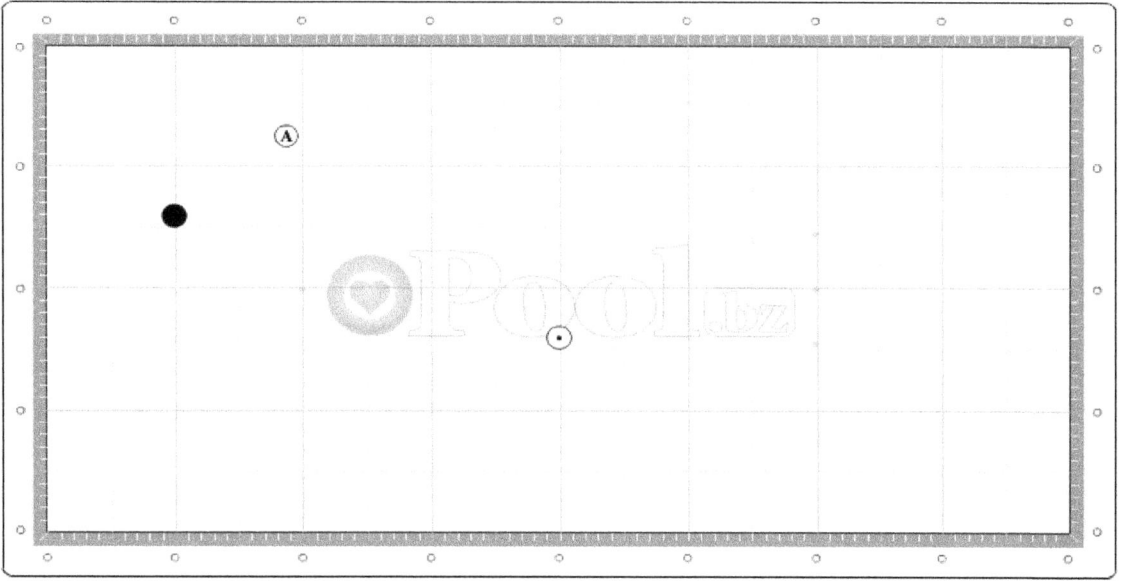

Huomautuksia ja ideoita:

Pallokuviota

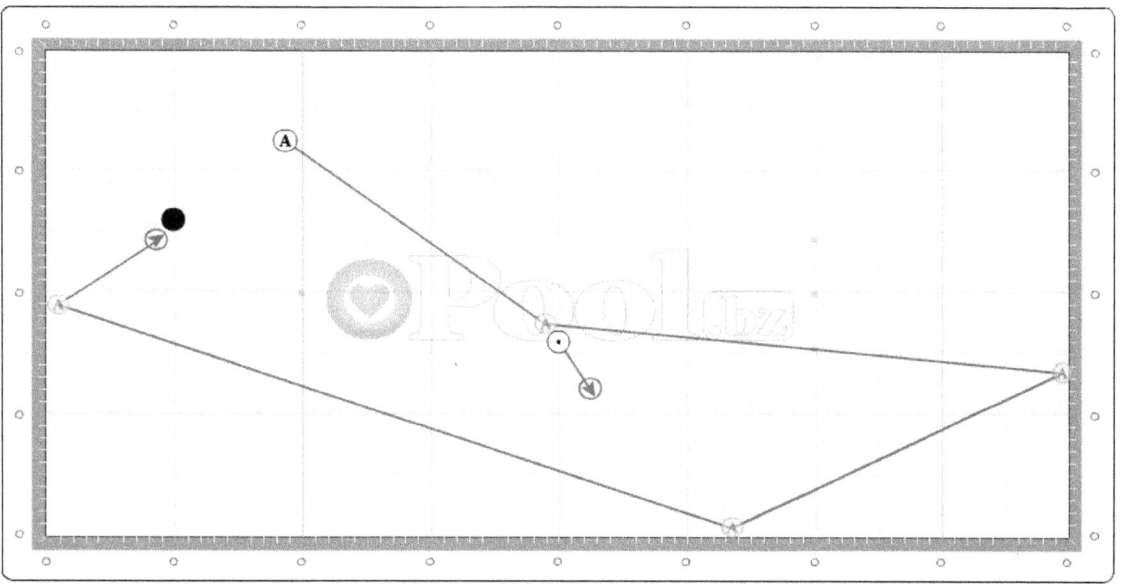

B:3d – Piirustus

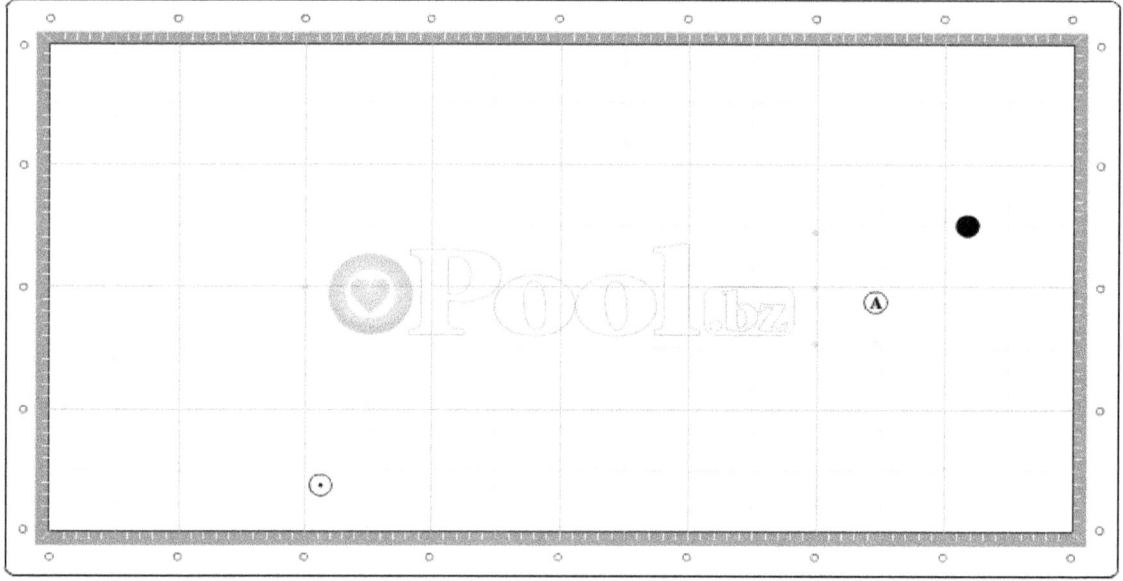

Huomautuksia ja ideoita:

Pallokuviota

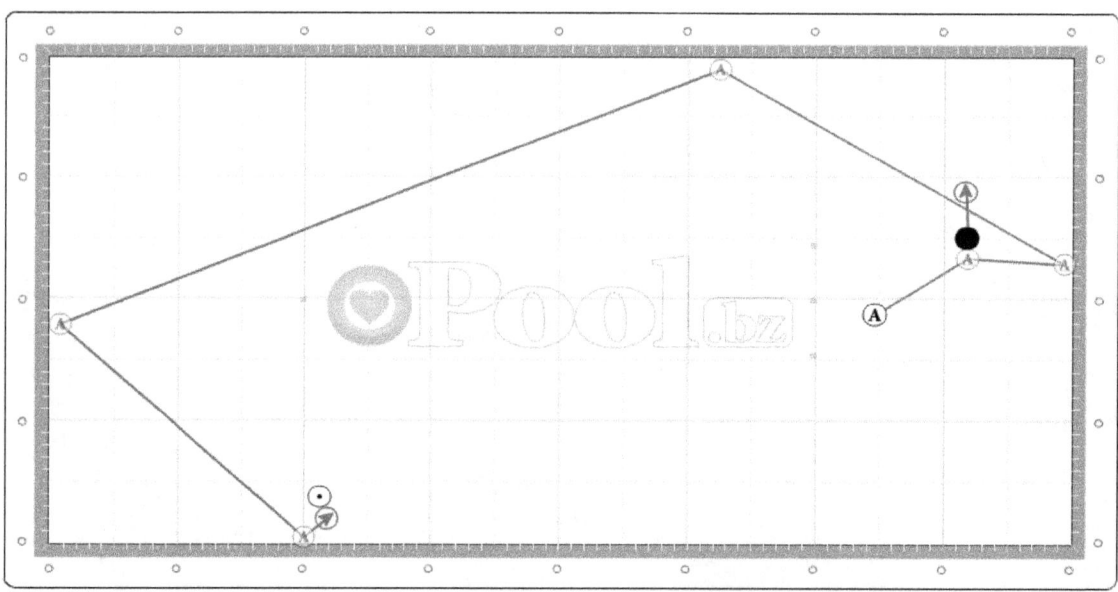

C: 4 vallin (pitkä vallin)

(CB) tulee ensimmäisestä (OB) ja pitkästä vallin. Se tulee ulos lyhyt vallin. Sitten (CB) menee päinvastaiseen pitkä vallin. Vasta sitten (CB) siirtyy toiseen (OB).

Ⓐ (CB) (sinun biljardipallo) – ⊙ (OB) (vastustaja biljardipallo) – ● (OB) (punainen biljardipallo)

C: Ryhmä 1

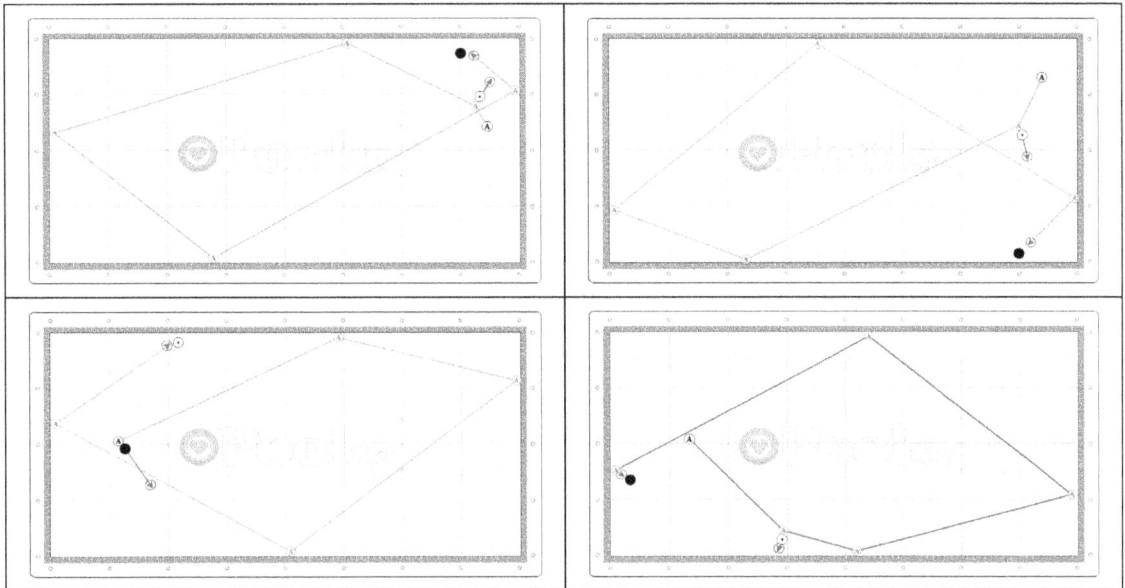

Analyysi:

C:1a. _____

C:1b. _____

C:1c. _____

C:1d. _____

C:1a – Piirustus

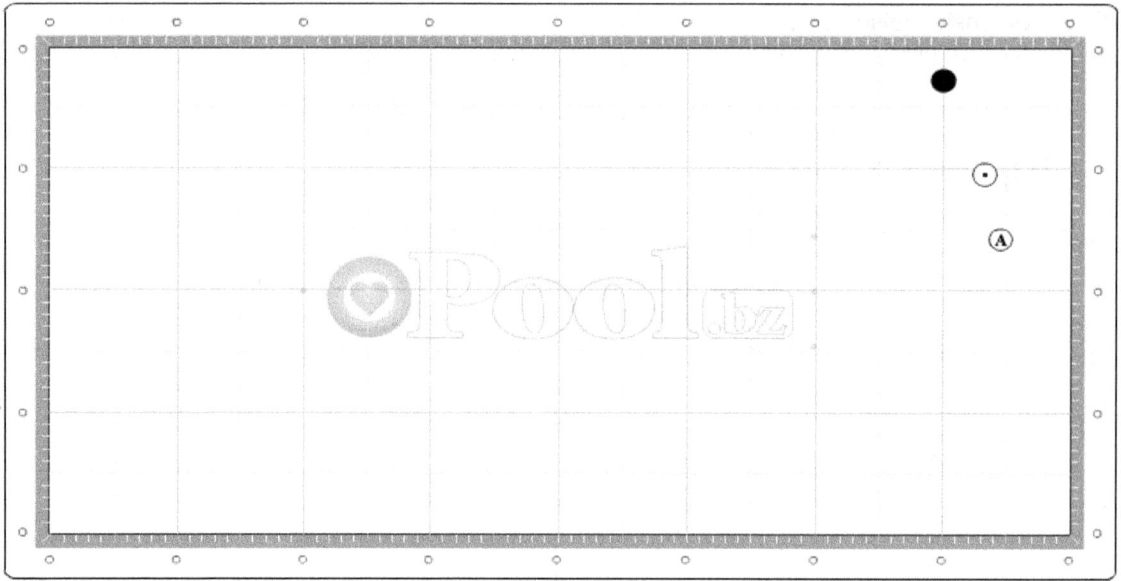

Huomautuksia ja ideoita:

Pallokuviota

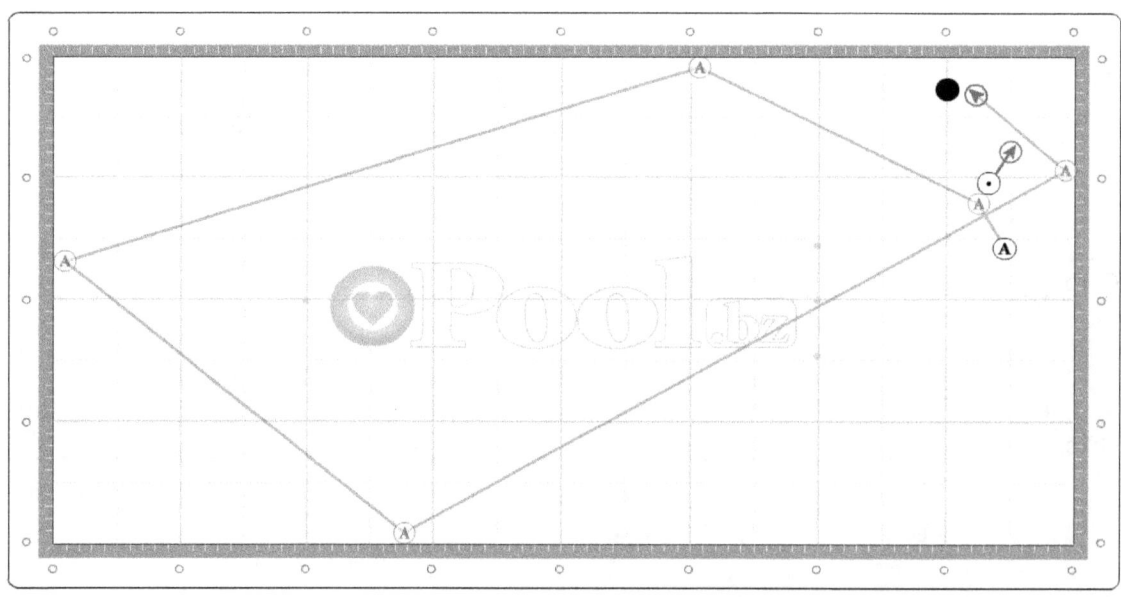

C:1b – Piirustus

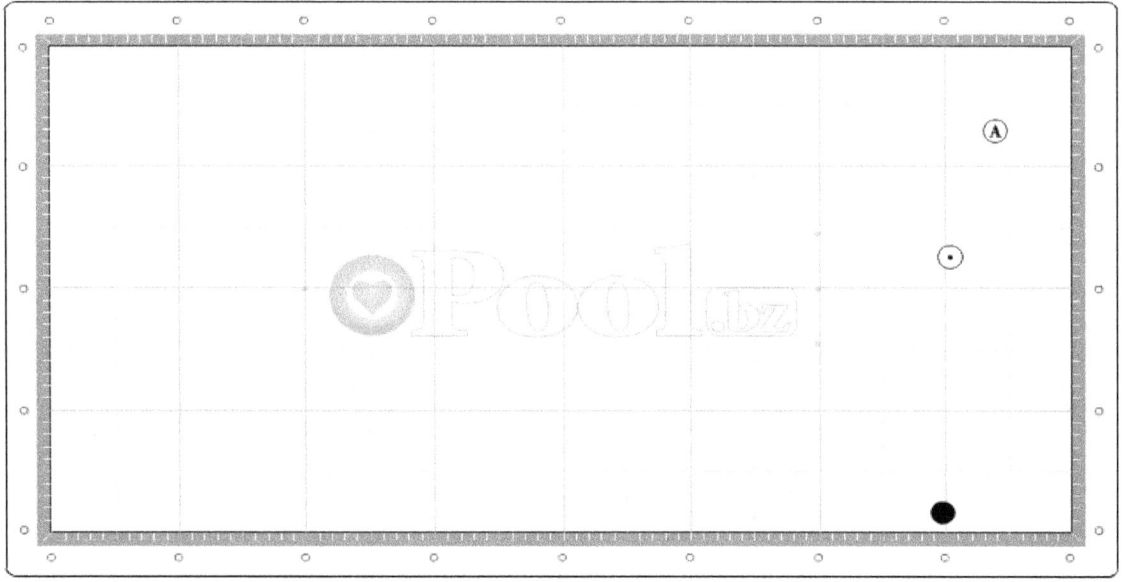

Huomautuksia ja ideoita:

Pallokuviota

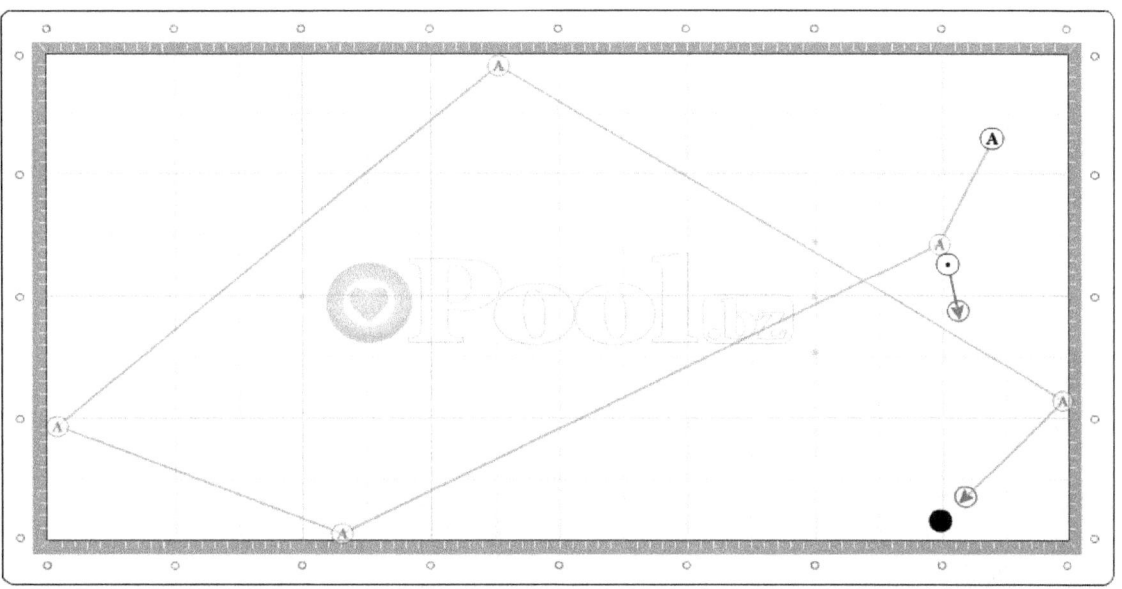

C:1c – Piirustus

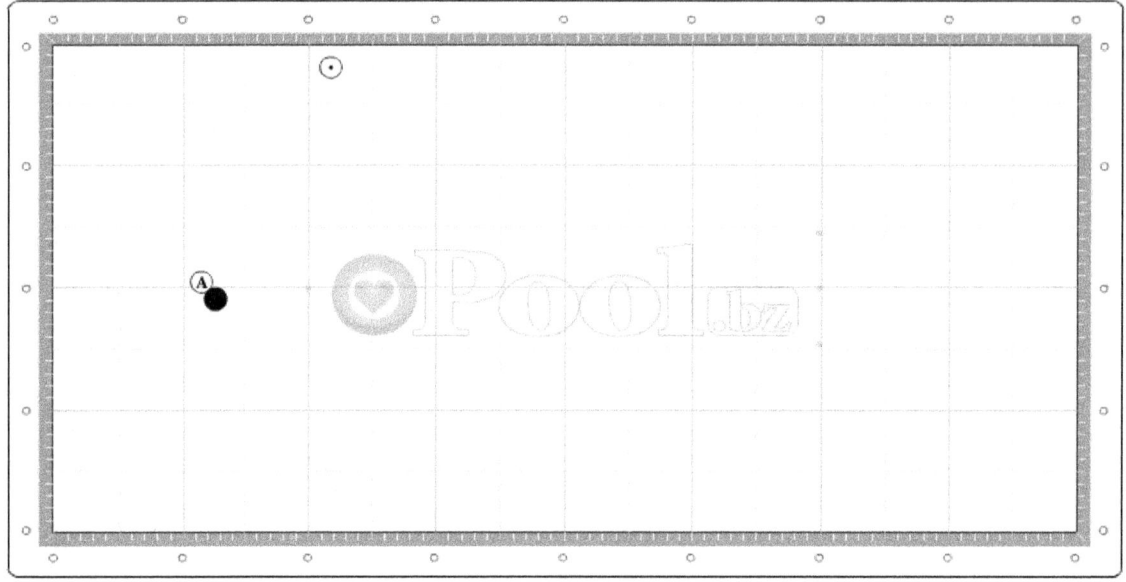

Huomautuksia ja ideoita:

Pallokuviota

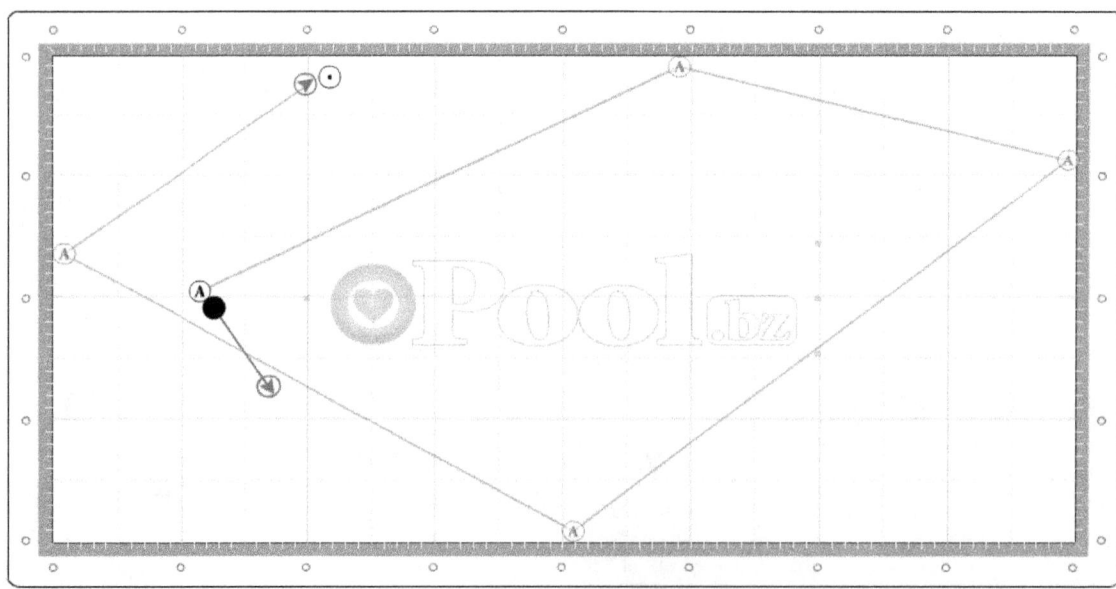

C:1d – Piirustus

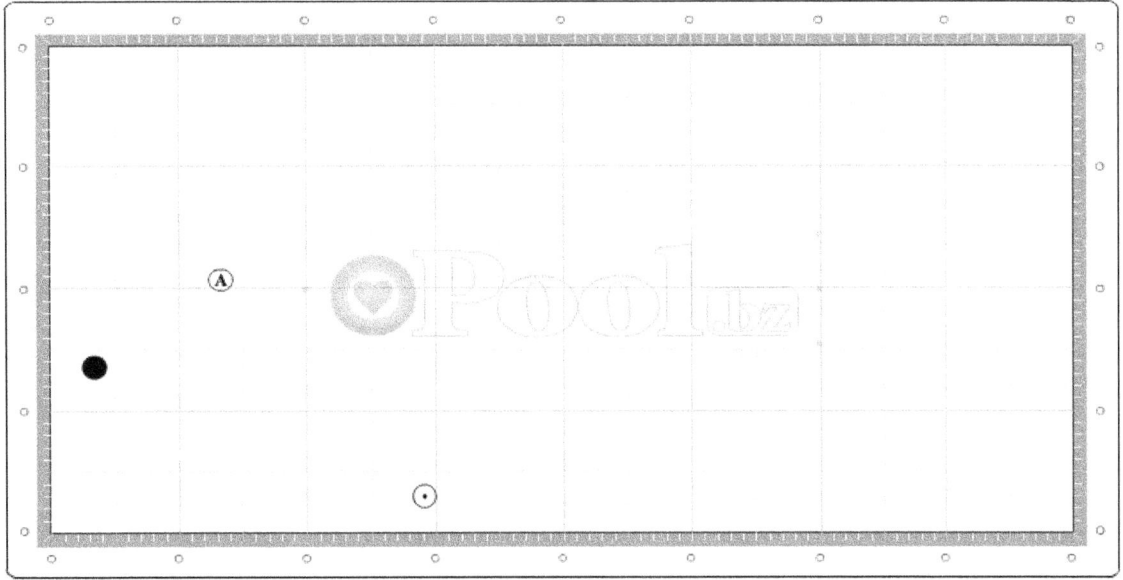

Huomautuksia ja ideoita:

Pallokuviota

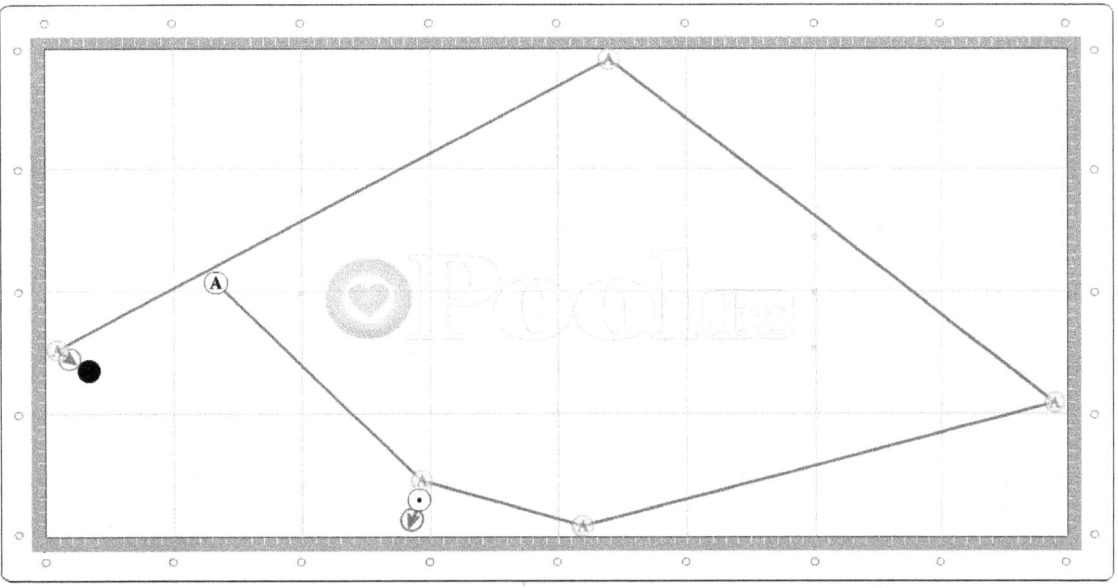

C: Ryhmä 2

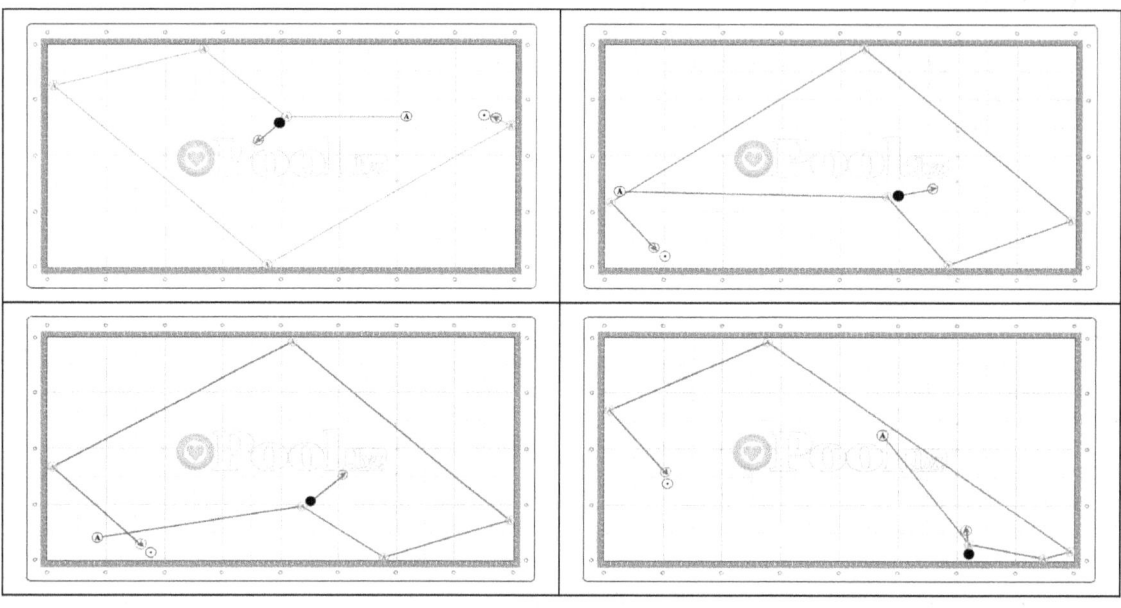

Analyysi:

C:2a. _____

C:2b. _____

C:2c. _____

C:2d. _____

C:2a – Piirustus

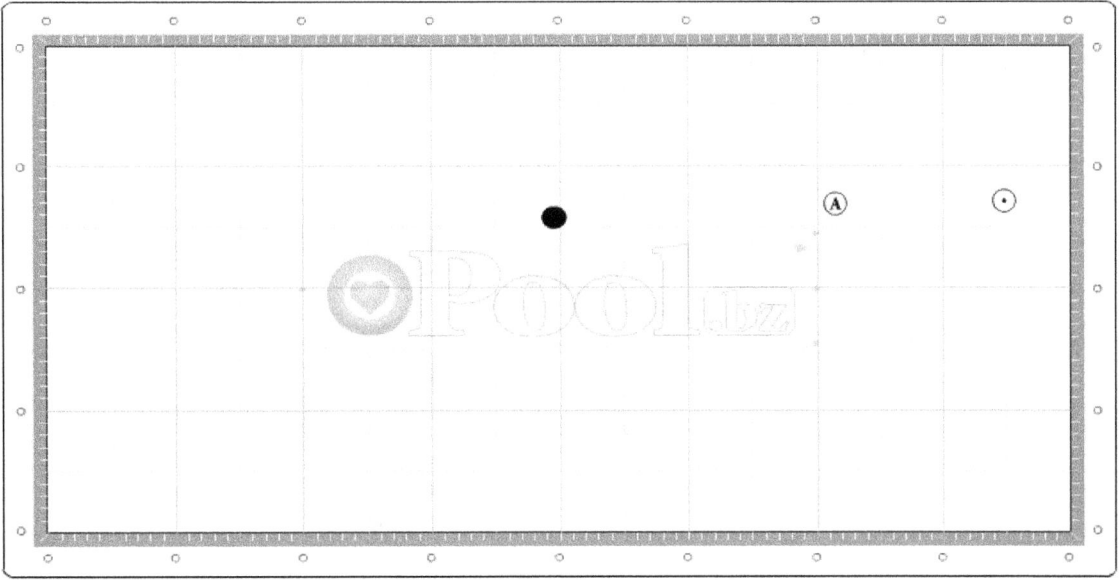

Huomautuksia ja ideoita:

Pallokuviota

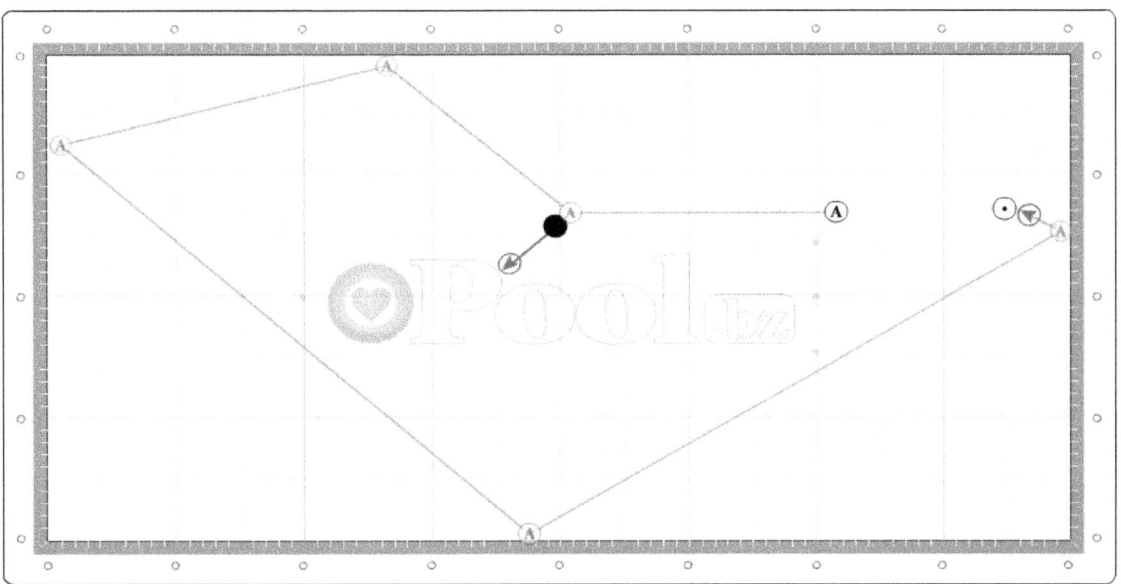

C:2b – Piirustus

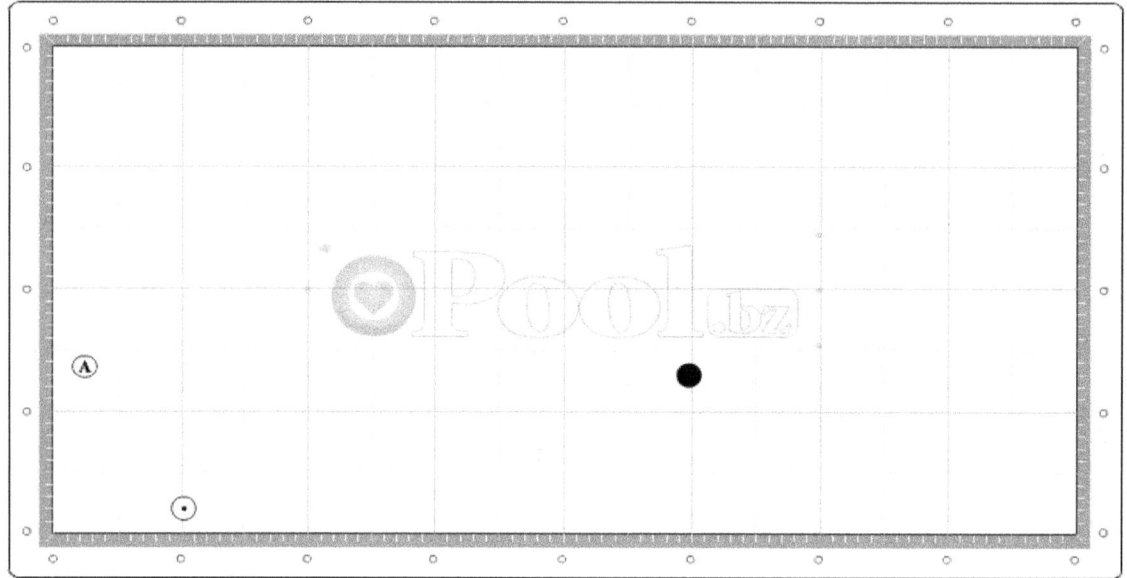

Huomautuksia ja ideoita:

Pallokuviota

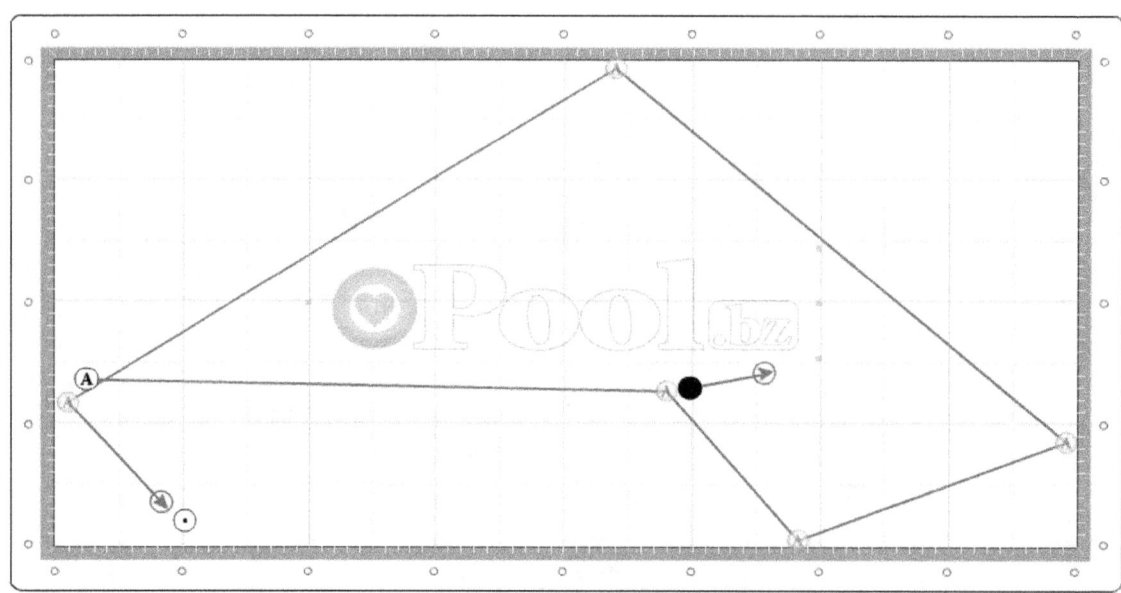

C:2c – Piirustus

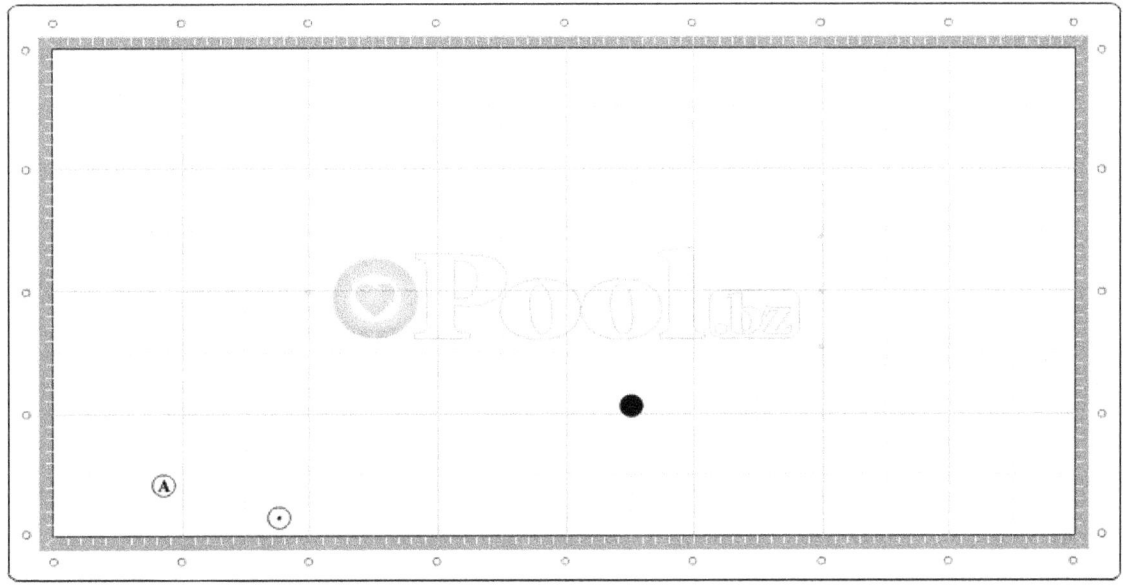

Huomautuksia ja ideoita:

Pallokuviota

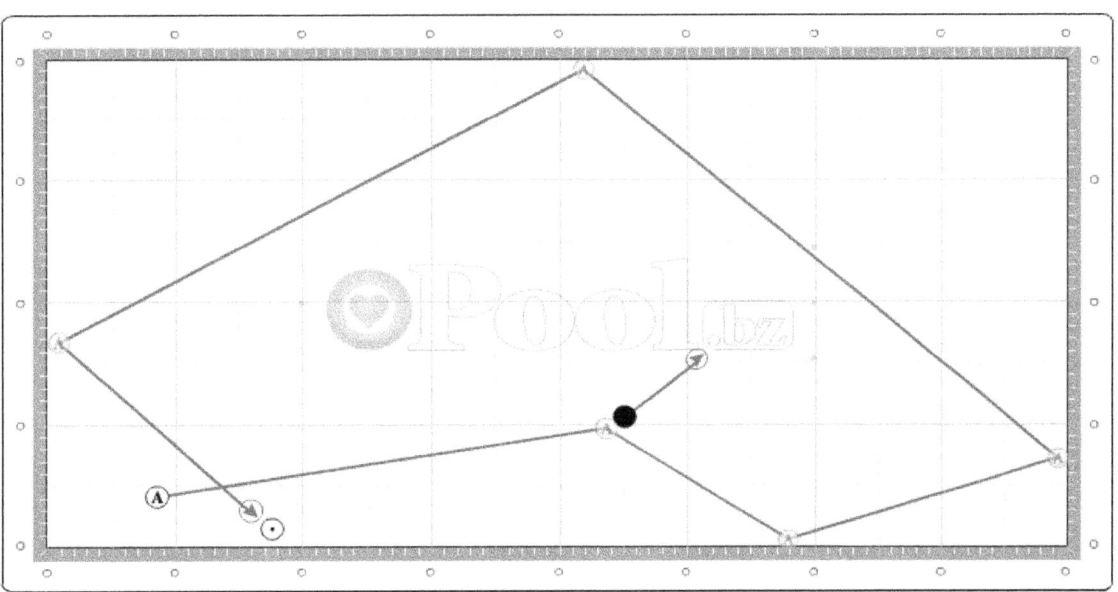

C:2d – Piirustus

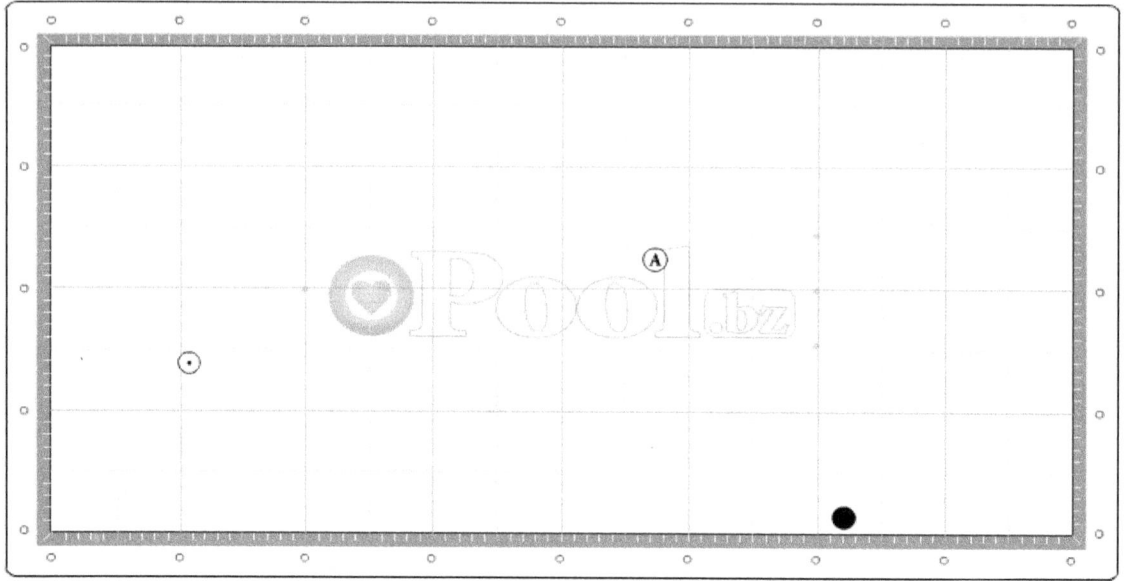

Huomautuksia ja ideoita:

Pallokuviota

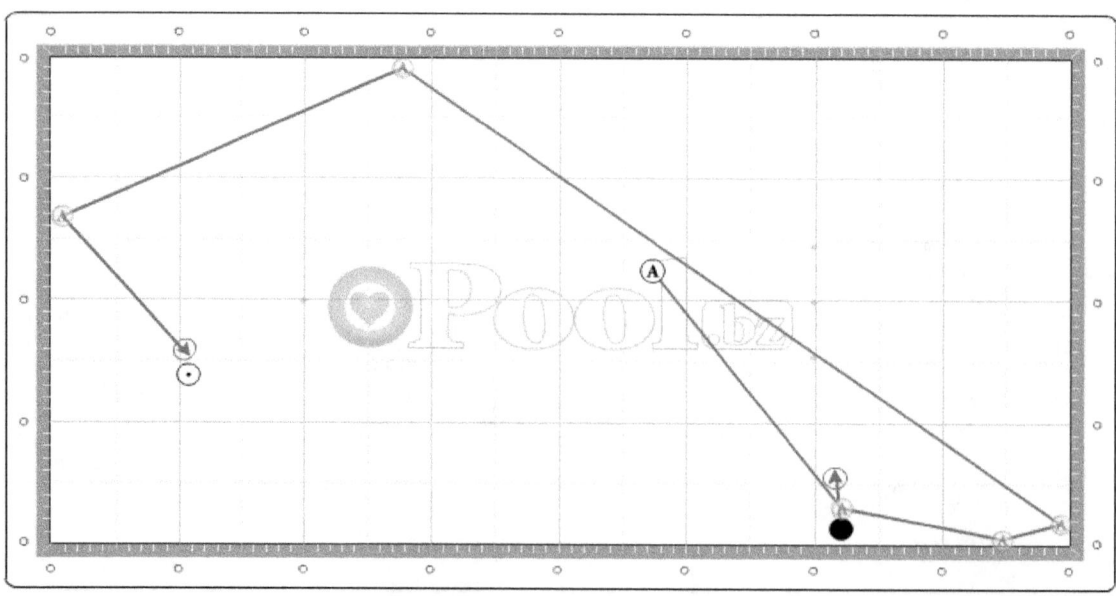

C: Ryhmä 3

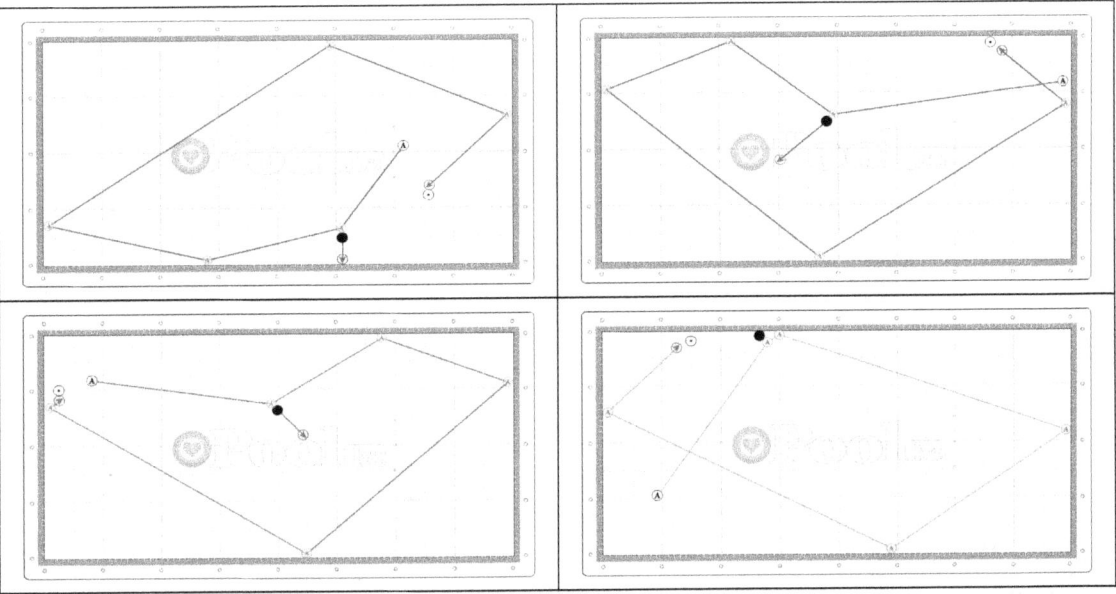

Analyysi:

C:3a. _____

C:3b. _____

C:3c. _____

C:3d. _____

C:3a – Piirustus

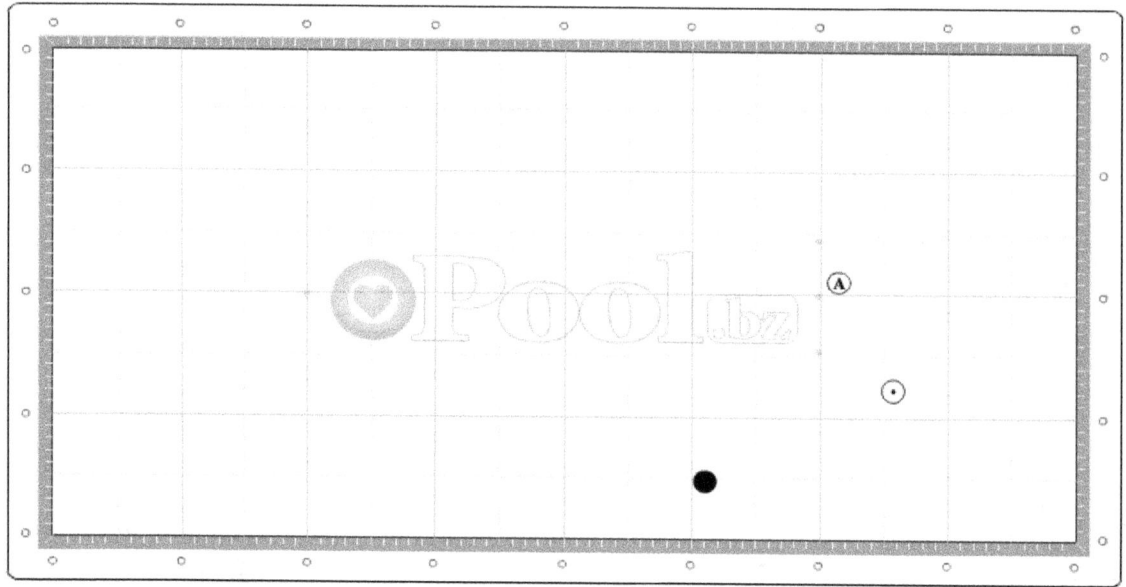

Huomautuksia ja ideoita:

Pallokuviota

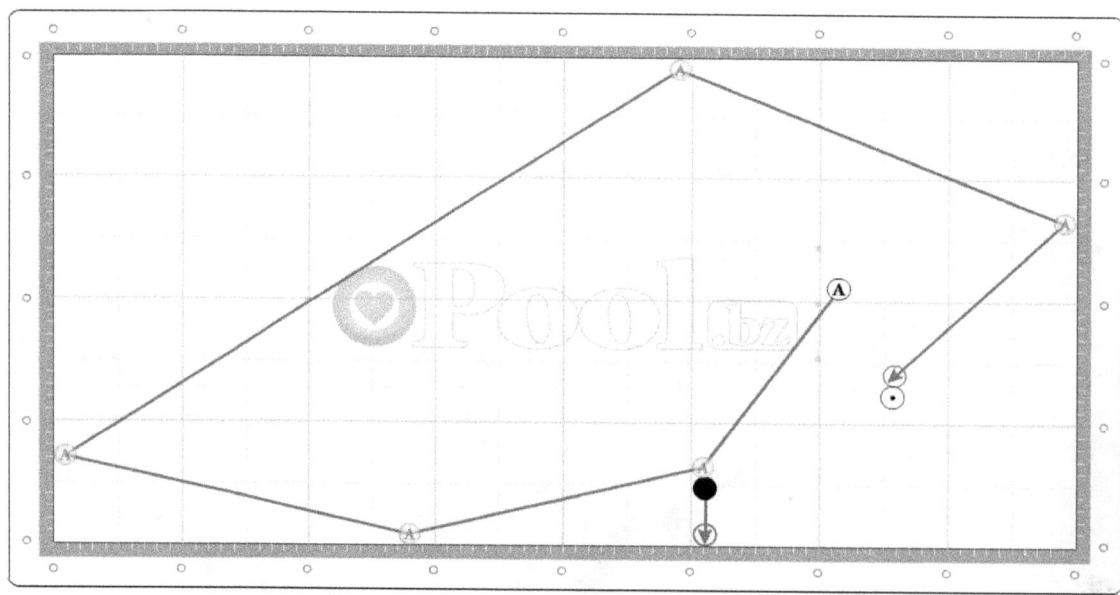

C:3b – Piirustus

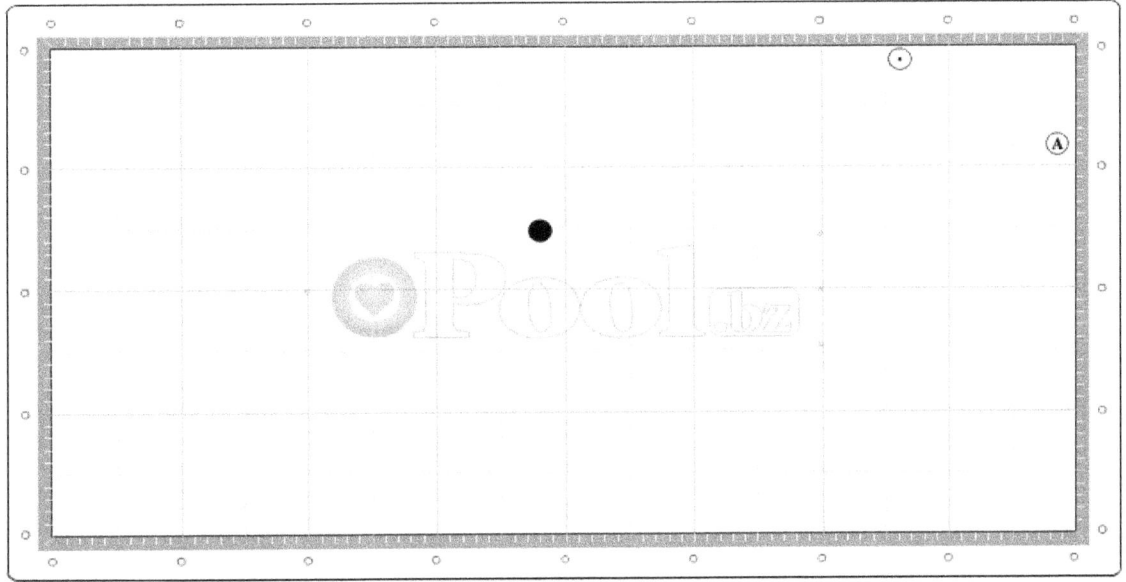

Huomautuksia ja ideoita:

Pallokuviota

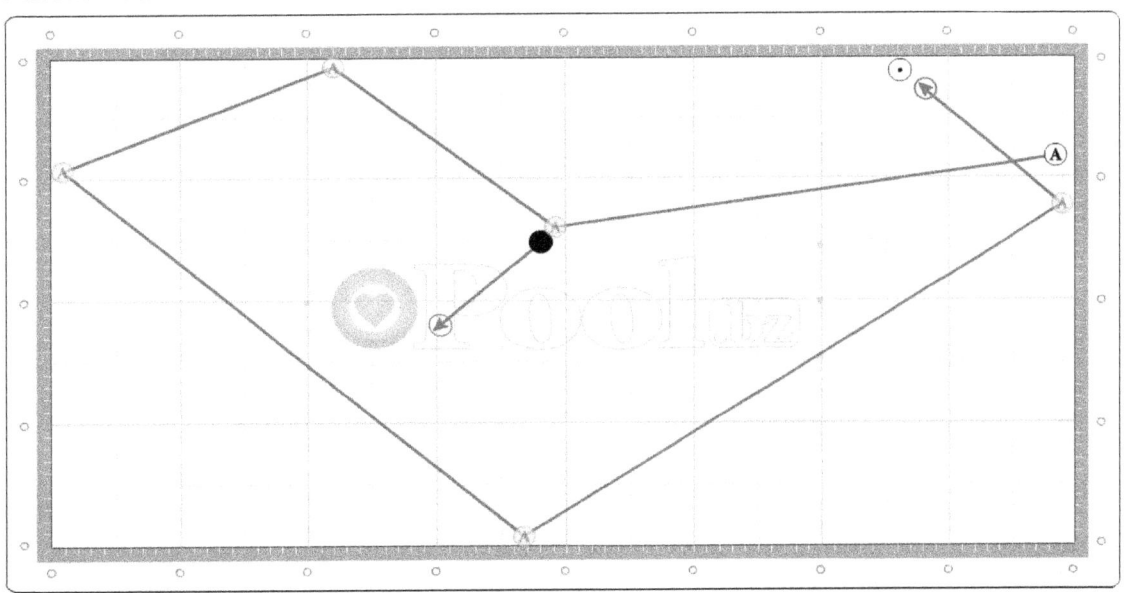

C:3c – Piirustus

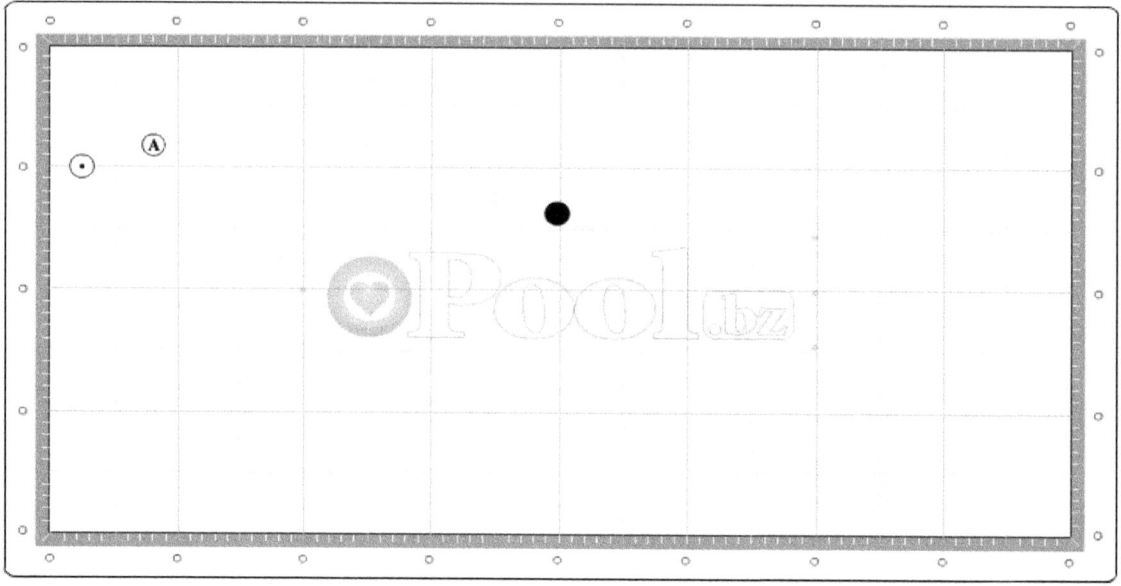

Huomautuksia ja ideoita:

Pallokuviota

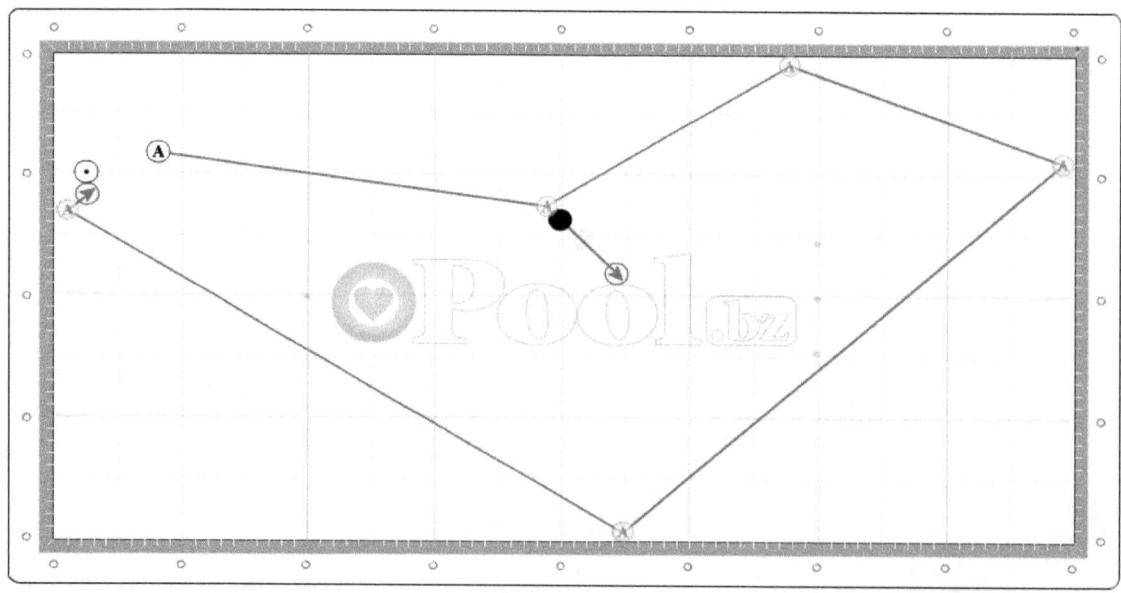

C:3d – Piirustus

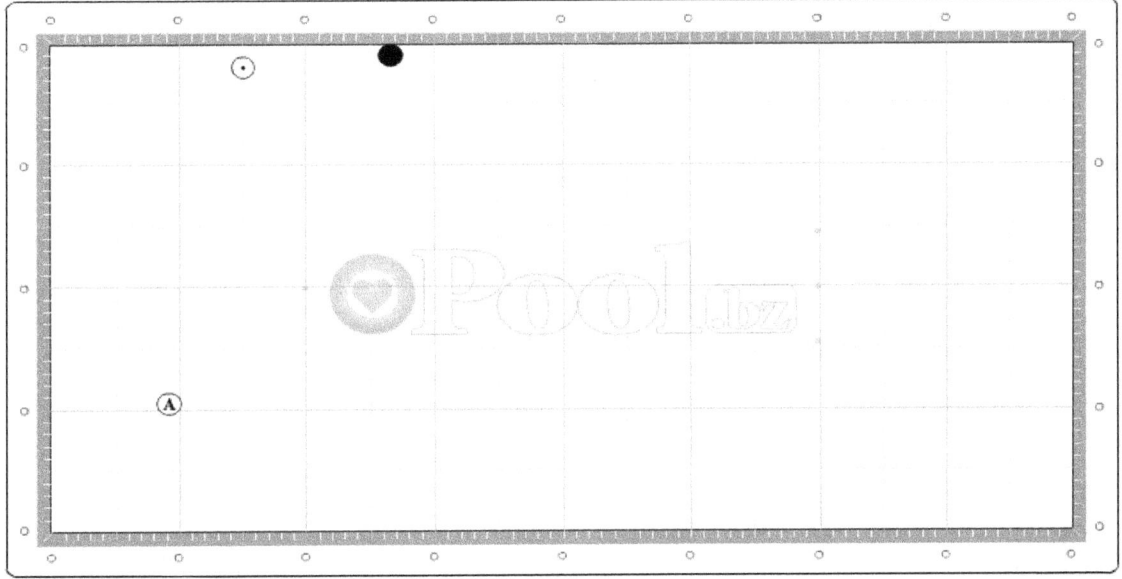

Huomautuksia ja ideoita:

Pallokuviota

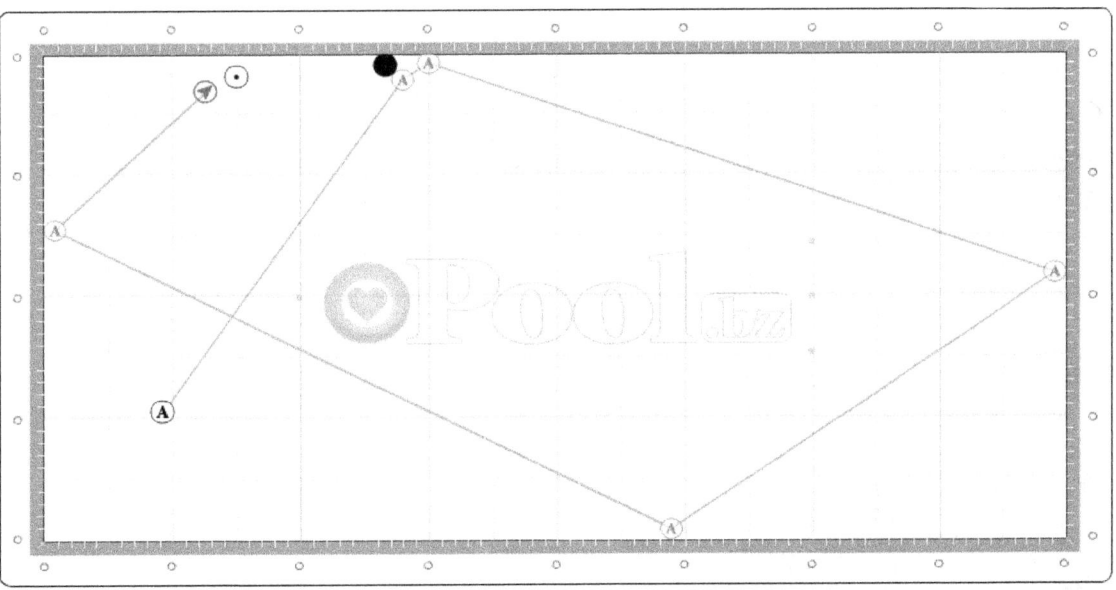

3-vallin kara: Täysi pöydän ympyräkuvio

C: Ryhmä 4

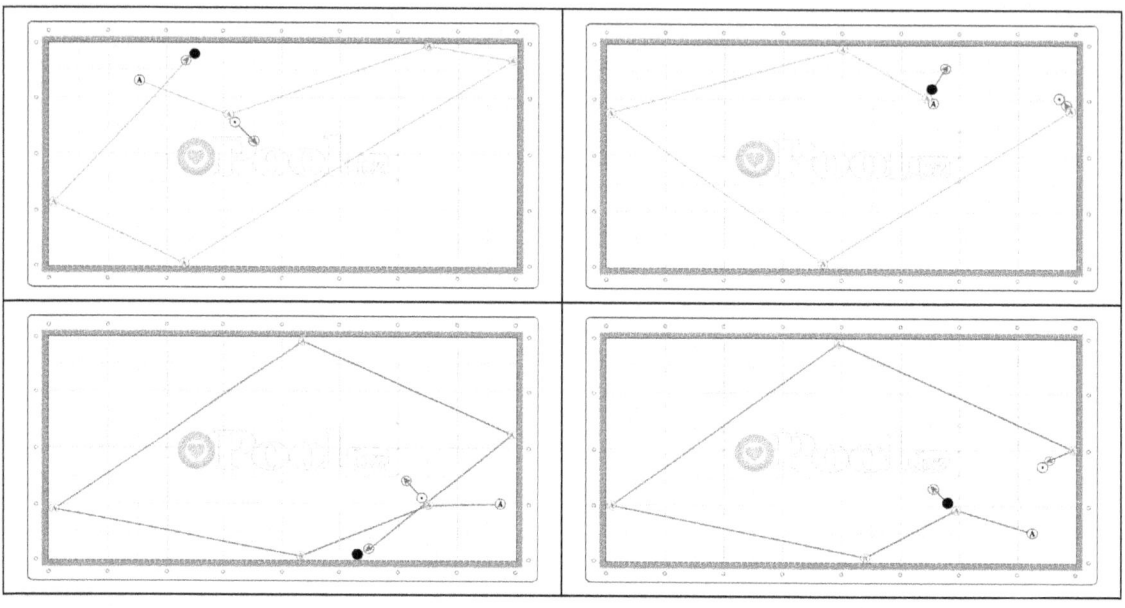

Analyysi:

C:4a. _____

C:4b. _____

C:4c. _____

C:4d. _____

C:4a – Piirustus

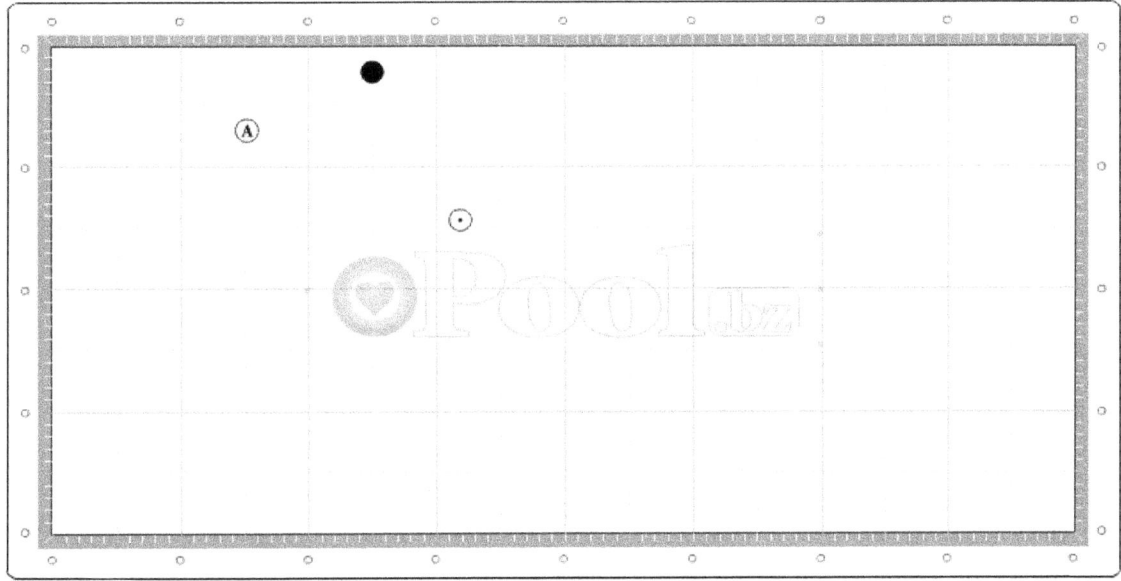

Huomautuksia ja ideoita:

Pallokuviota

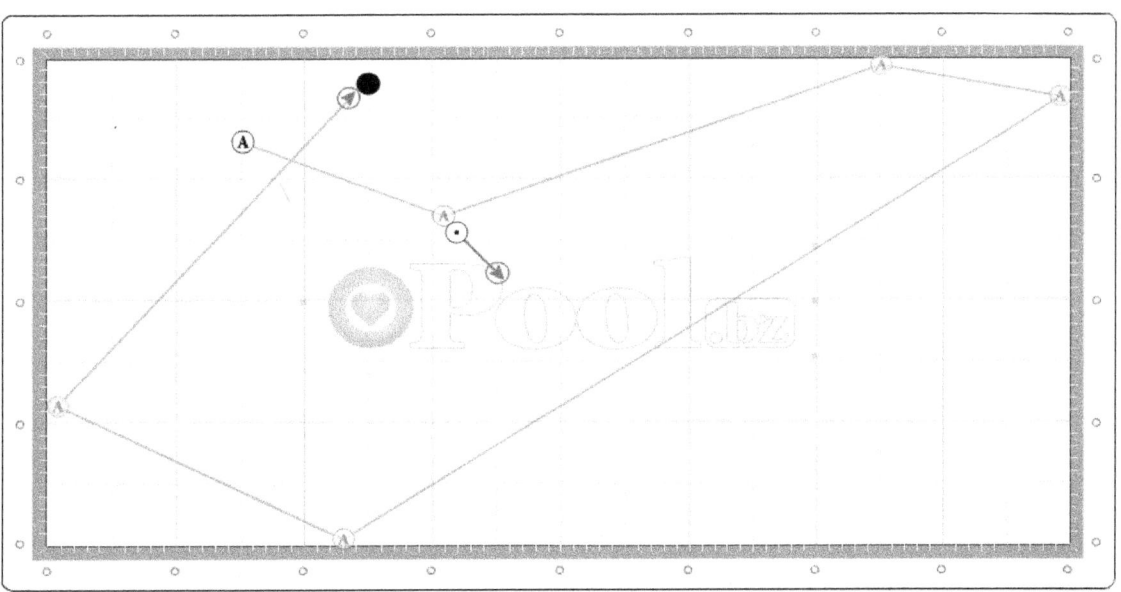

C:4b – Piirustus

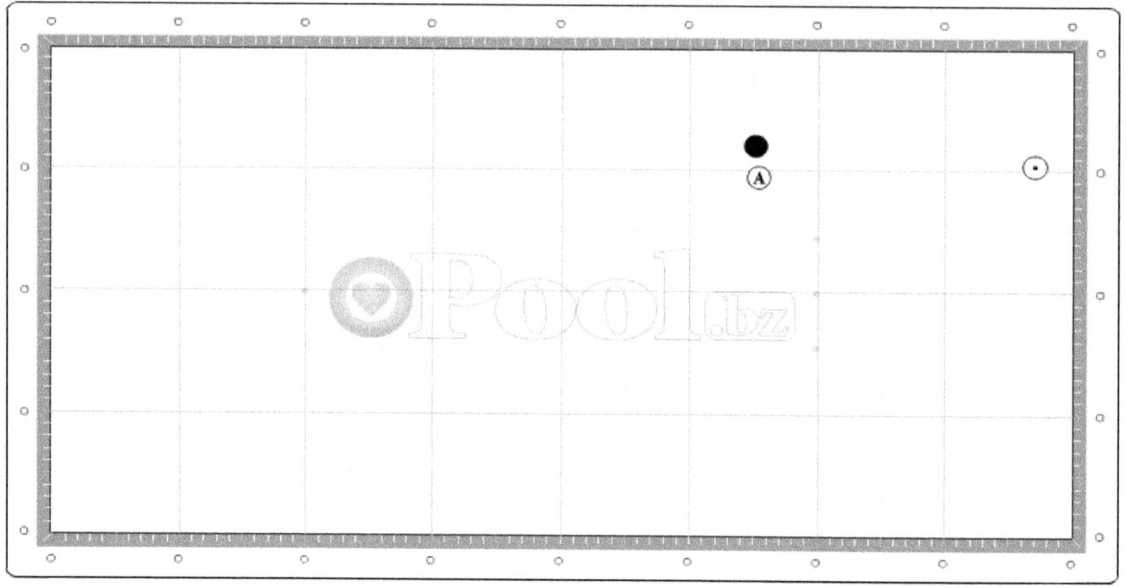

Huomautuksia ja ideoita:

Pallokuviota

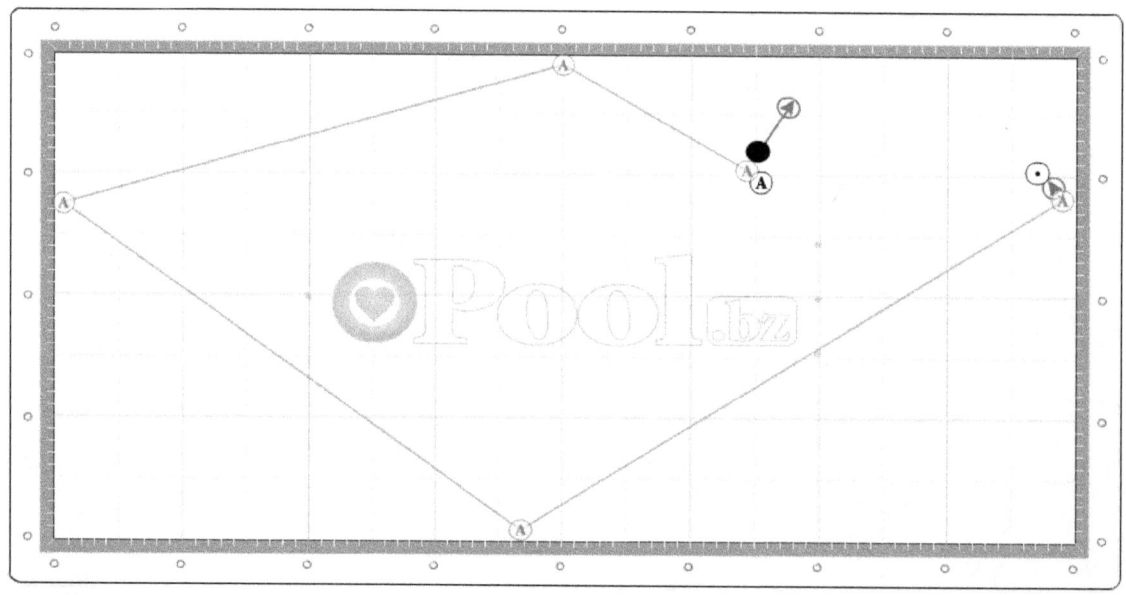

C:4c – Piirustus

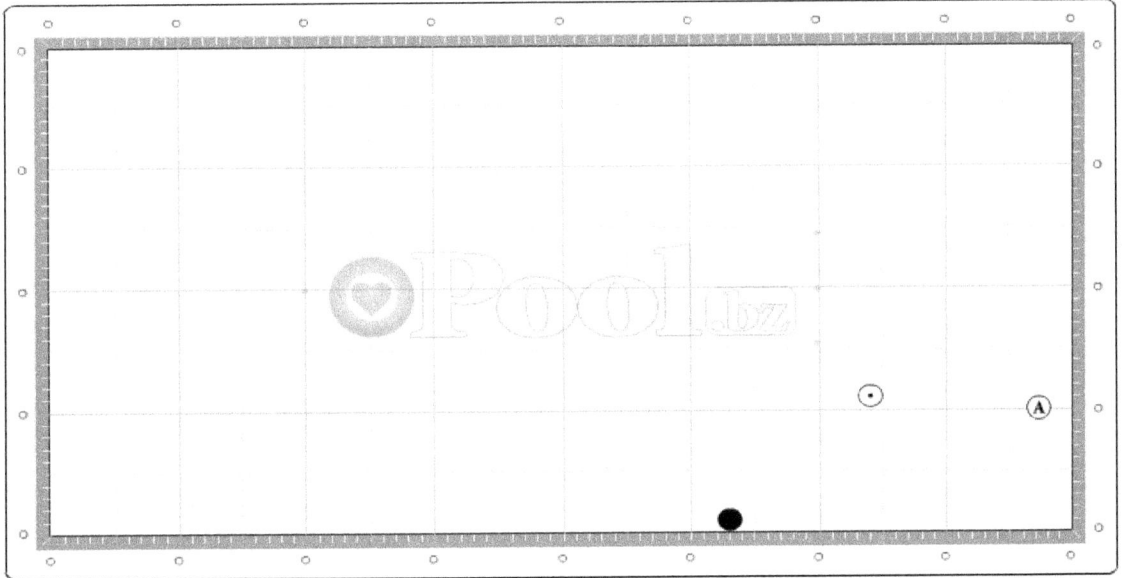

Huomautuksia ja ideoita:

Pallokuviota

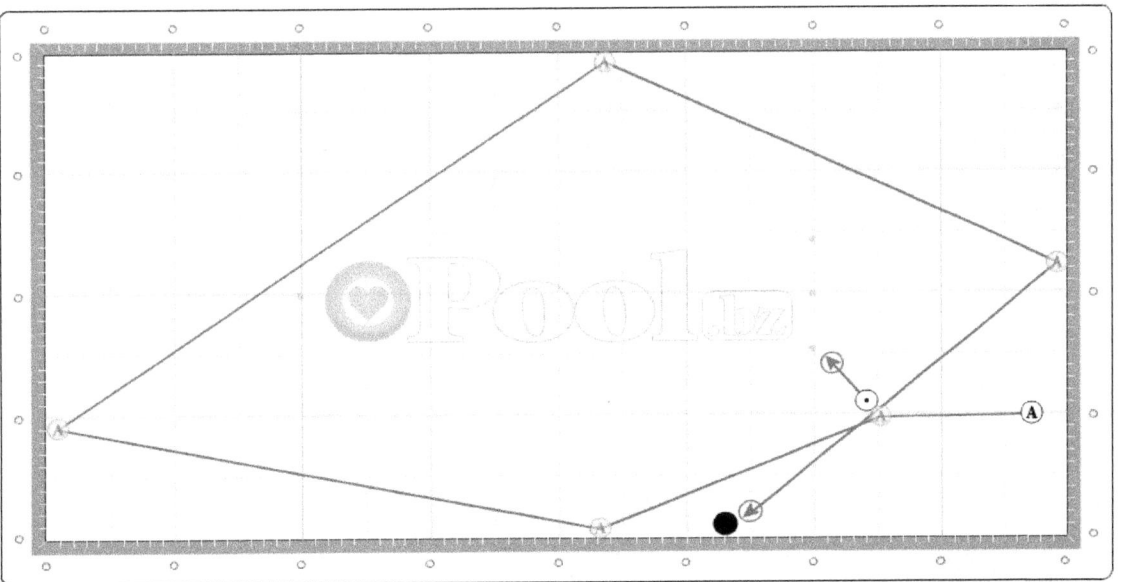

C:4d – Piirustus

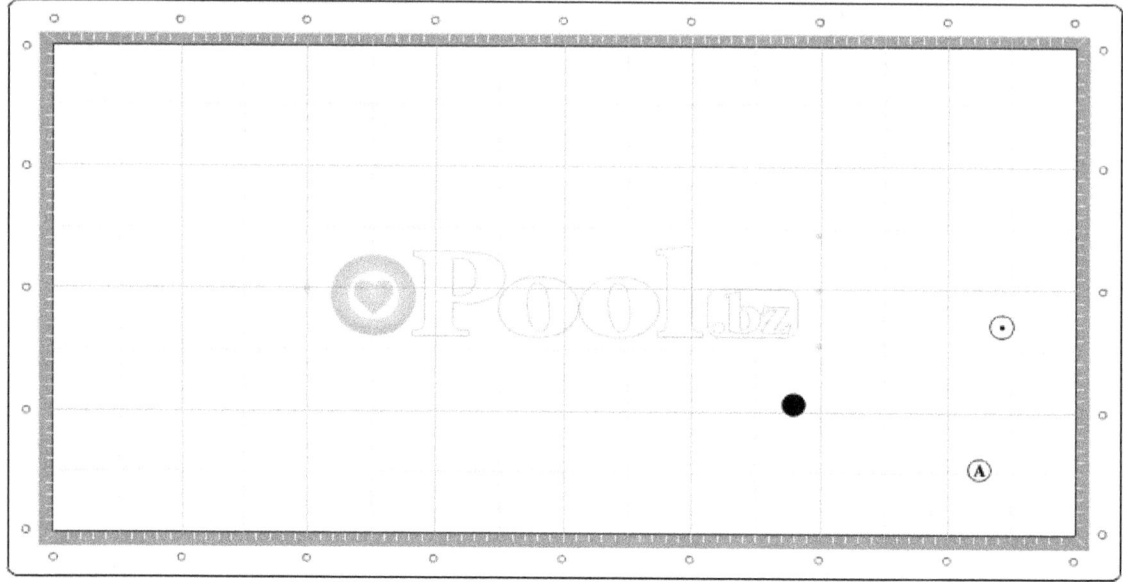

Huomautuksia ja ideoita:

Pallokuviota

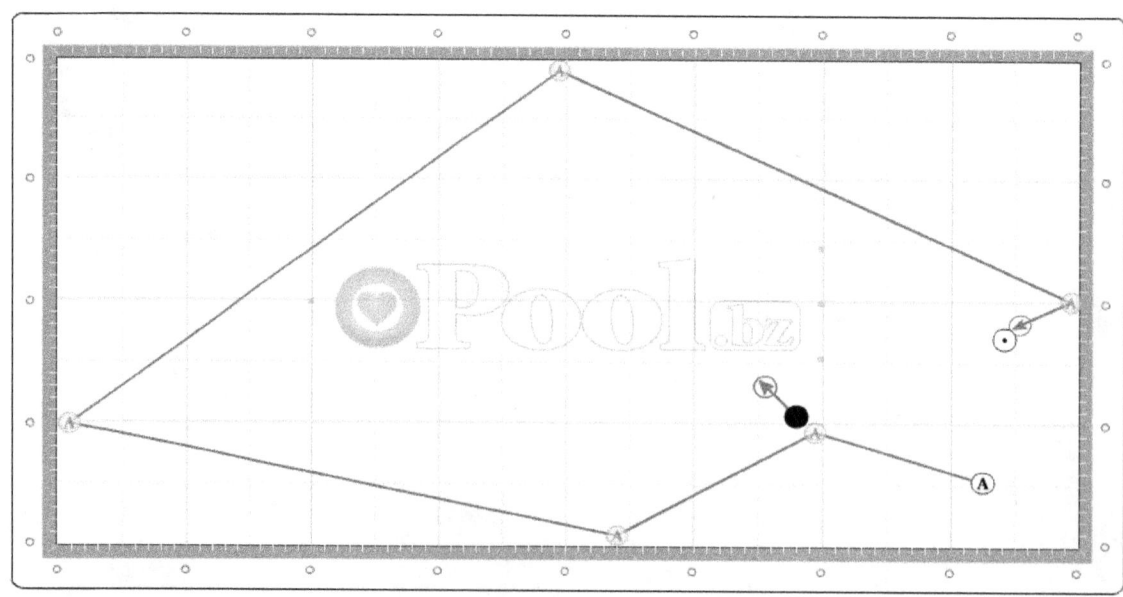

3-vallin kara: Täysi pöydän ympyräkuvio

C: Ryhmä 5

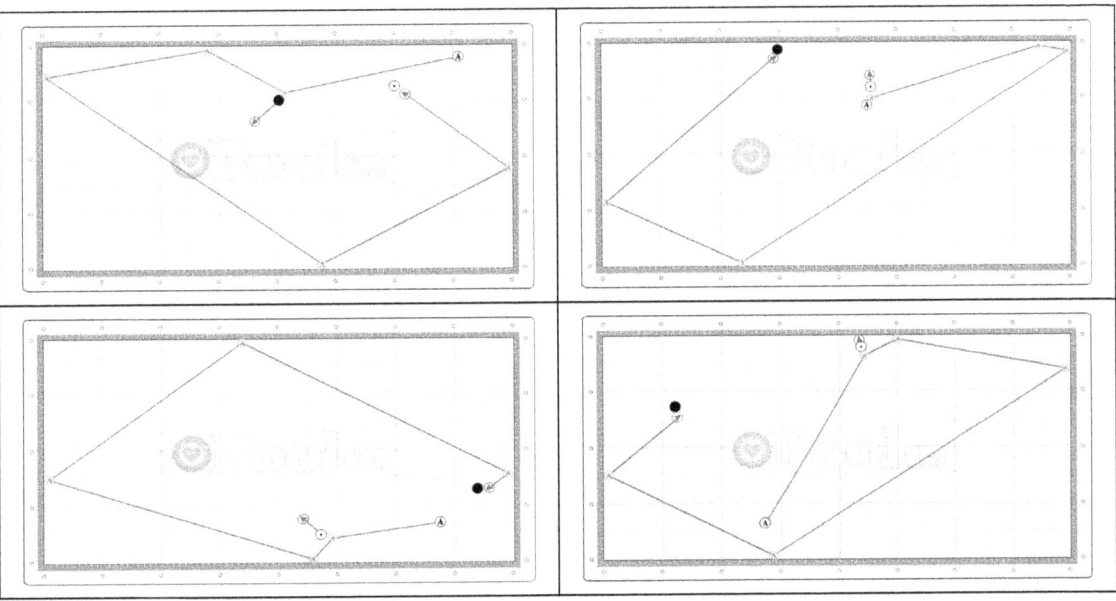

Analyysi:

C:5a. _____

C:5b. _____

C:5c. _____

C:5d. _____

C:5a – Piirustus

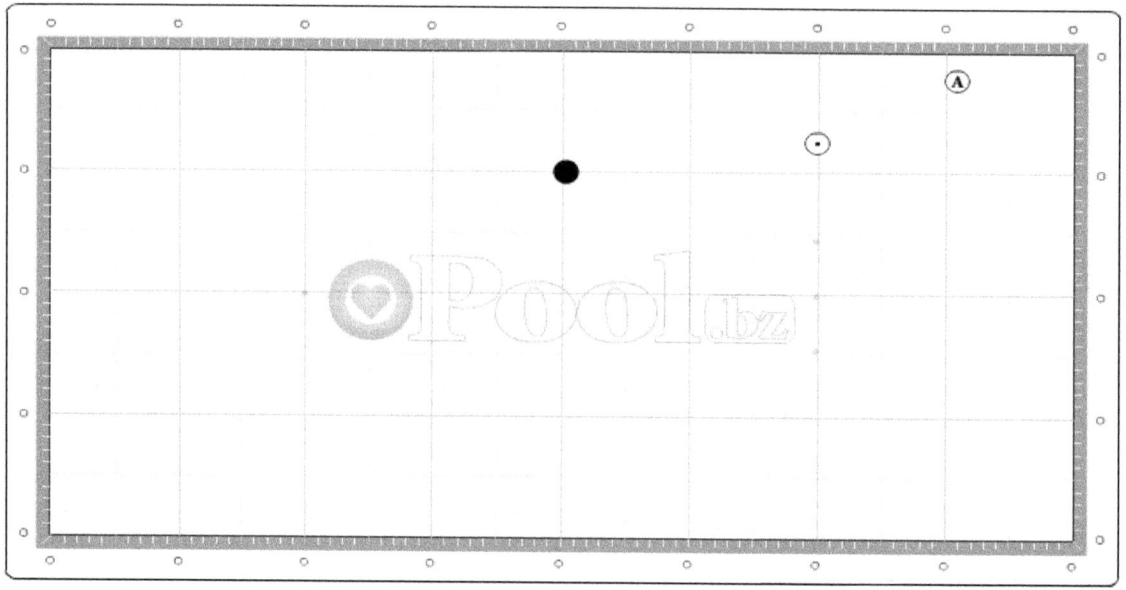

Huomautuksia ja ideoita:

Pallokuviota

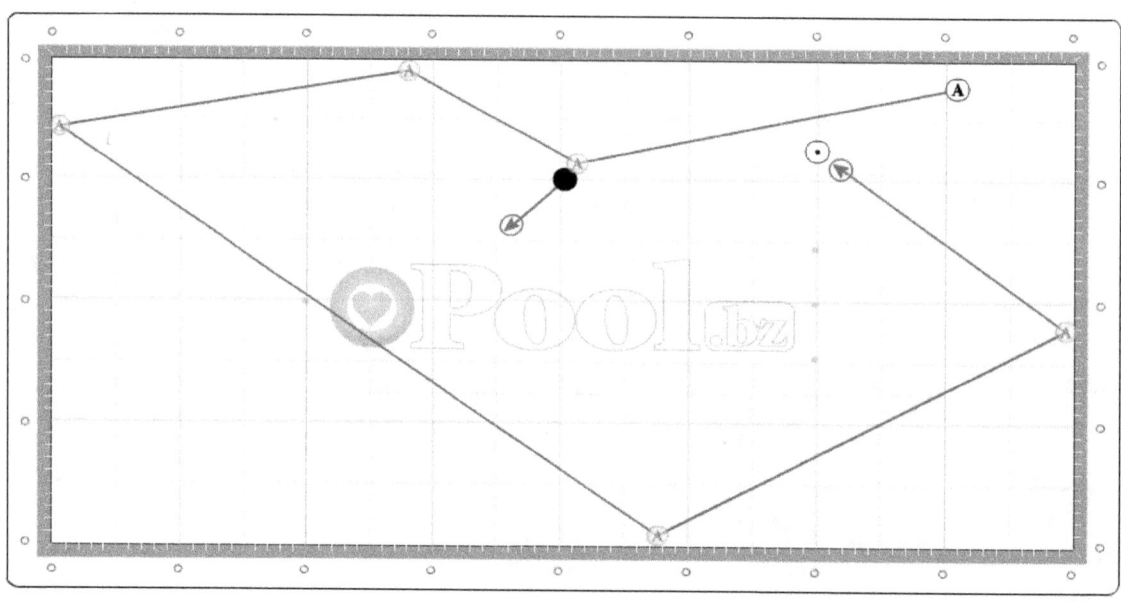

C:5b – Piirustus

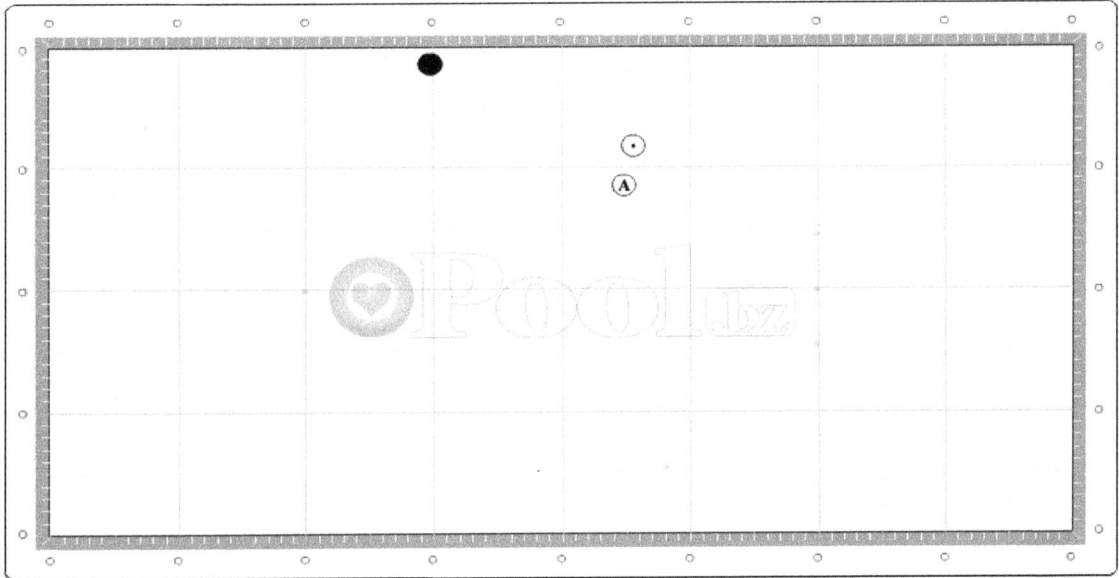

Huomautuksia ja ideoita:

Pallokuviota

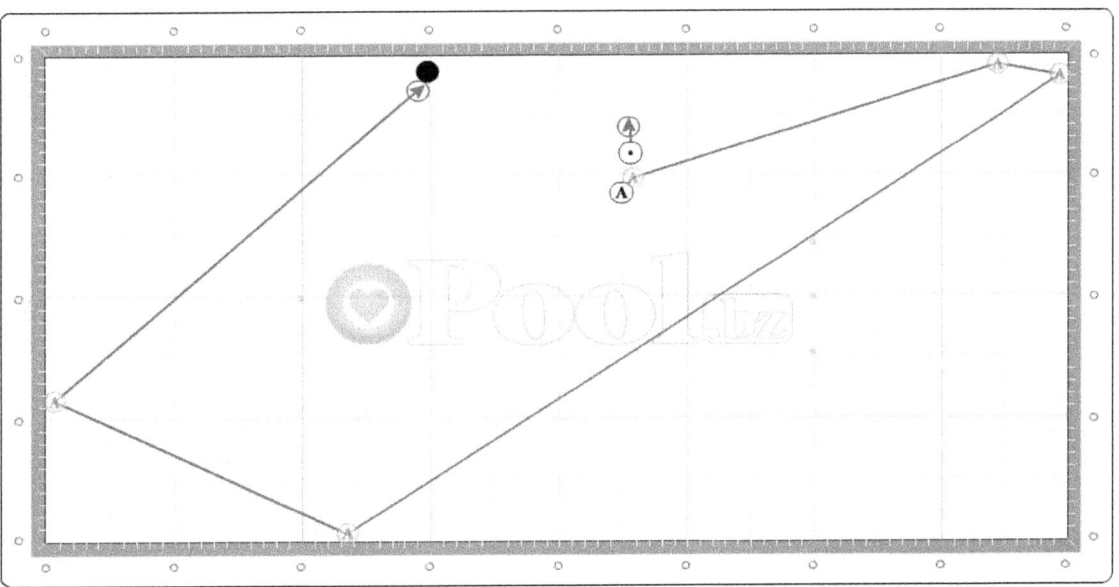

C:5c – Piirustus

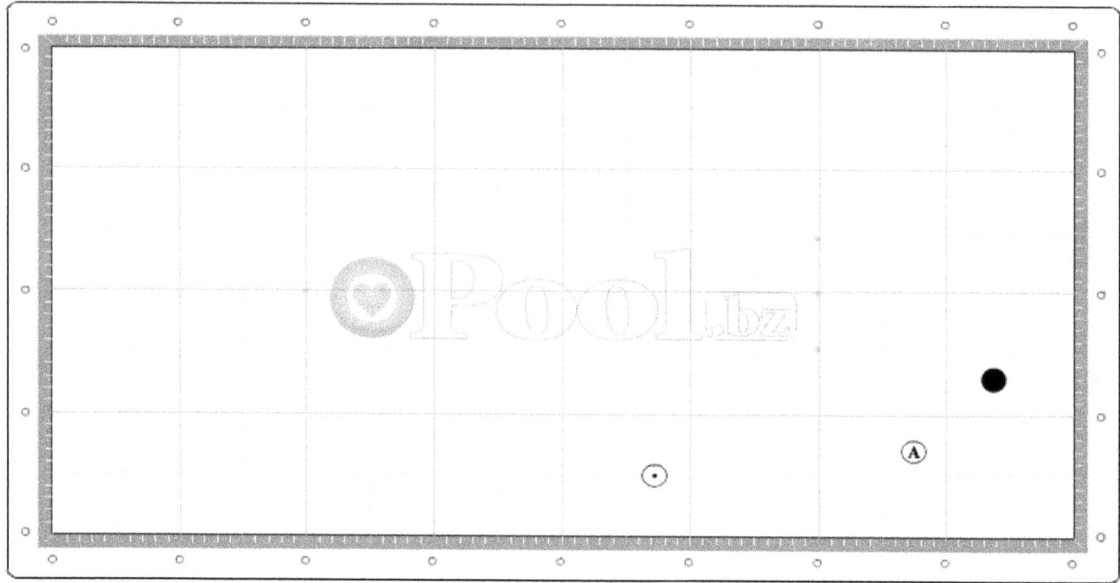

Huomautuksia ja ideoita:

Pallokuviota

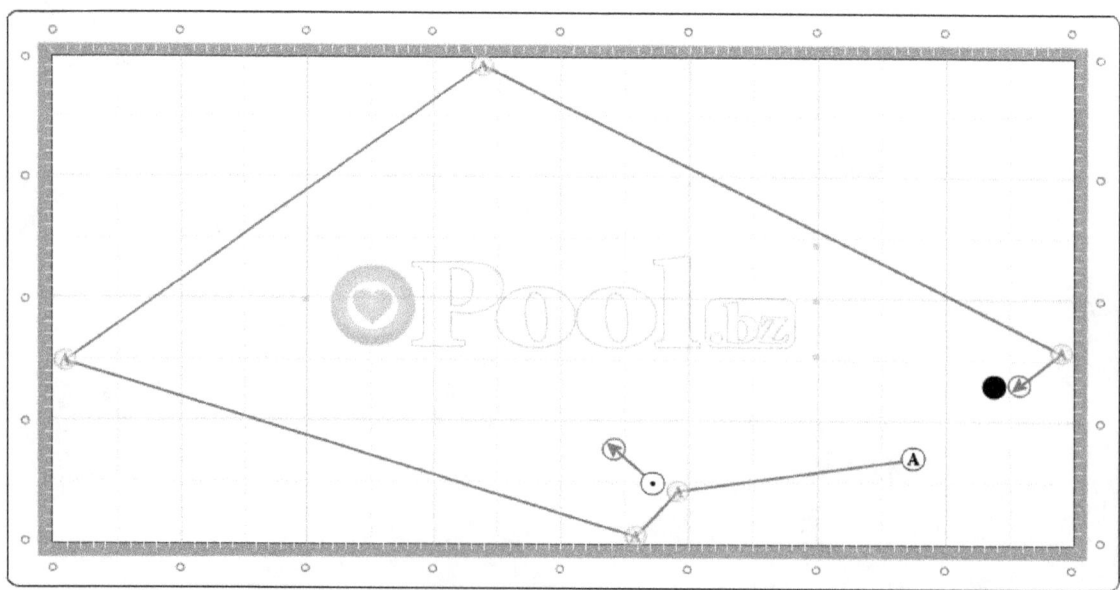

C:5d – Piirustus

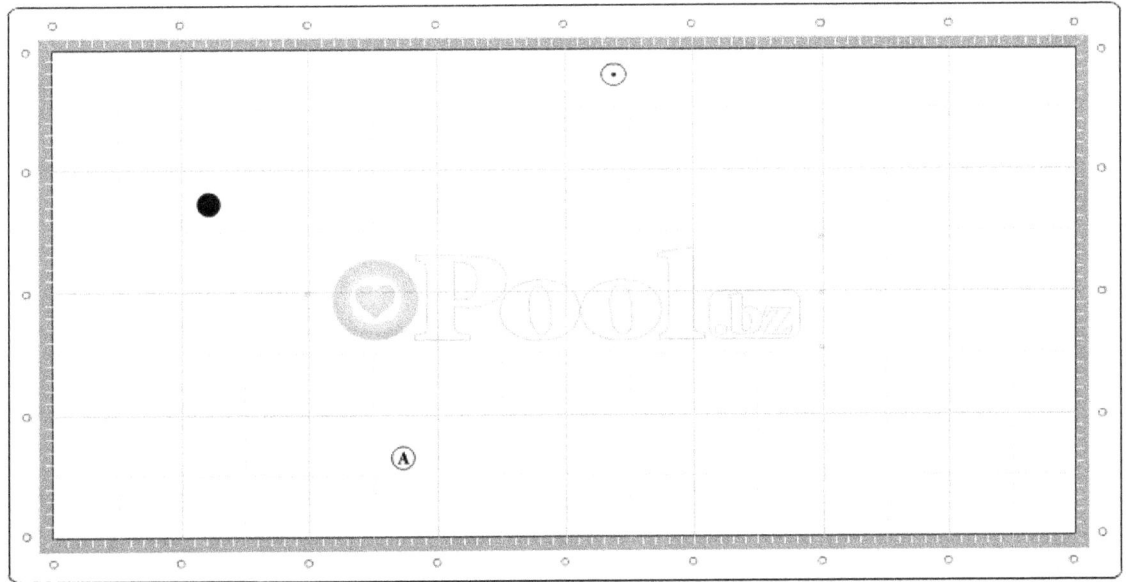

Huomautuksia ja ideoita:

Pallokuviota

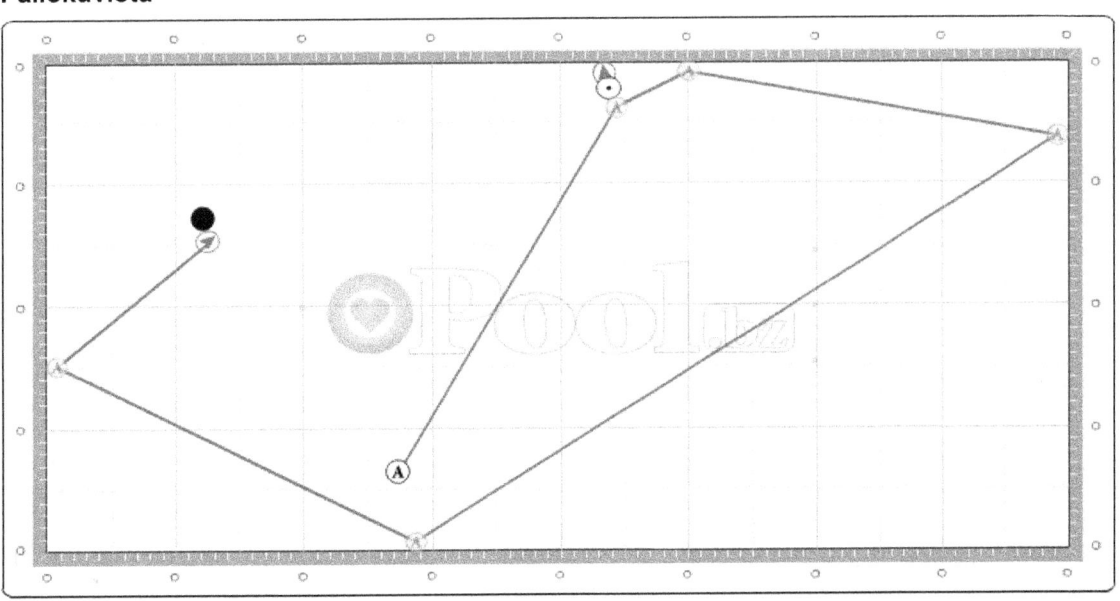

D: 4 vallin (lyhyt vallin)

(CB) poistuu ensimmäisestä (OB) ja menee lyhyeen vallin. (CB) liikkuu vastakkaiseen pitkään vallin. Ympyrä jatkuu vastakkaiseen lyhyt vallin. Vain silloin, (CB) yhdistää toisen (OB) kanssa.

Ⓐ (CB) (sinun biljardipallo) – ☉ (OB) (vastustaja biljardipallo) – ● (OB) (punainen biljardipallo)

D: Ryhmä 1

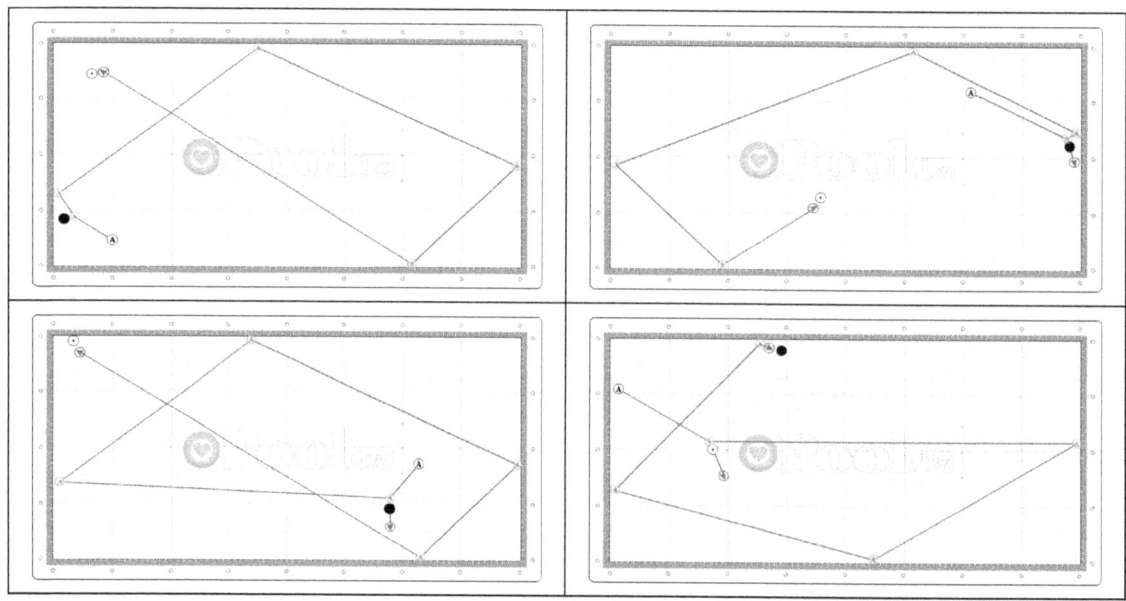

Analyysi:

D:1a. _____

D:1b. _____

D:1c. _____

D:1d. _____

3-vallin kara: Täysi pöydän ympyräkuvio

D:1a – Piirustus

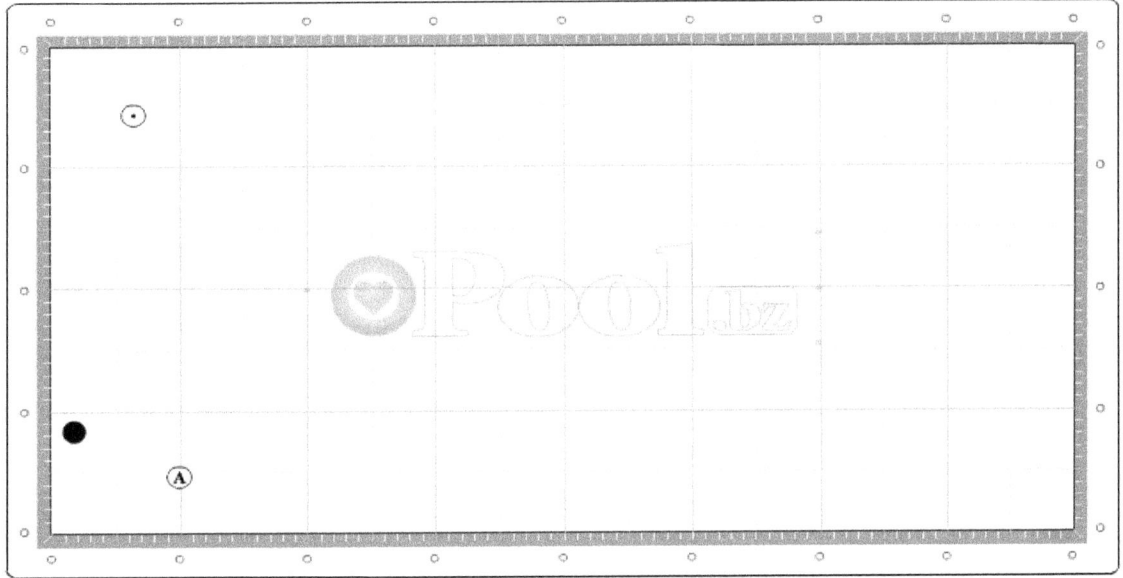

Huomautuksia ja ideoita:

Pallokuviota

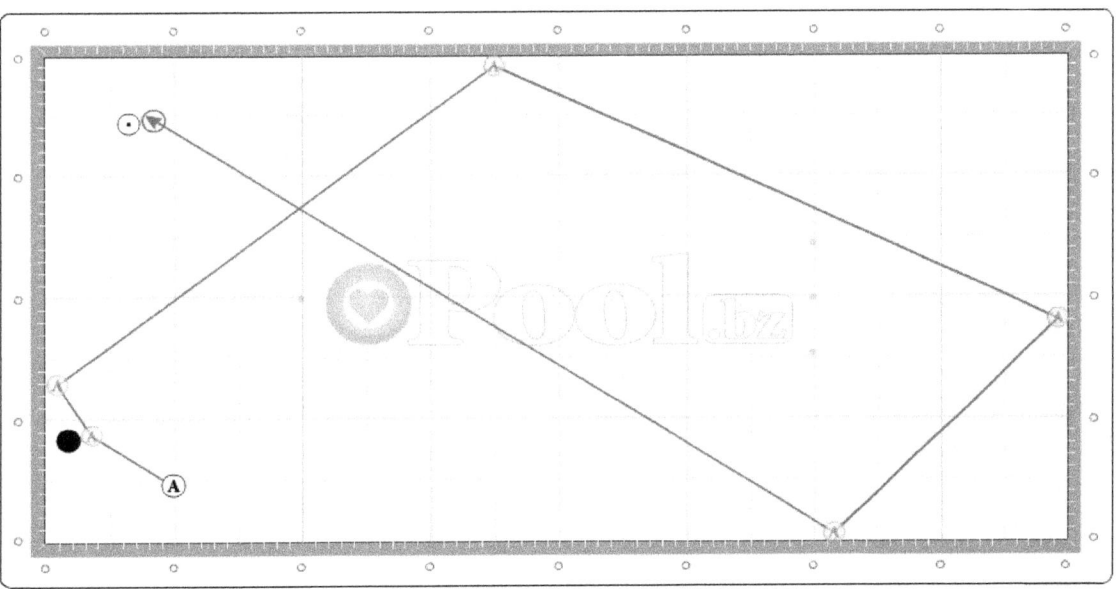

D:1b – Piirustus

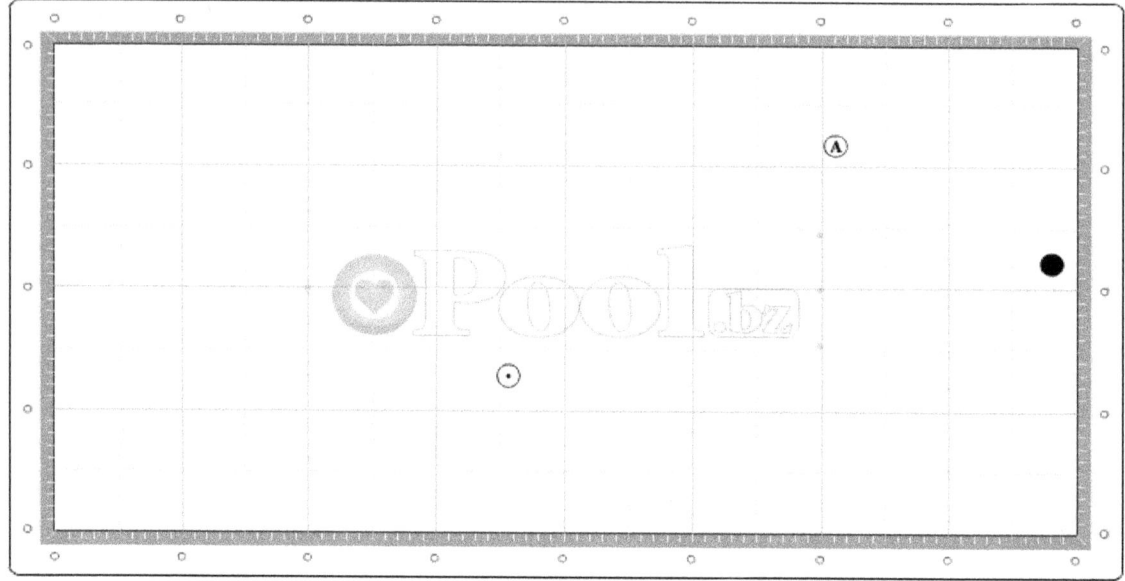

Huomautuksia ja ideoita:

Pallokuviota

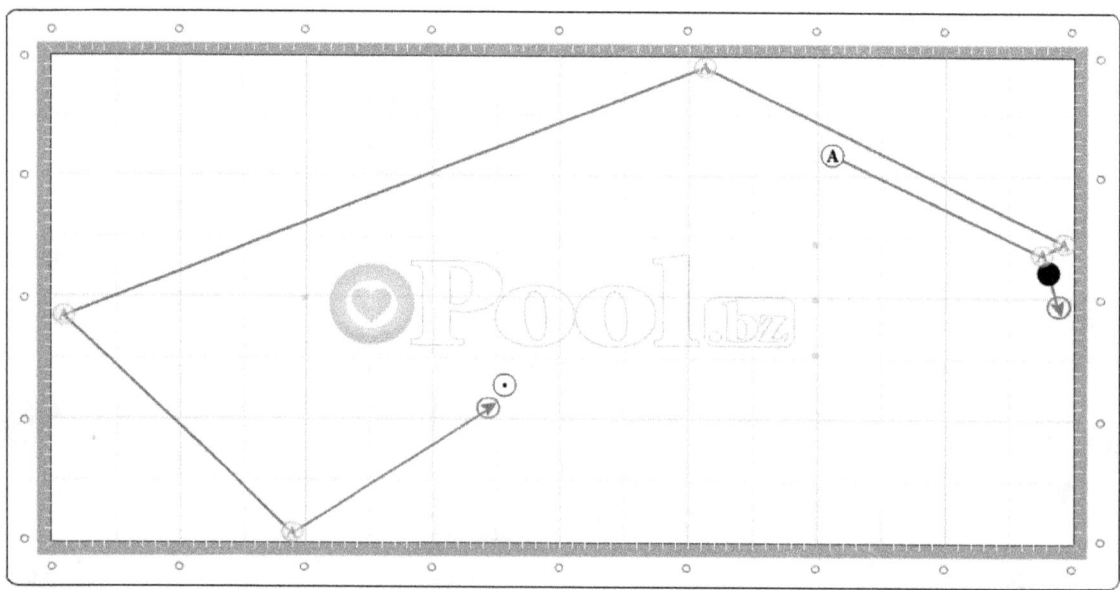

3-vallin kara: Täysi pöydän ympyräkuvio

D:1c – Piirustus

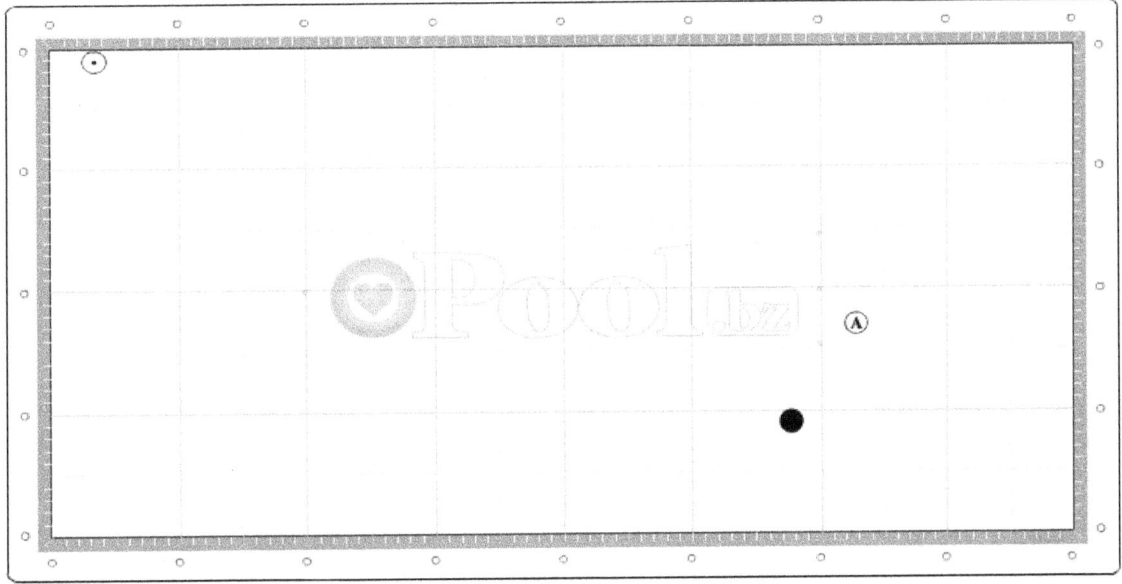

Huomautuksia ja ideoita:

Pallokuviota

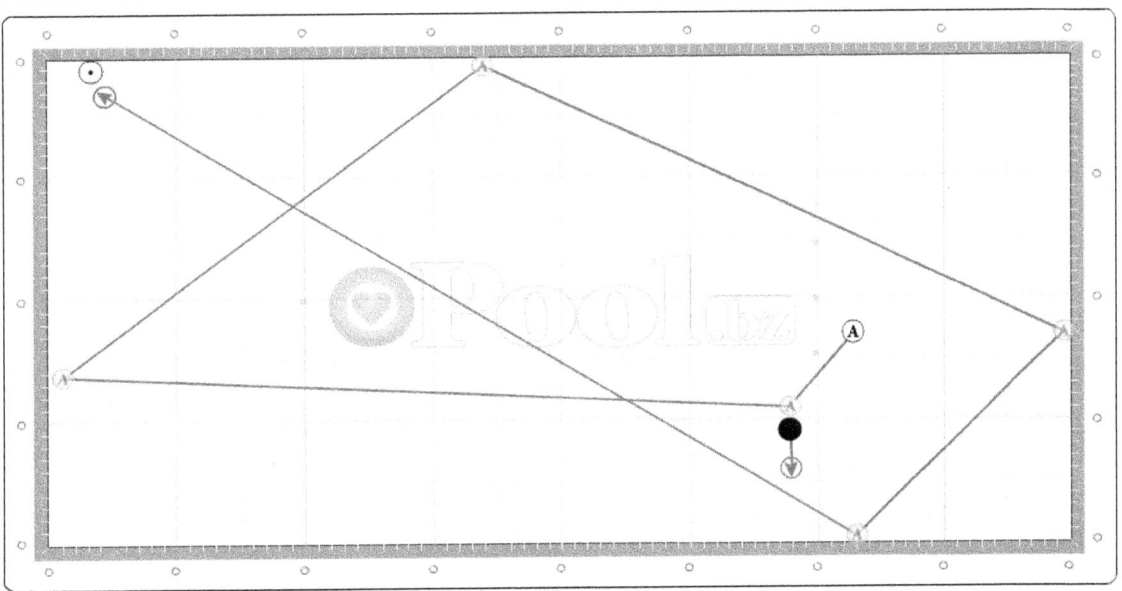

D:1d – Piirustus

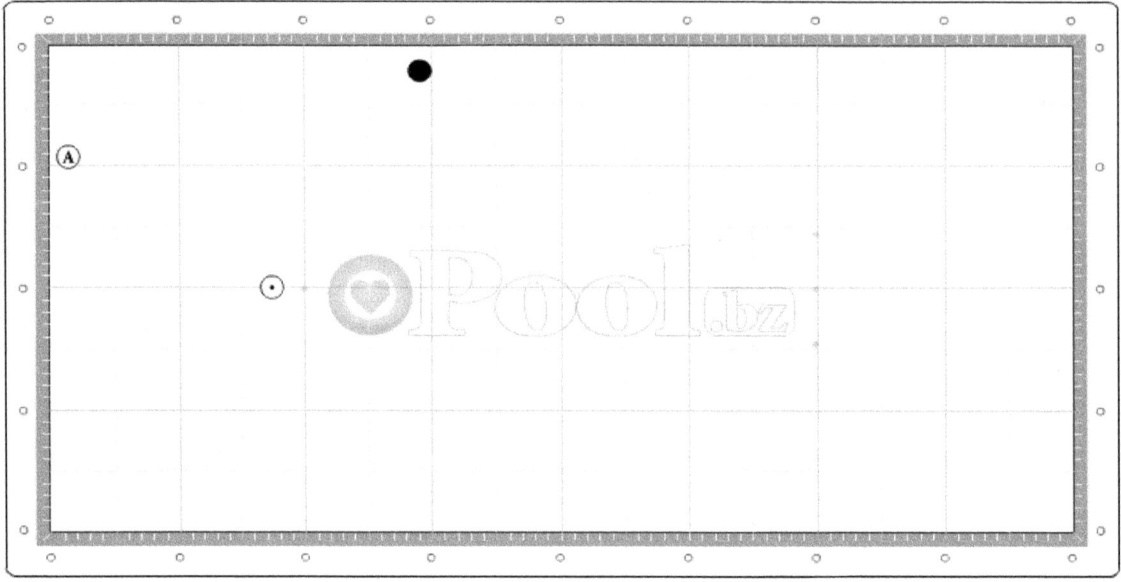

Huomautuksia ja ideoita:

Pallokuviota

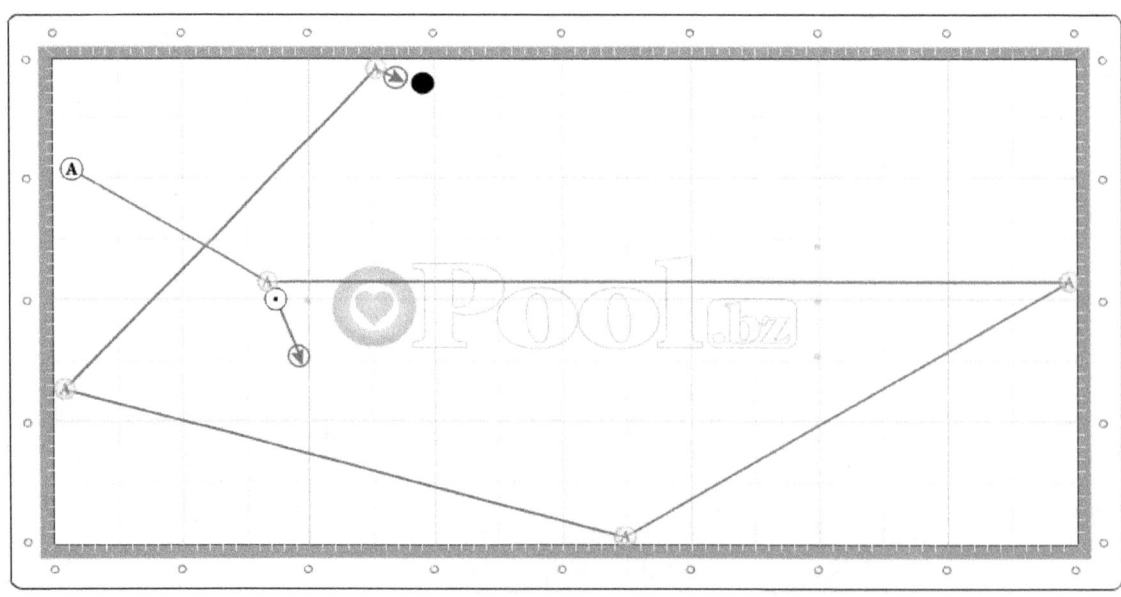

D: Ryhmä 2

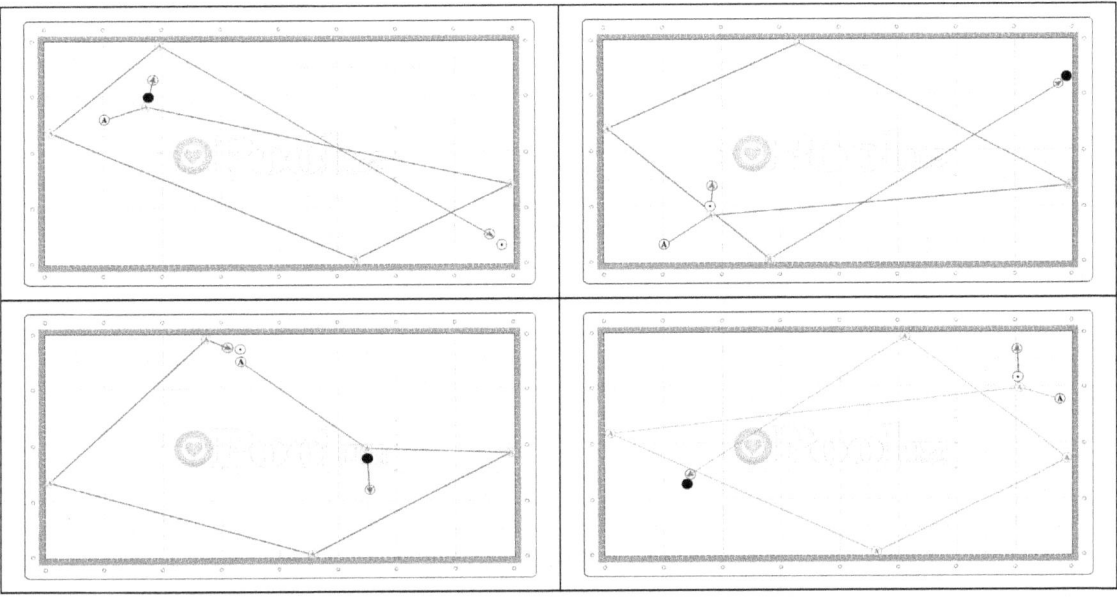

Analyysi:

D:2a. _____

D:2b. _____

D:2c. _____

D:2d. _____

D:2a – Piirustus

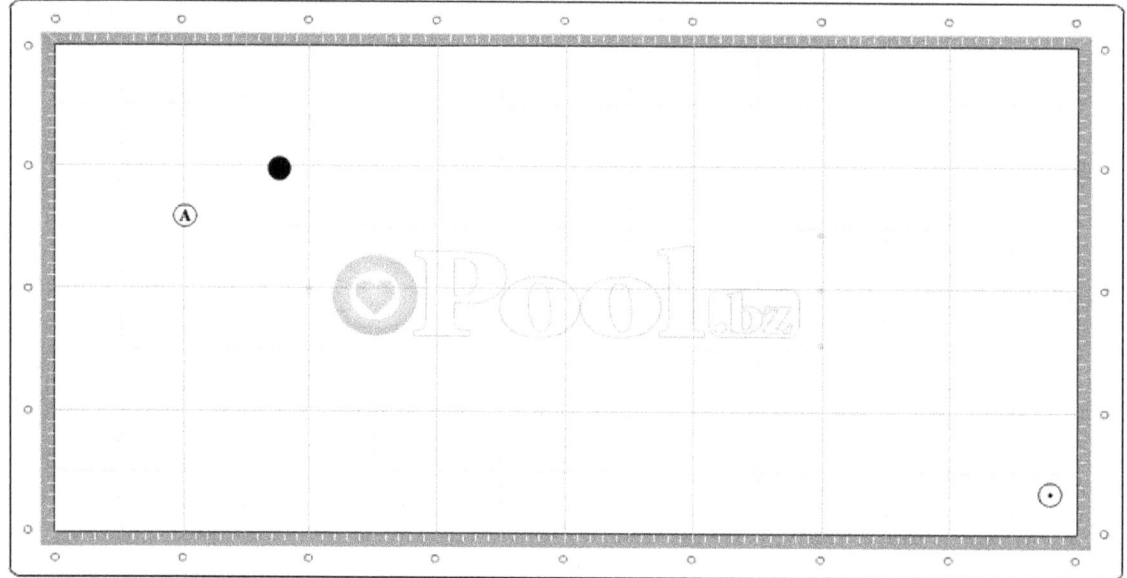

Huomautuksia ja ideoita:

Pallokuviota

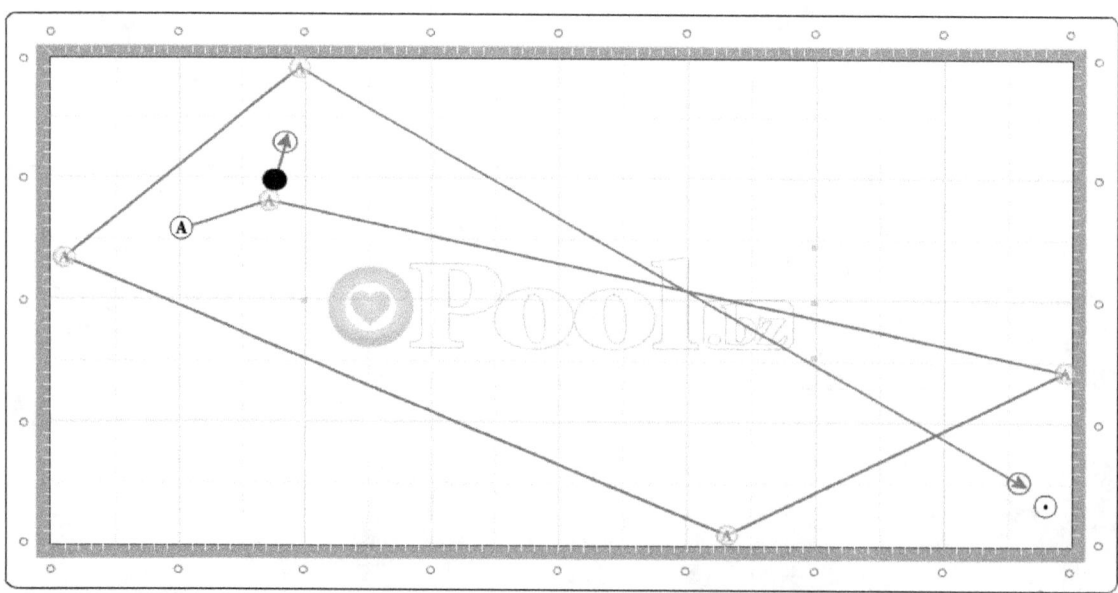

D:2b – Piirustus

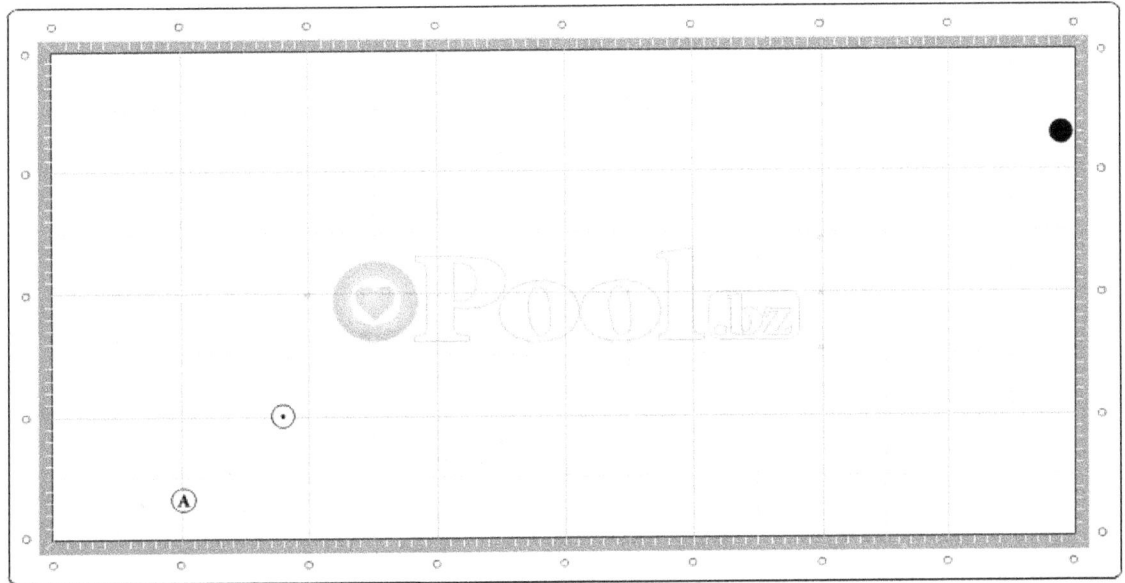

Huomautuksia ja ideoita:

Pallokuviota

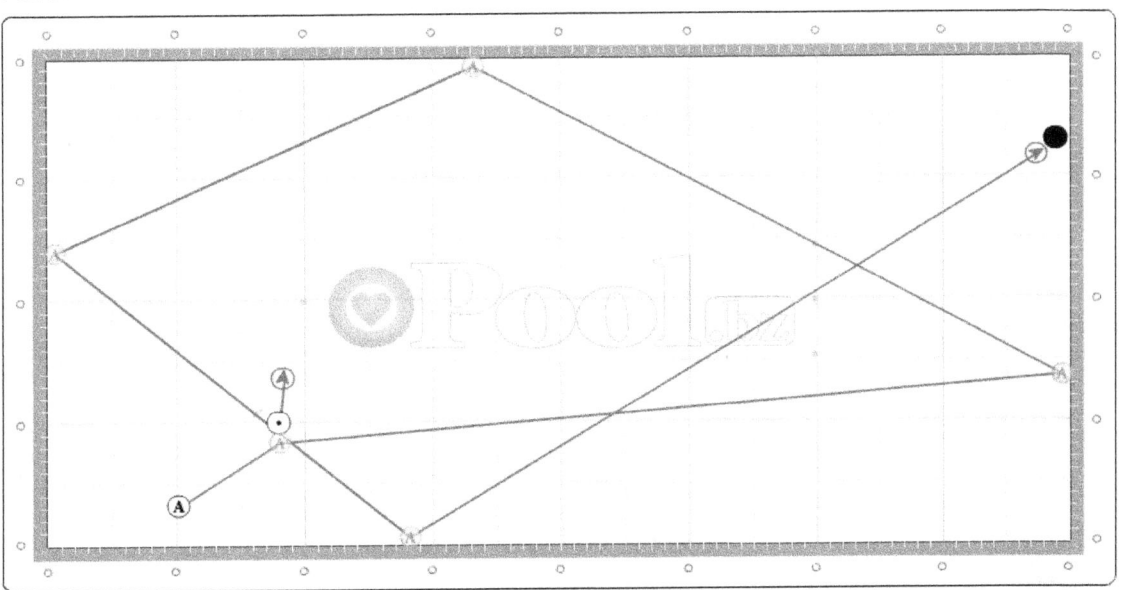

D:2c – Piirustus

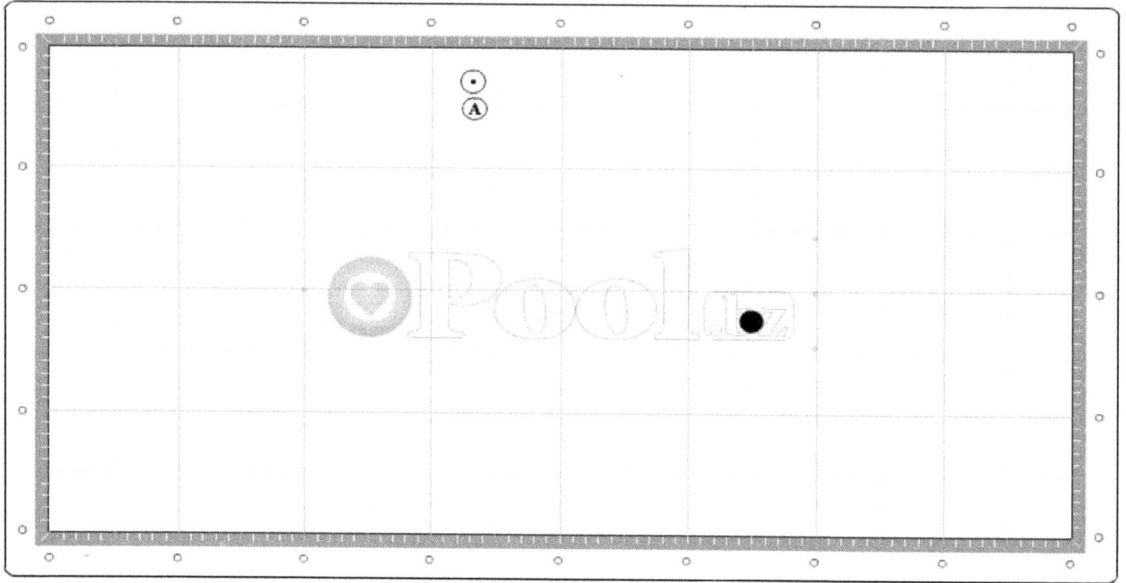

Huomautuksia ja ideoita:

Pallokuviota

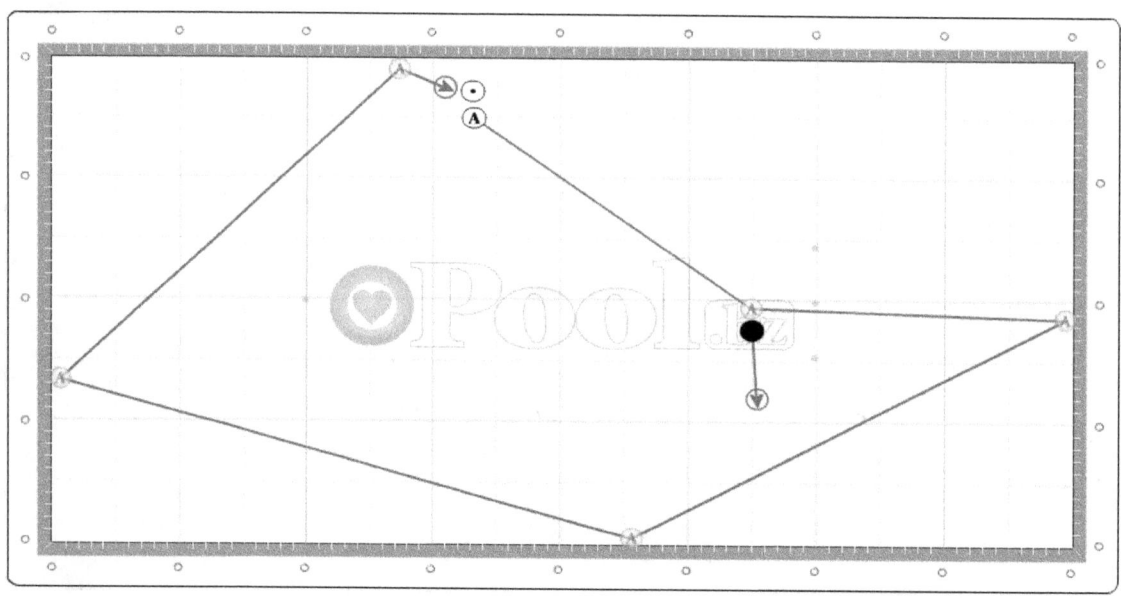

D:2d – Piirustus

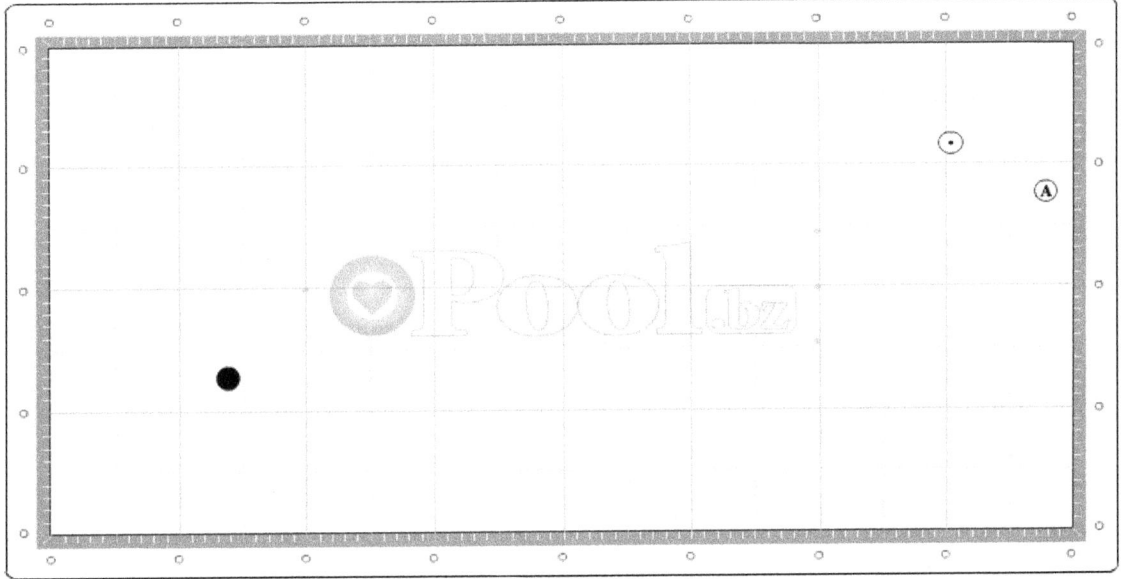

Huomautuksia ja ideoita:

Pallokuviota

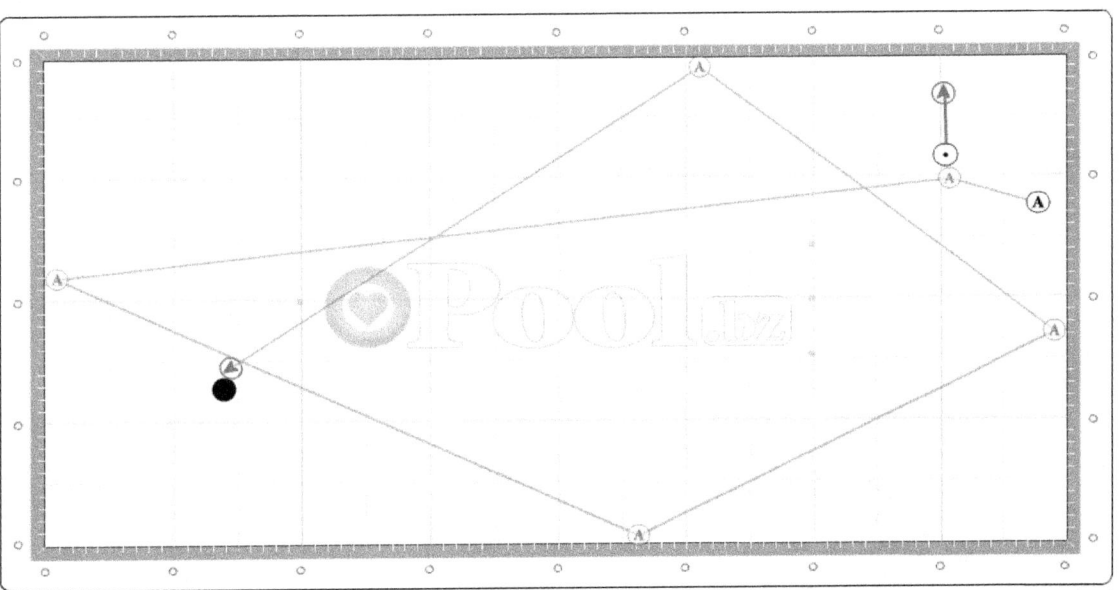

D: Ryhmä 3

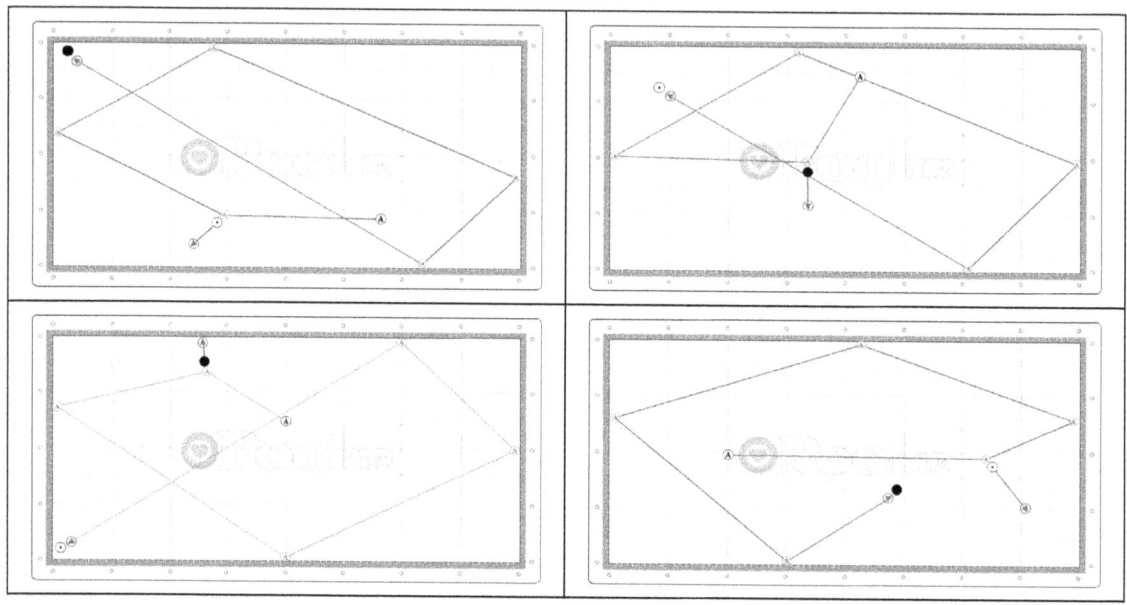

Analyysi:

D:3a. _____

D:3b. _____

D:3c. _____

D:3d. _____

D:3a – Piirustus

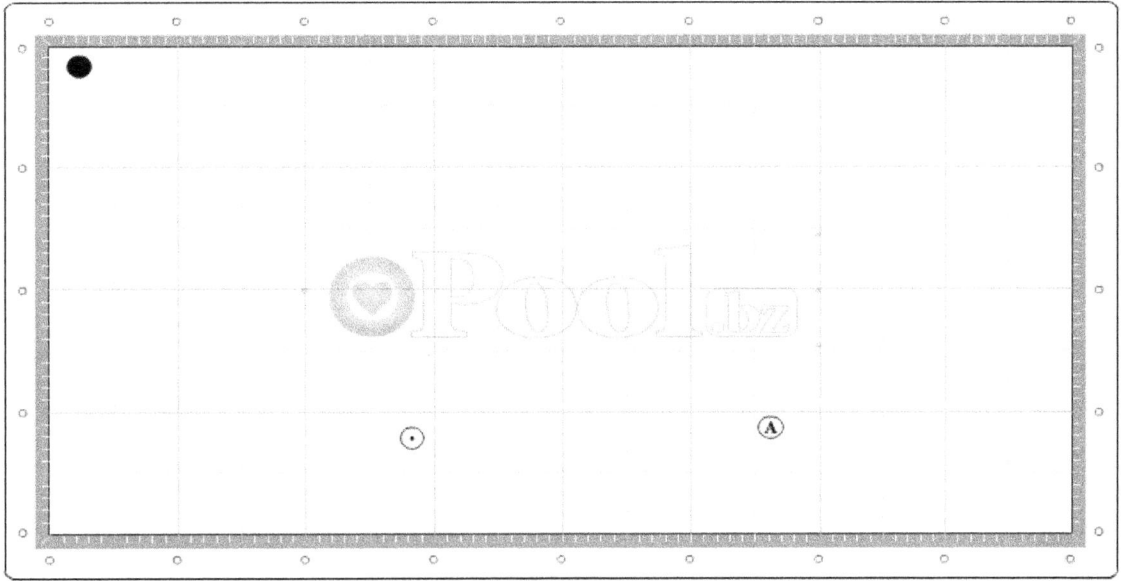

Huomautuksia ja ideoita:

Pallokuviota

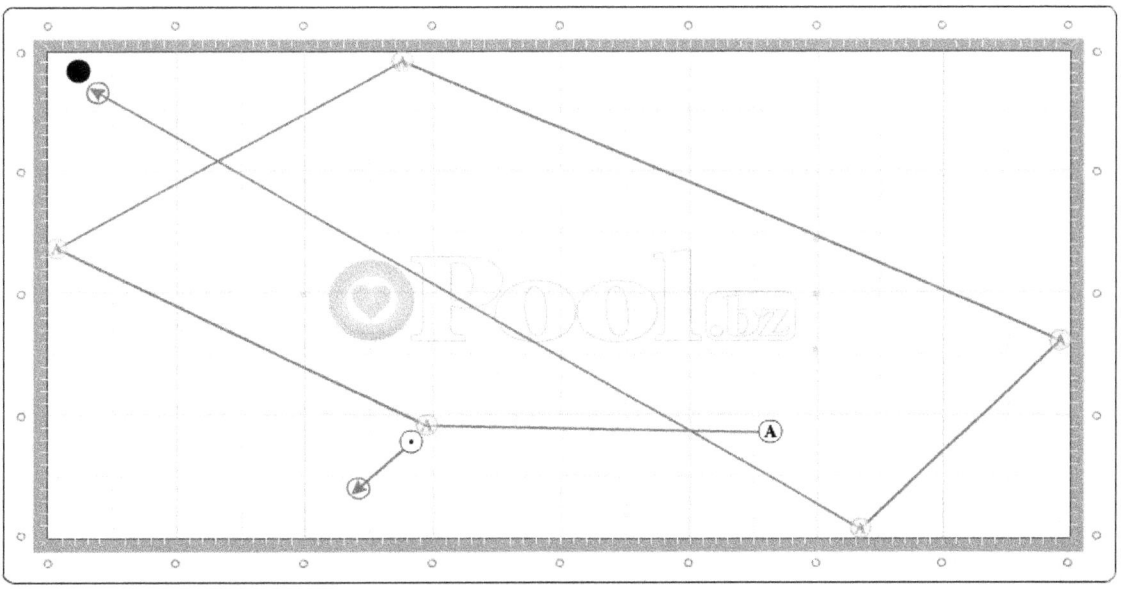

3-vallin kara: Täysi pöydän ympyräkuvio

D:3b – Piirustus

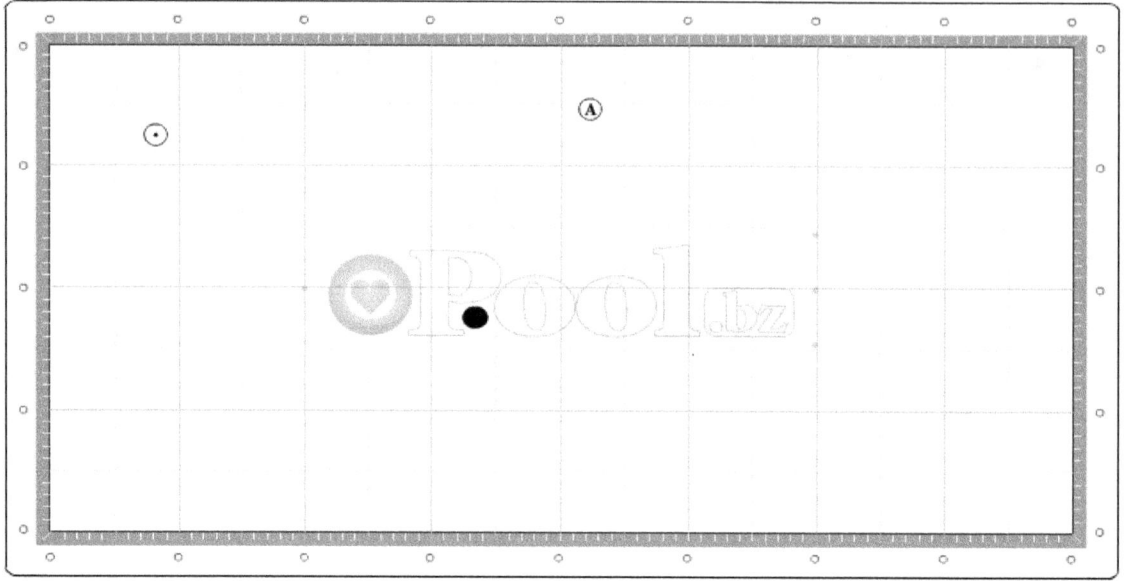

Huomautuksia ja ideoita:

Pallokuviota

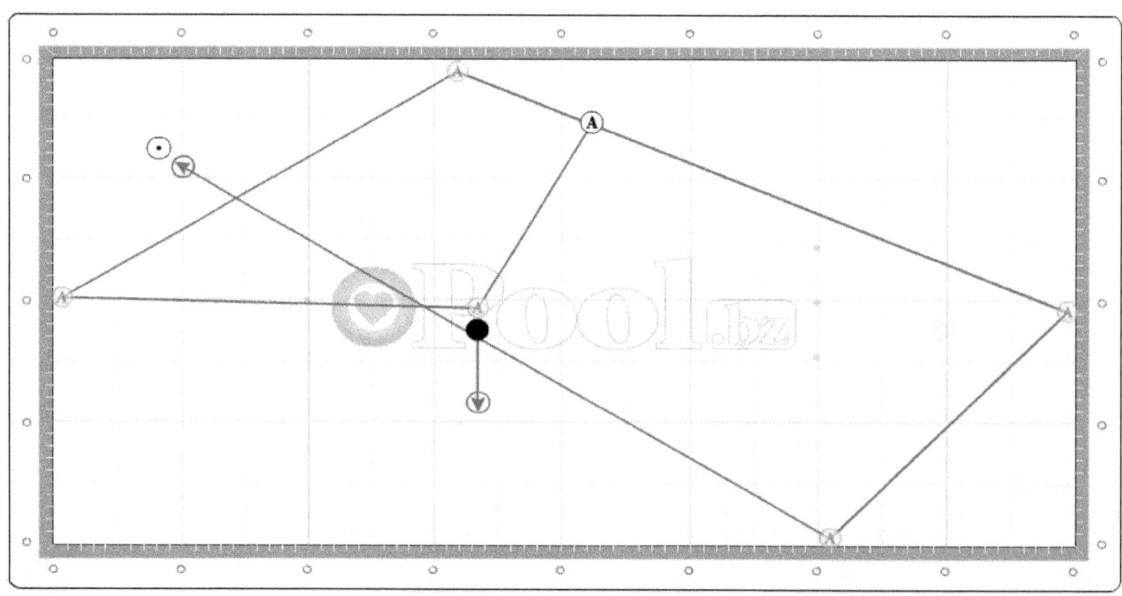

D:3c – Piirustus

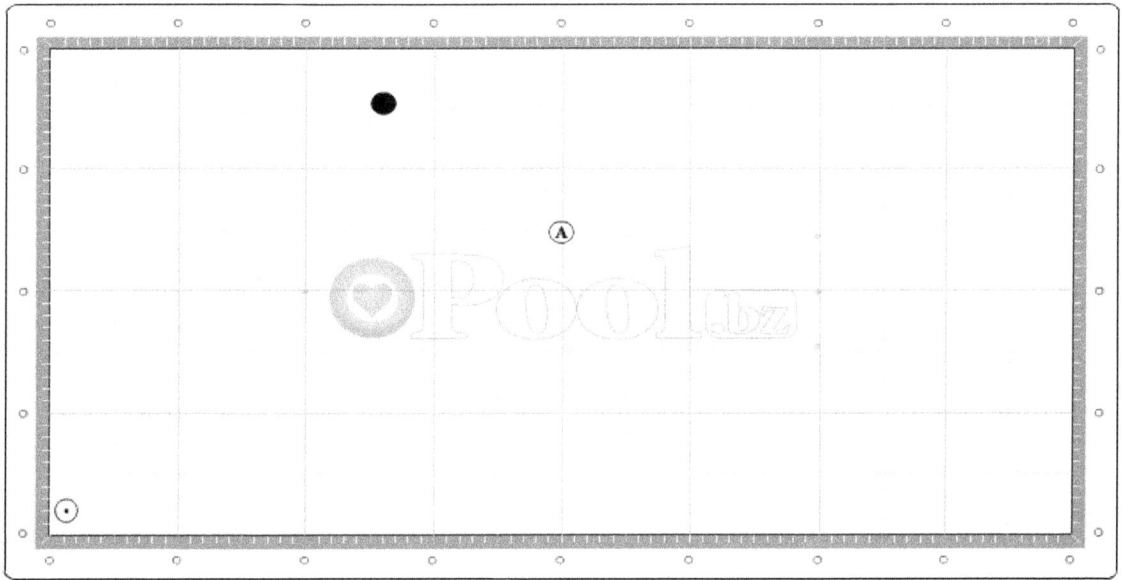

Huomautuksia ja ideoita:

Pallokuviota

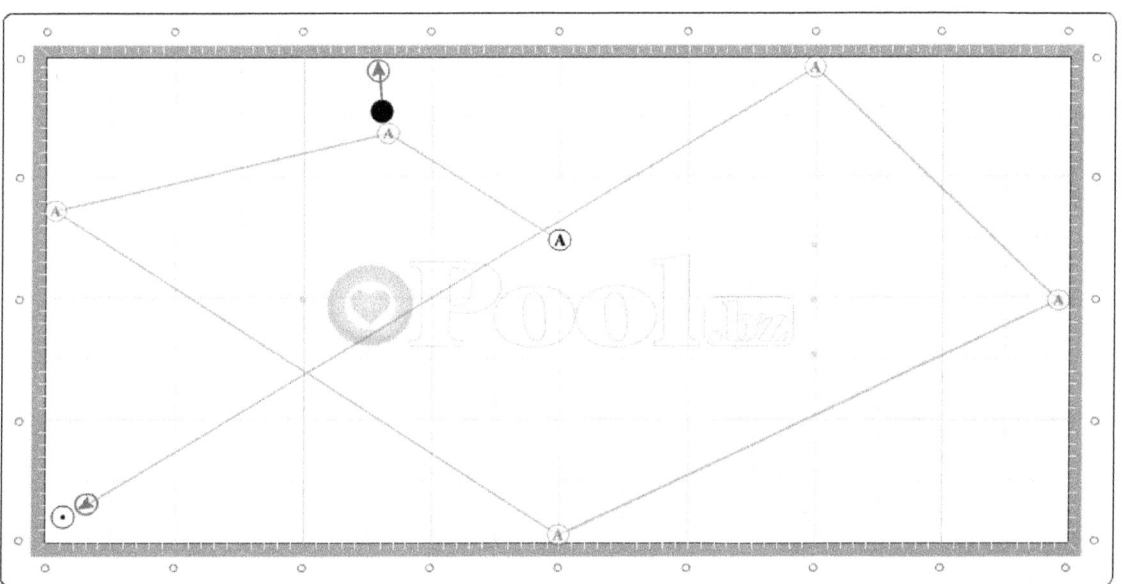

D:3d – Piirustus

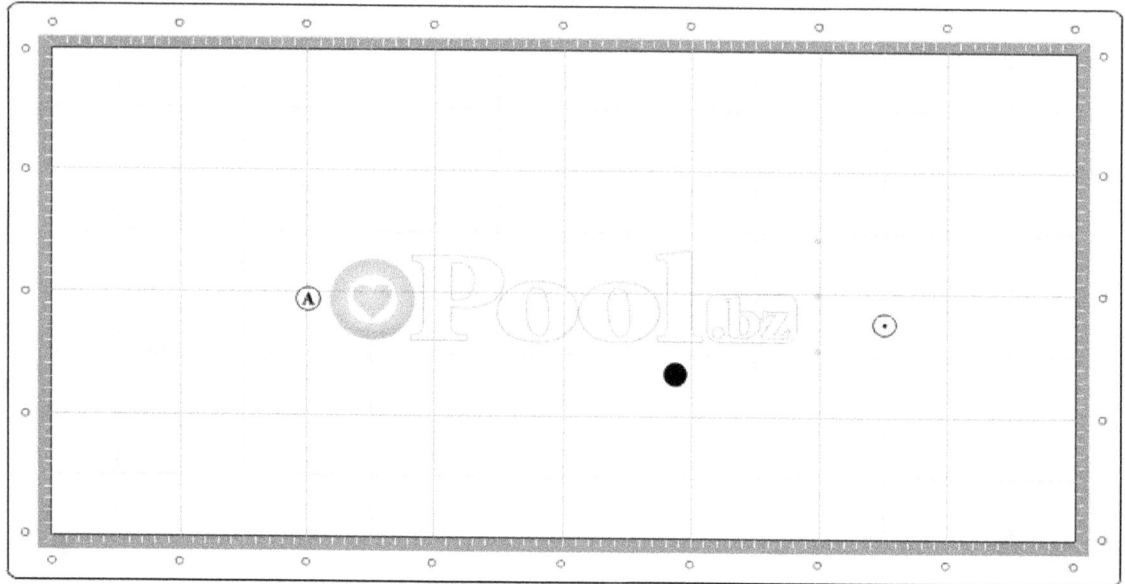

Huomautuksia ja ideoita:

Pallokuviota

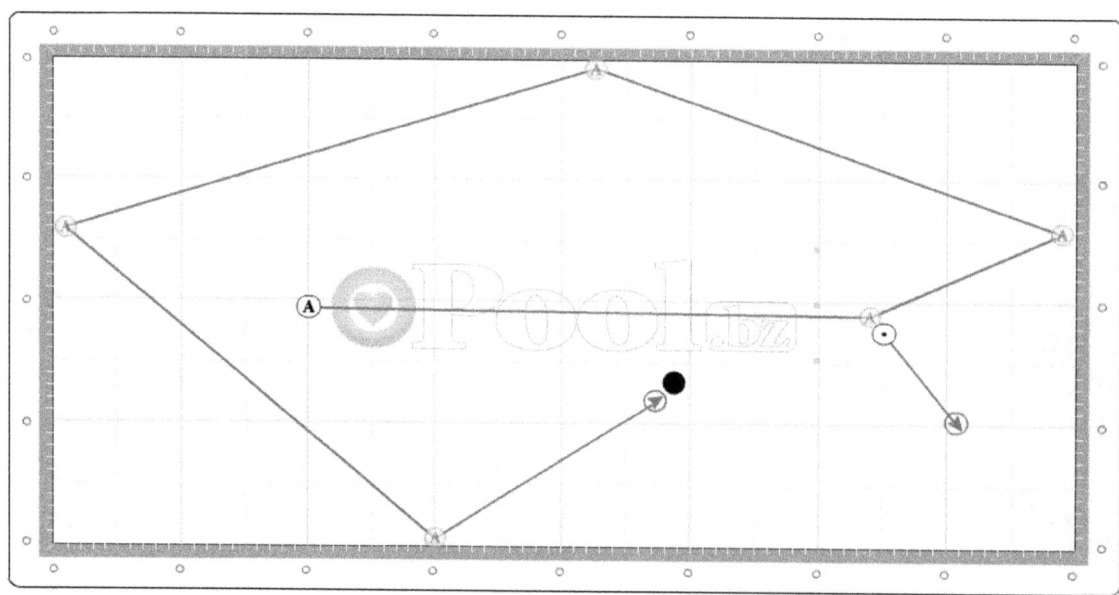

D: Ryhmä 4

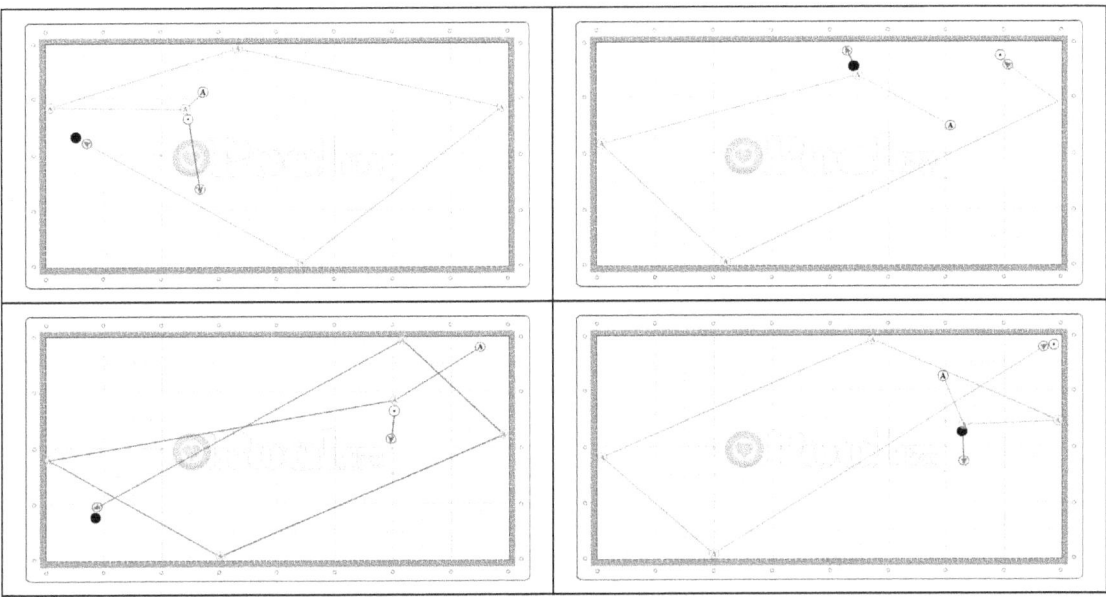

Analyysi:

D:4a. _____

D:4b. _____

D:4c. _____

D:4d. _____

D:4a – Piirustus

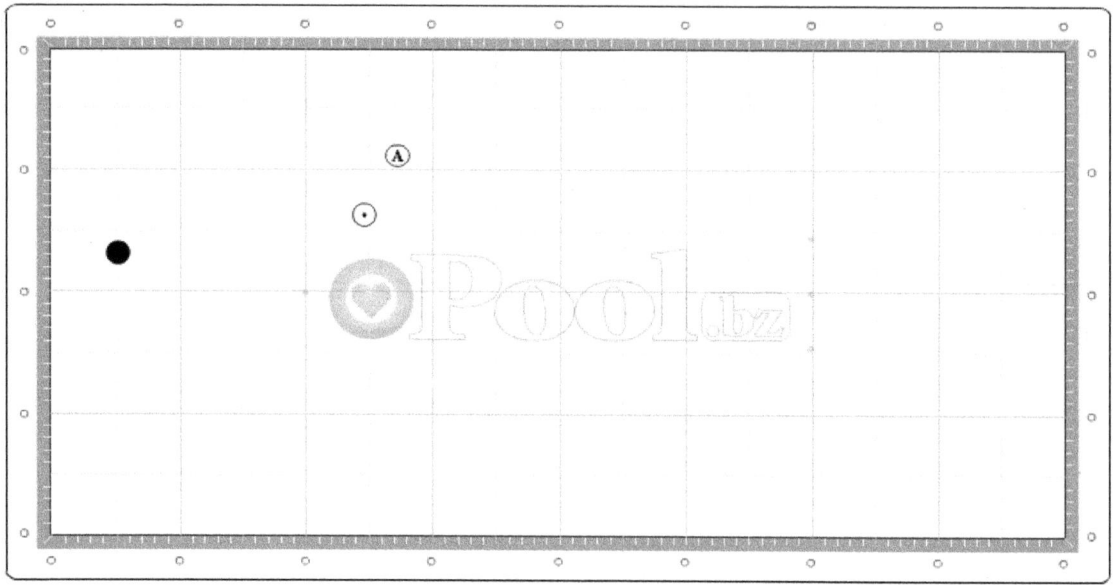

Huomautuksia ja ideoita:

Pallokuviota

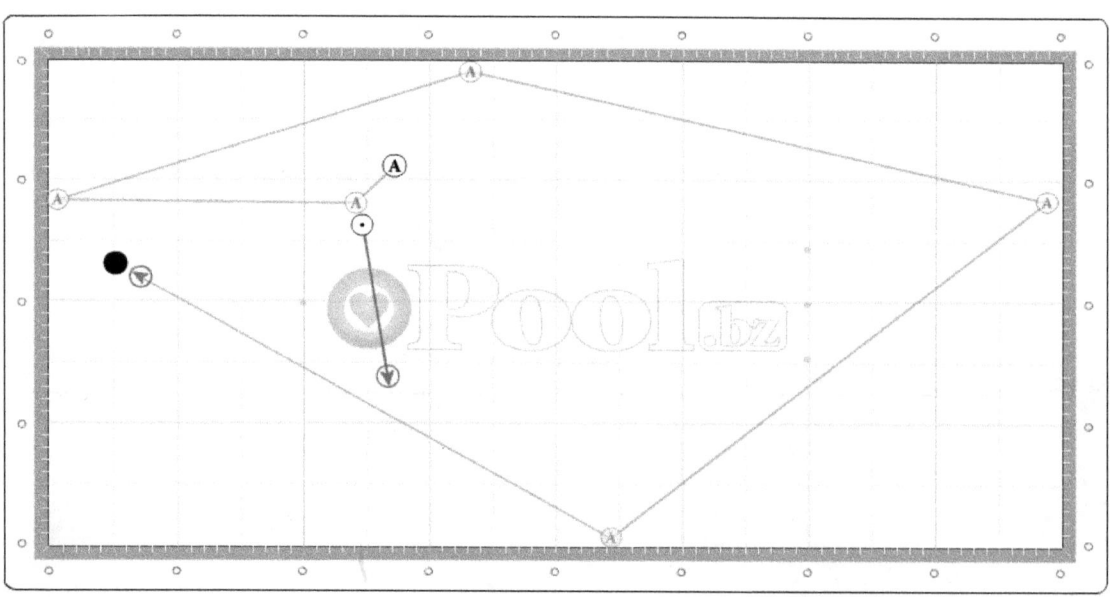

D:4b – Piirustus

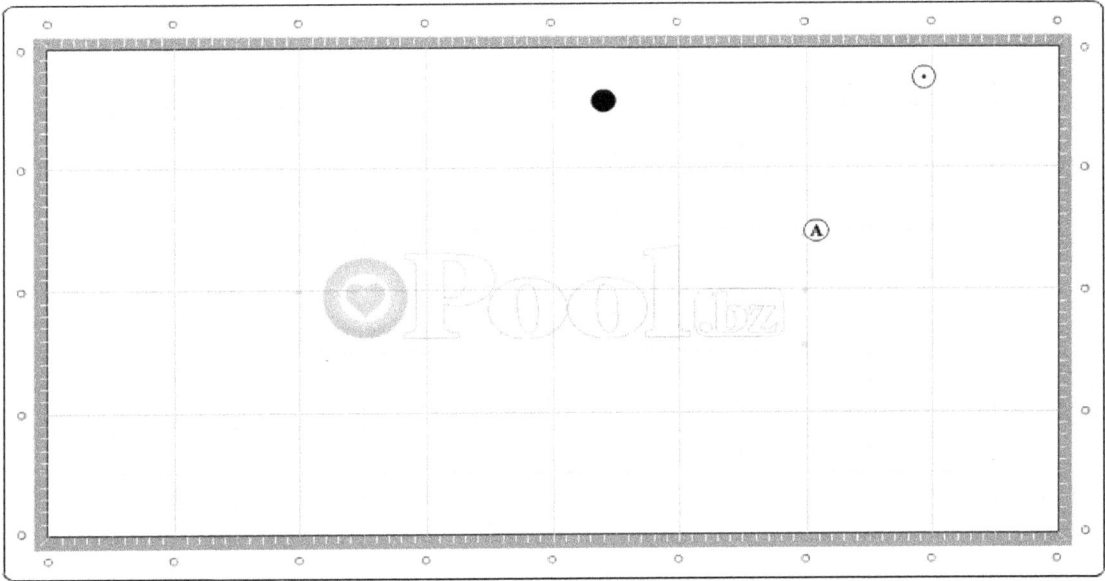

Huomautuksia ja ideoita:

Pallokuviota

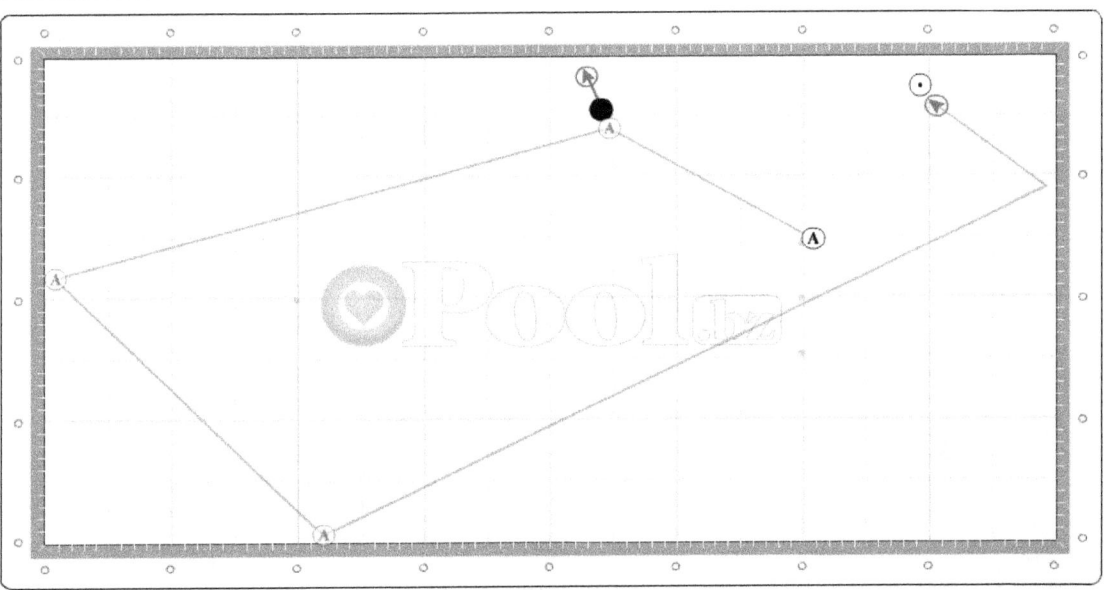

D:4c – Piirustus

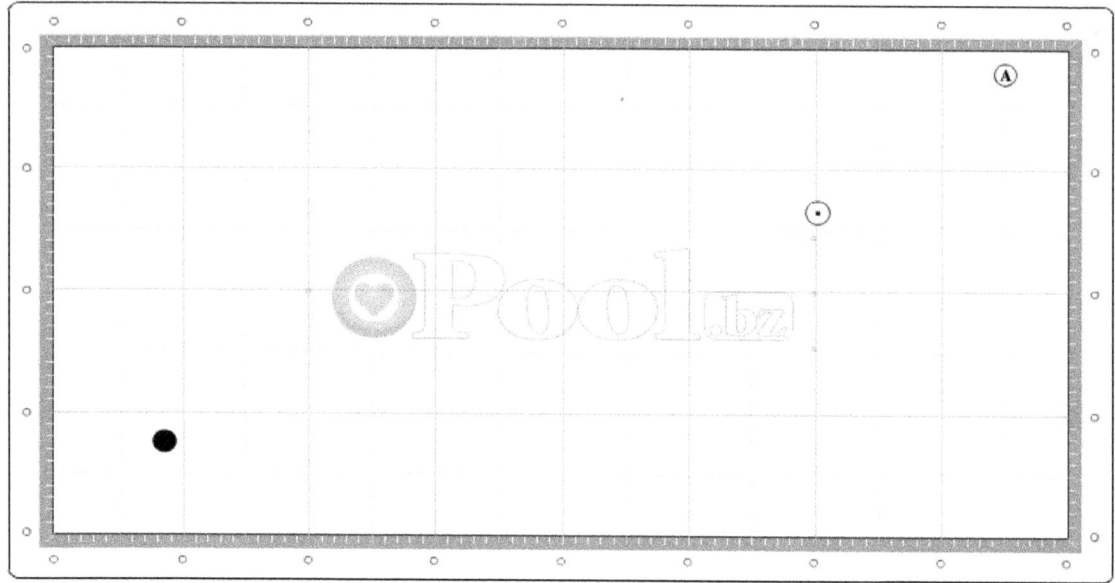

Huomautuksia ja ideoita:

Pallokuviota

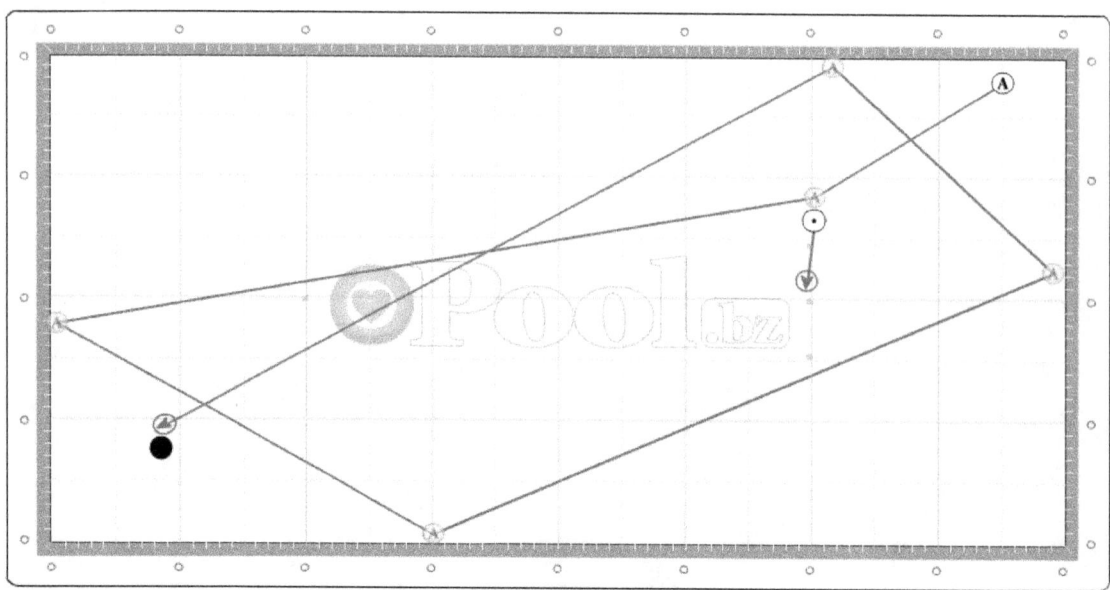

D:4d – Piirustus

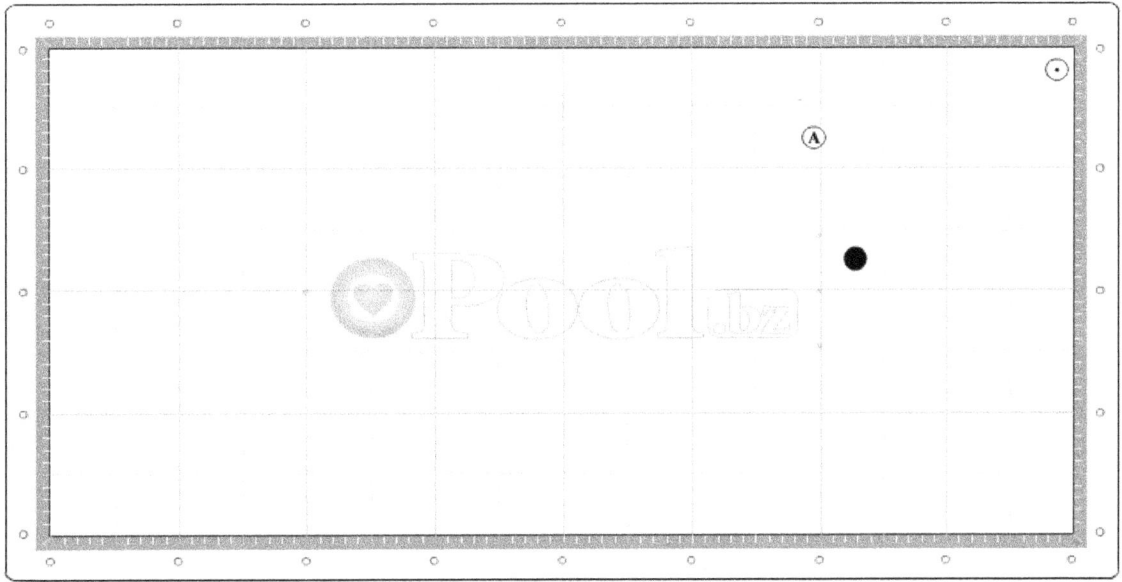

Huomautuksia ja ideoita:

Pallokuviota

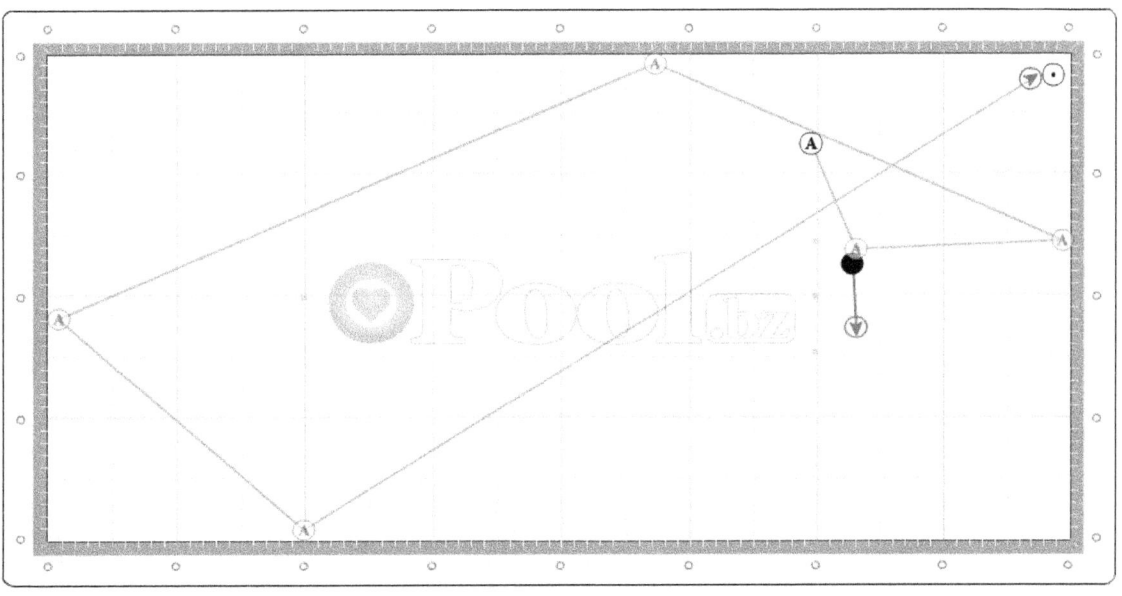

E: 5 vallin (pitkä vallin)

(CB) tulee ensimmäisestä (OB) ja pitkästä vallin. (CB) kulkee viiteen vallin ennen kuin se koskettaa toista (OB).

(A) (CB) (sinun biljardipallo) – (•) (OB) (vastustaja biljardipallo) – ● (OB) (punainen biljardipallo)

E: Ryhmä 1

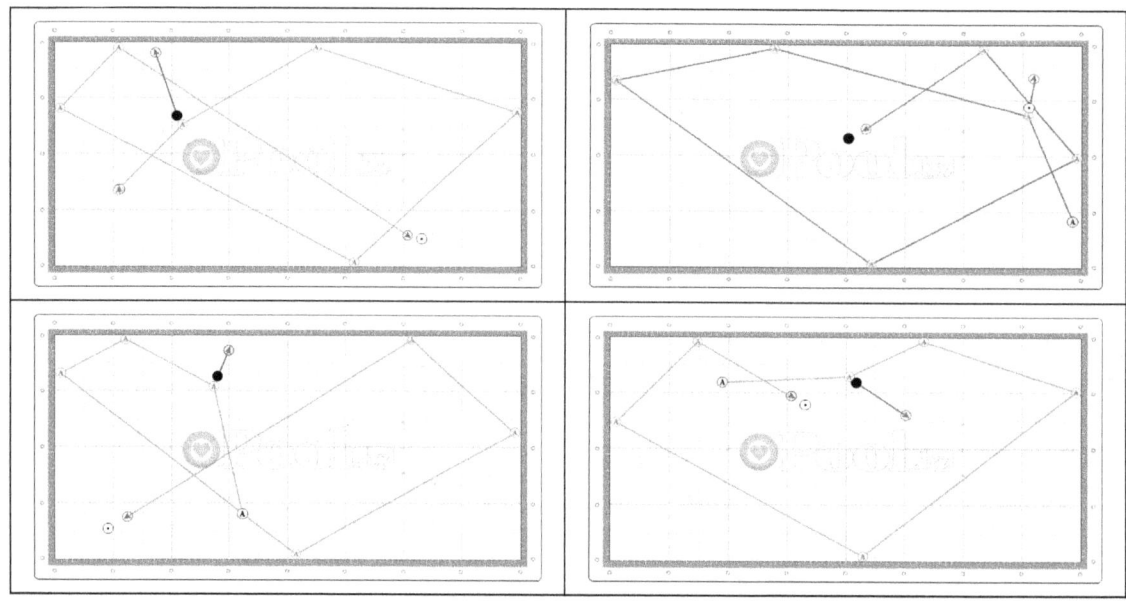

Analyysi:

E:1a. _____

E:1b. _____

E:1c. _____

E:1d. _____

E:1a – Piirustus

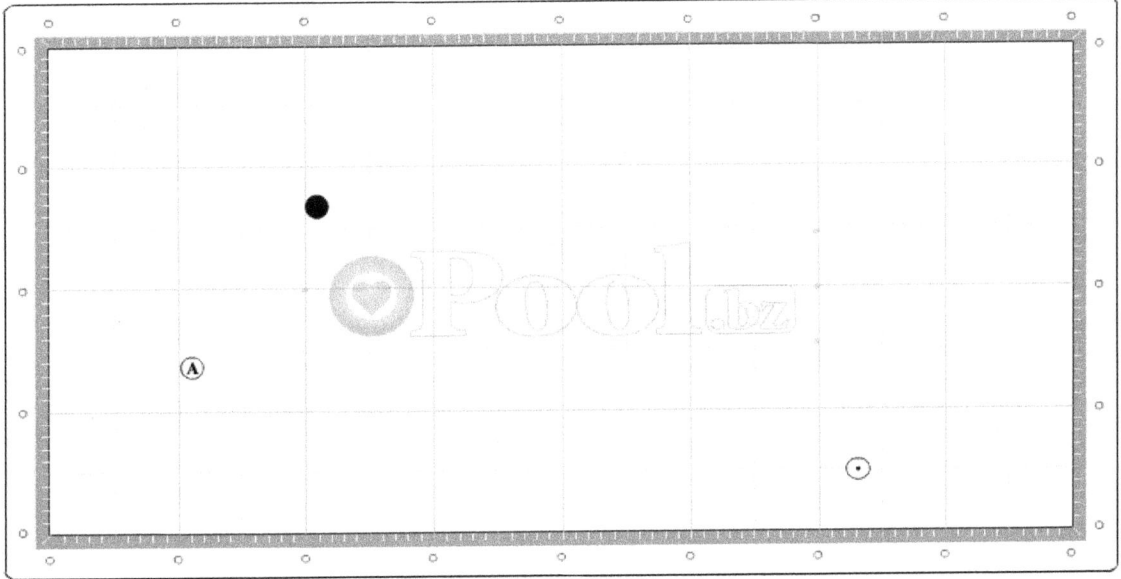

Huomautuksia ja ideoita:

Pallokuviota

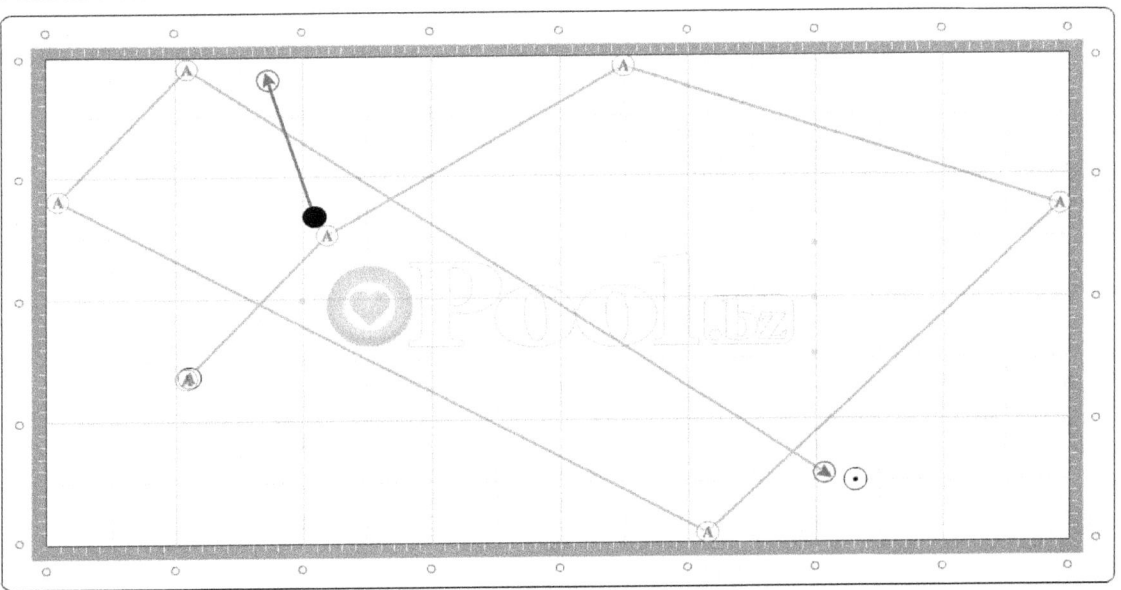

E:1b – Piirustus

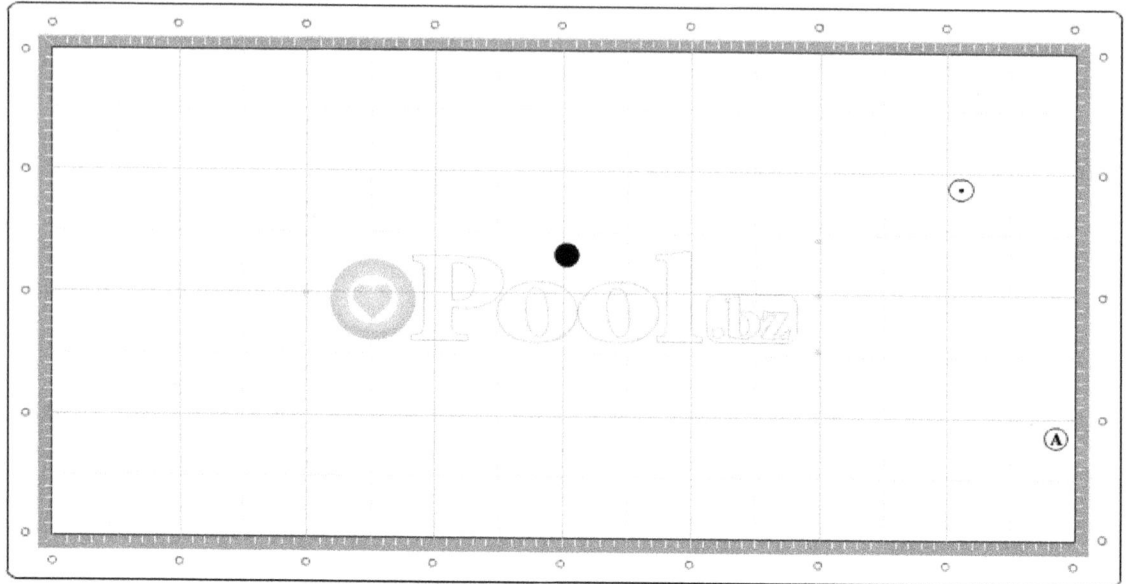

Huomautuksia ja ideoita:

Pallokuviota

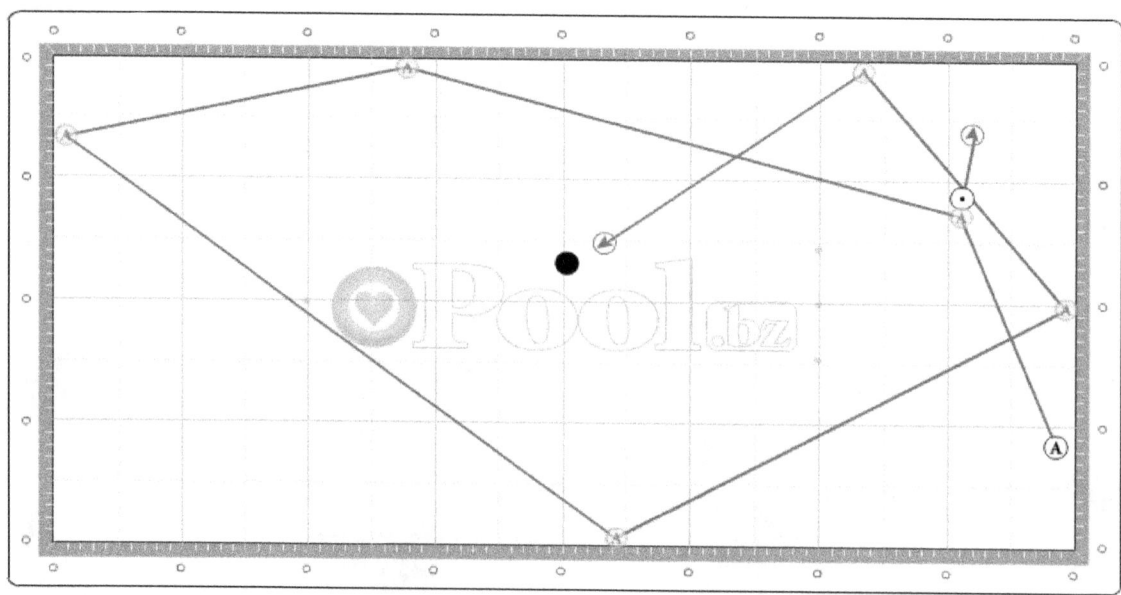

E:1c – Piirustus

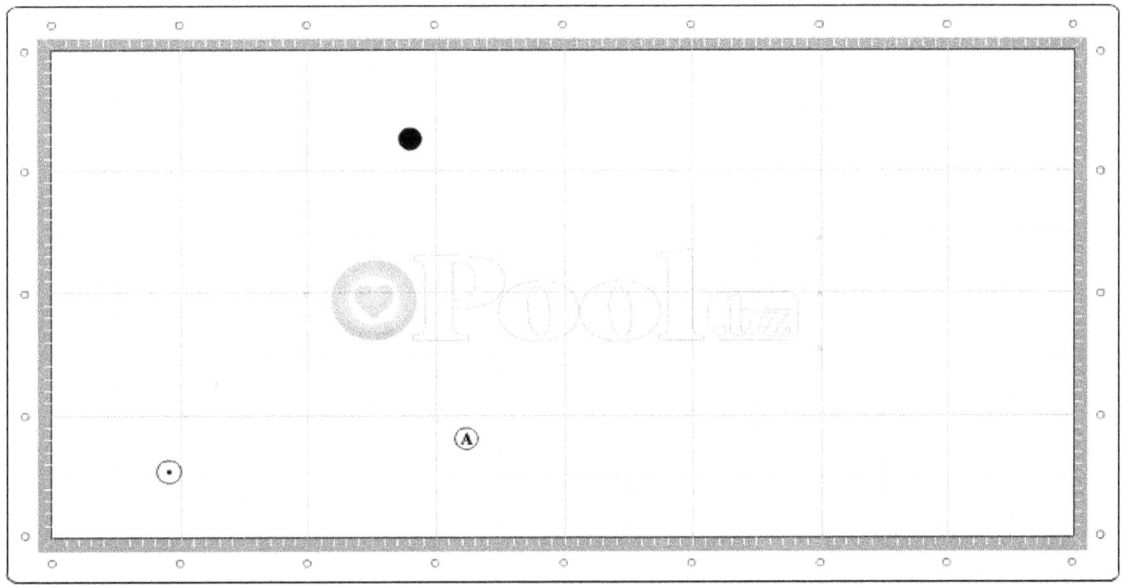

Huomautuksia ja ideoita:

Pallokuviota

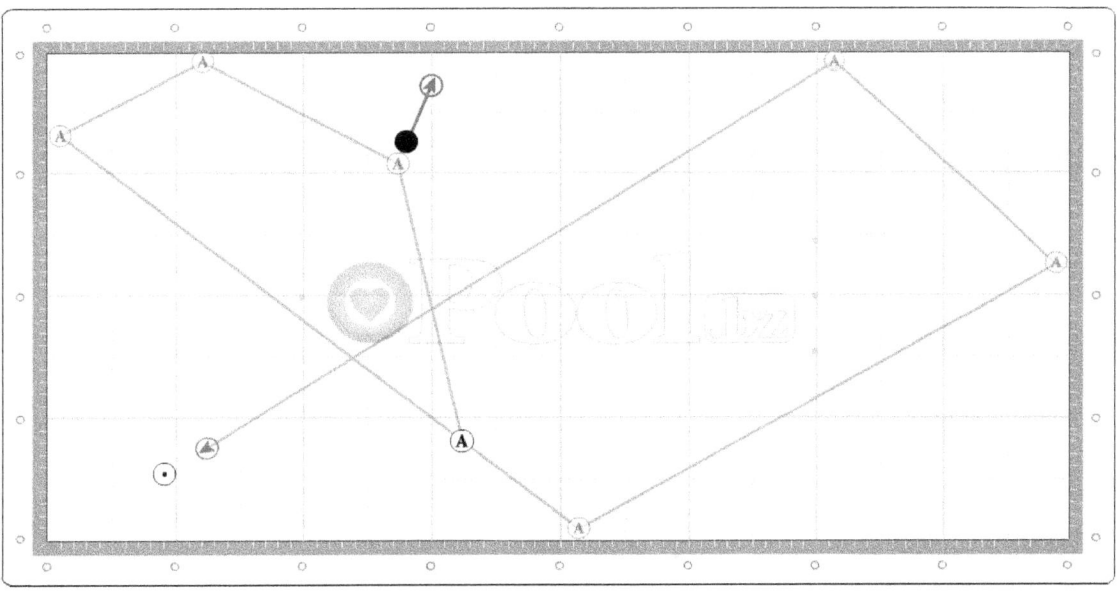

E:1d – Piirustus

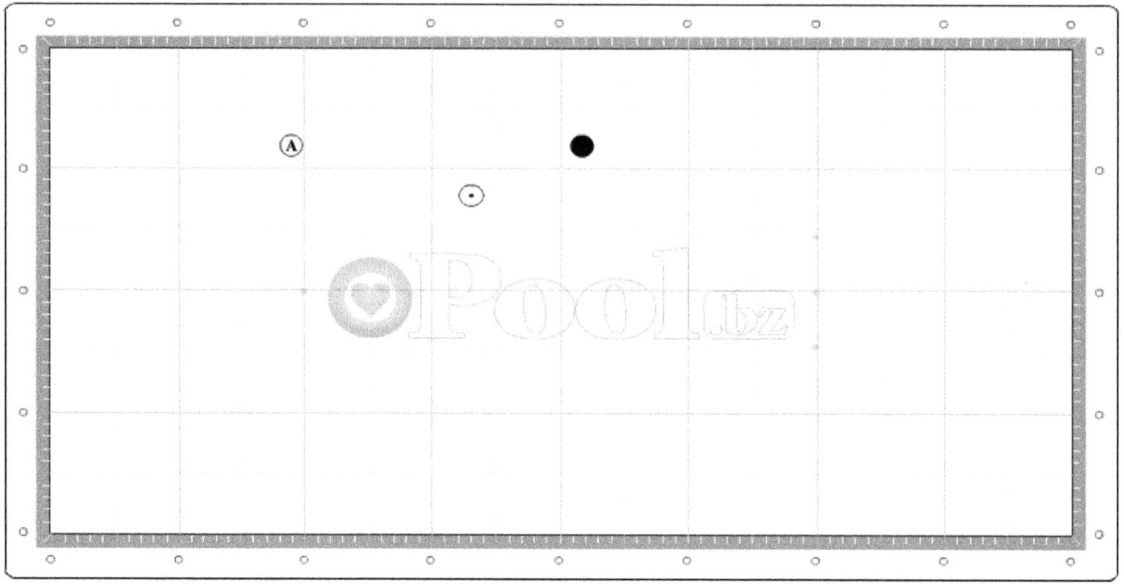

Huomautuksia ja ideoita:

Pallokuviota

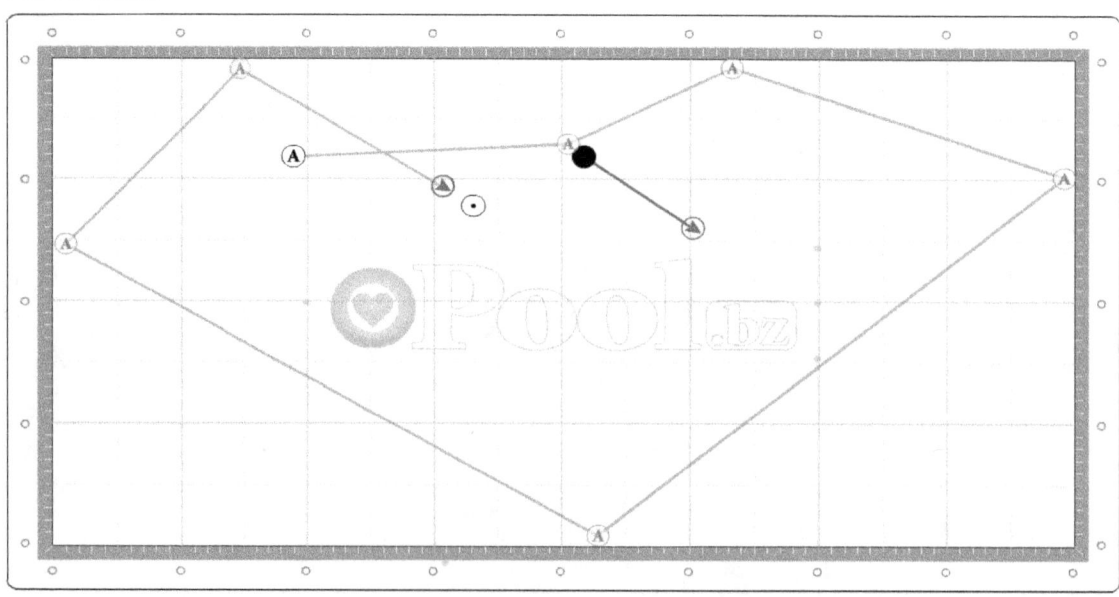

E: Ryhmä 2

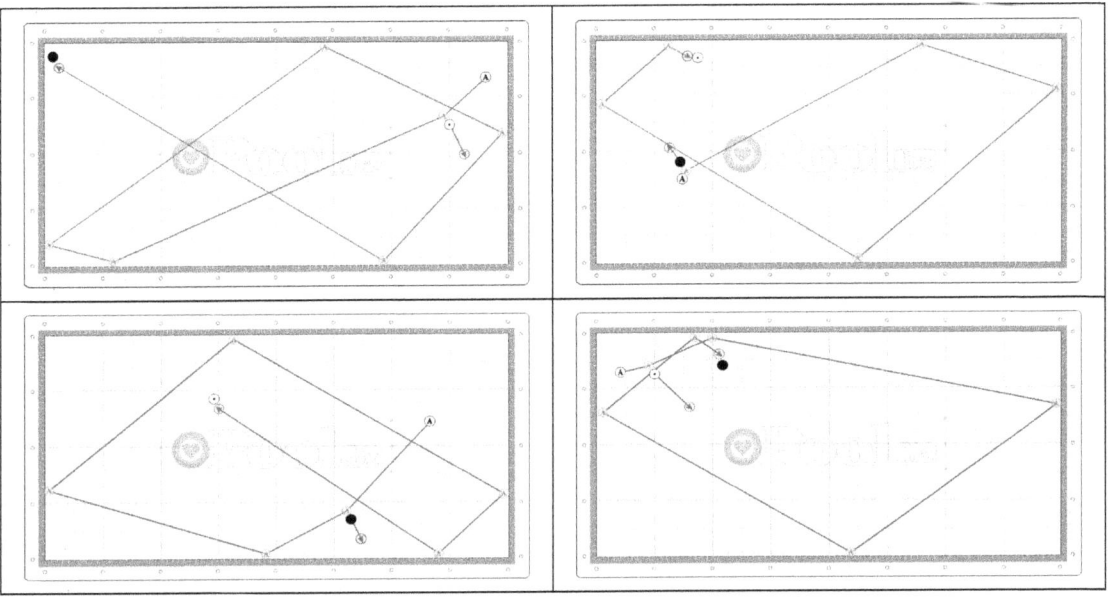

Analyysi:

E:2a. _____

E:2b. _____

E:2c. _____

E:2d. _____

E:2a – Piirustus

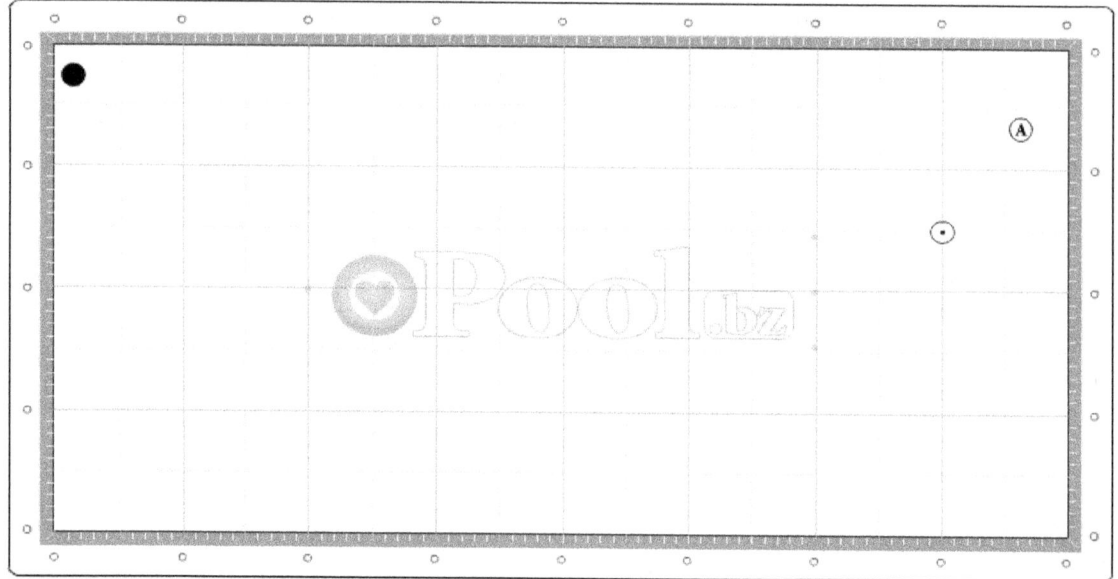

Huomautuksia ja ideoita:

Pallokuviota

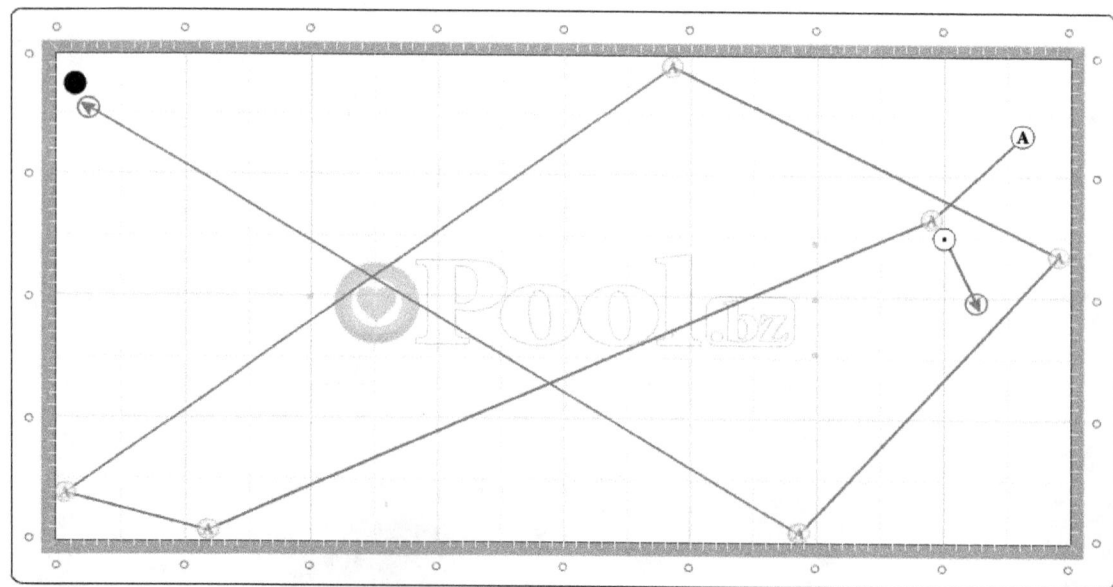

3-vallin kara: Täysi pöydän ympyräkuvio

E:2b – Piirustus

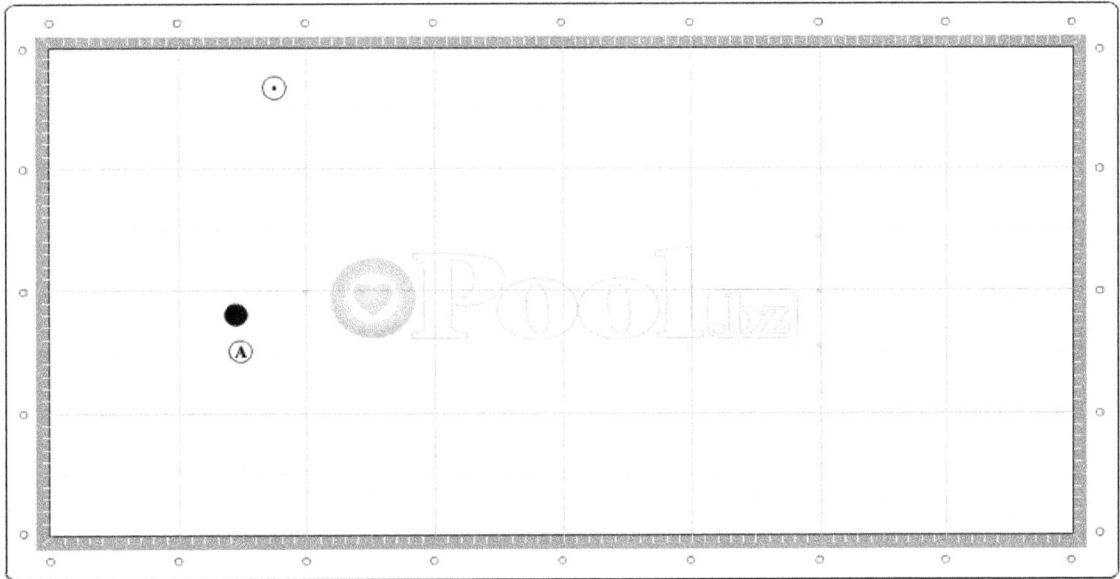

Huomautuksia ja ideoita:

Pallokuviota

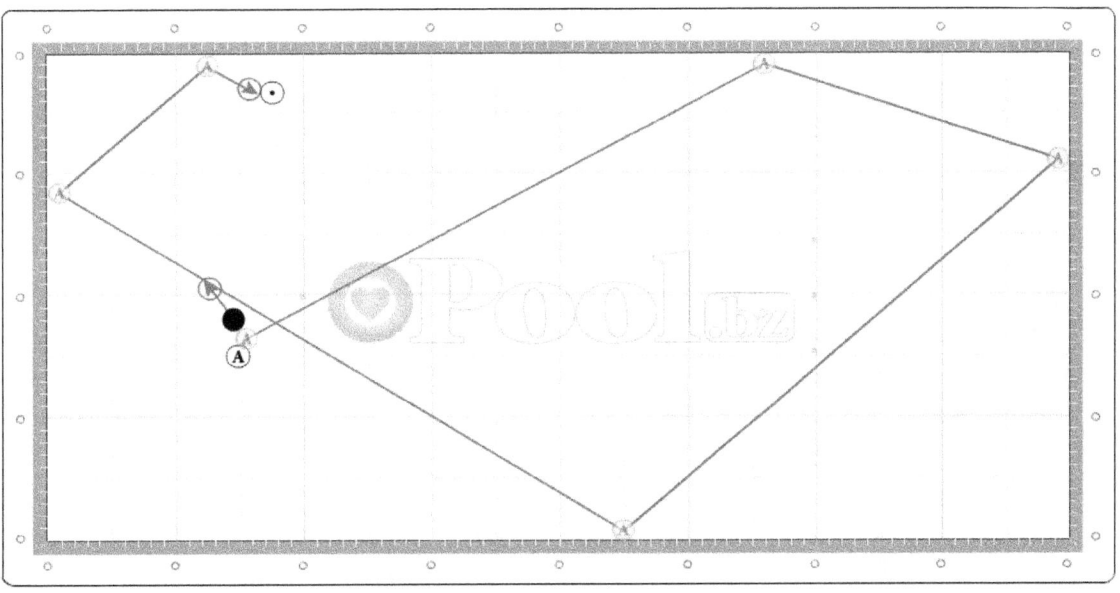

E:2c – Piirustus

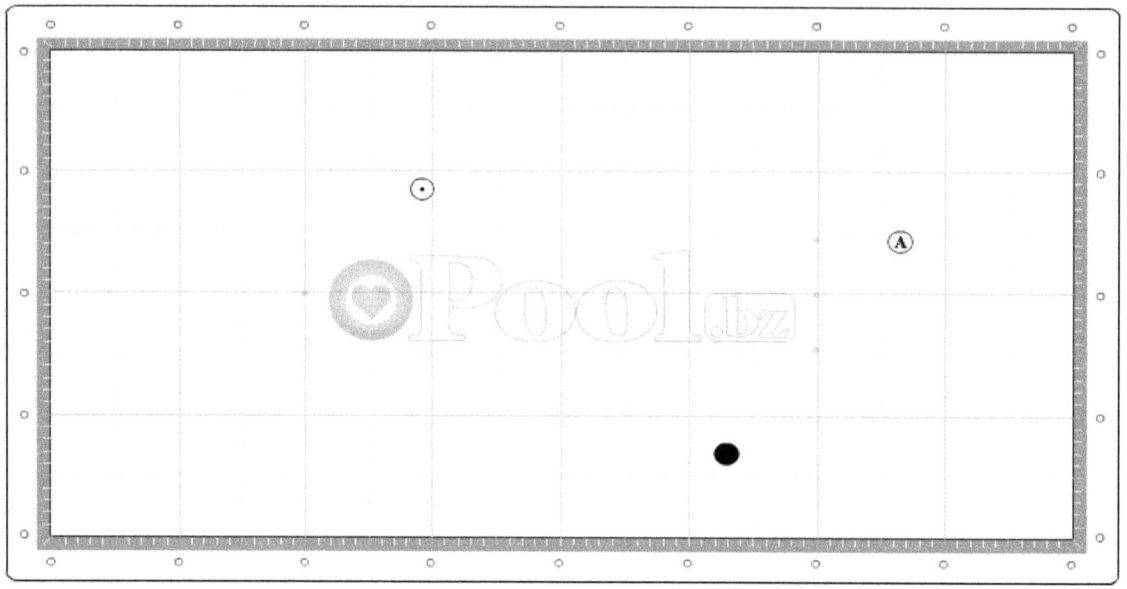

Huomautuksia ja ideoita:

Pallokuviota

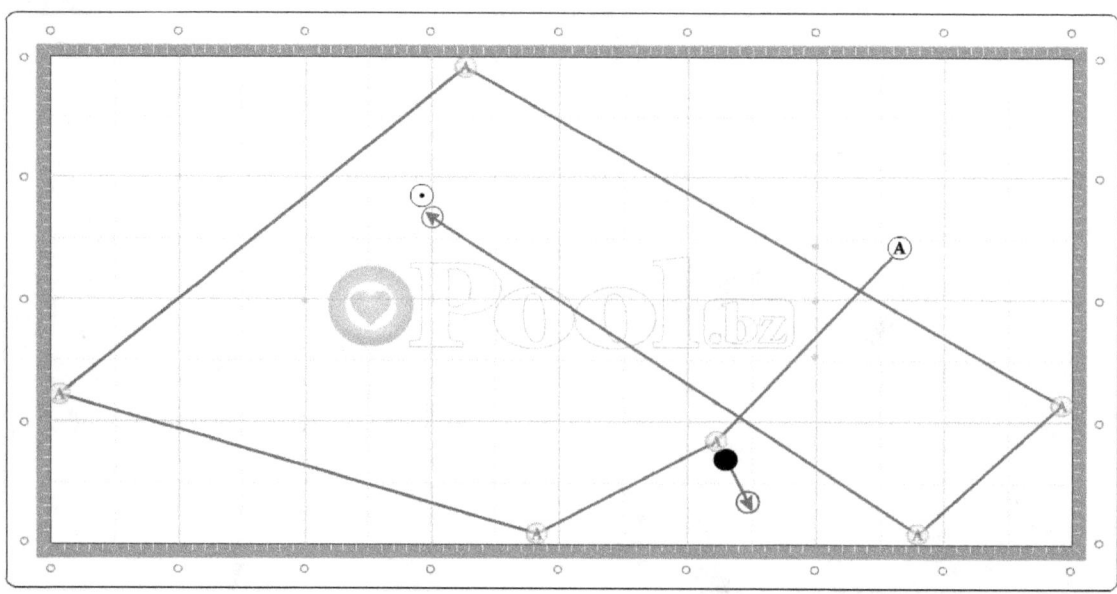

E:2d – Piirustus

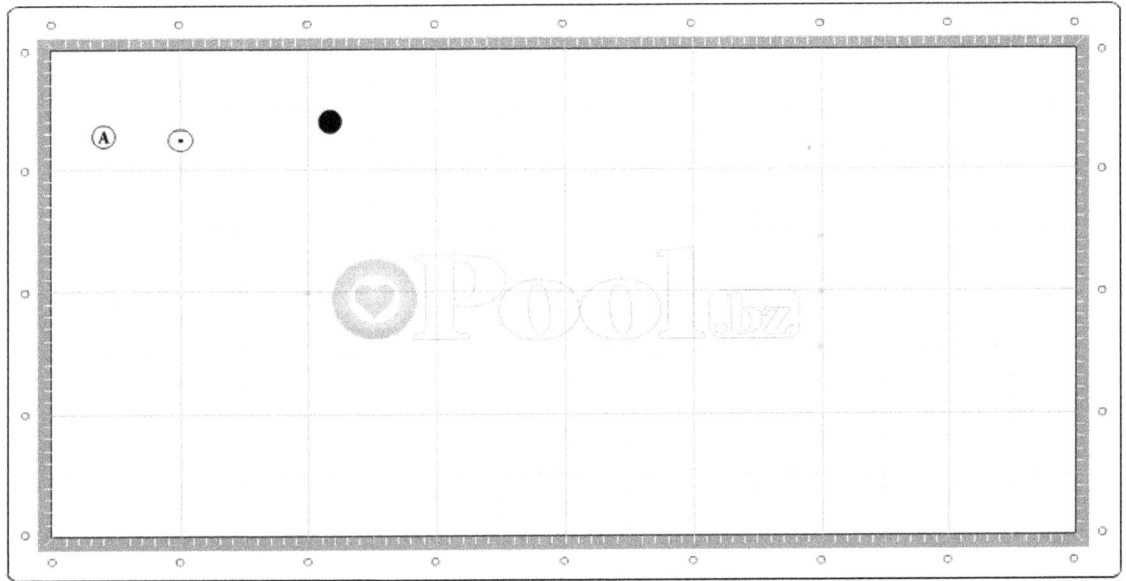

Huomautuksia ja ideoita:

Pallokuviota

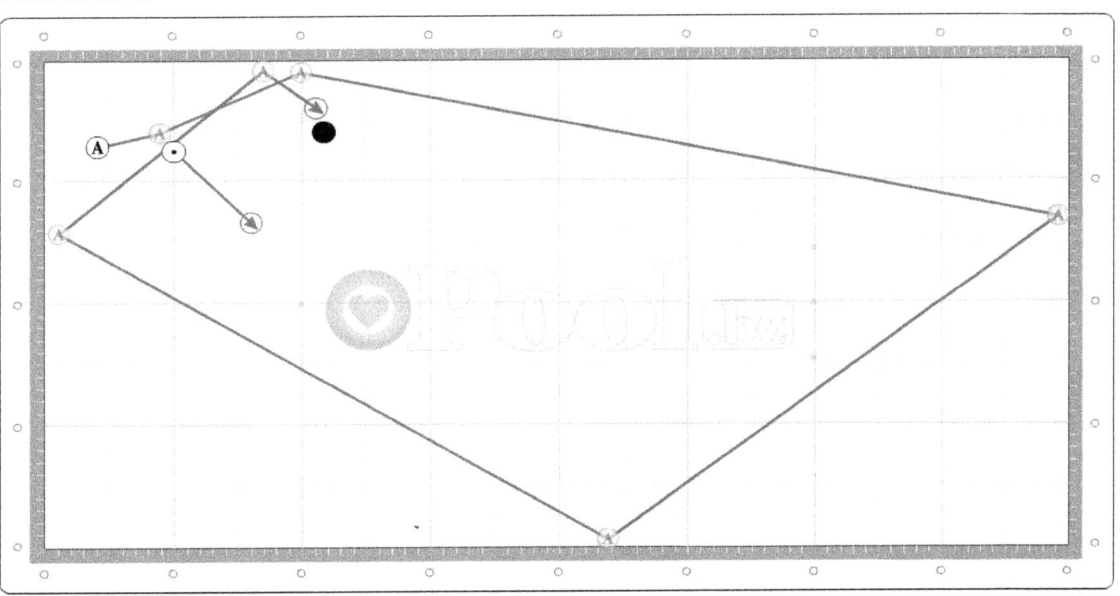

3-vallin kara: Täysi pöydän ympyräkuvio

E: Ryhmä 3

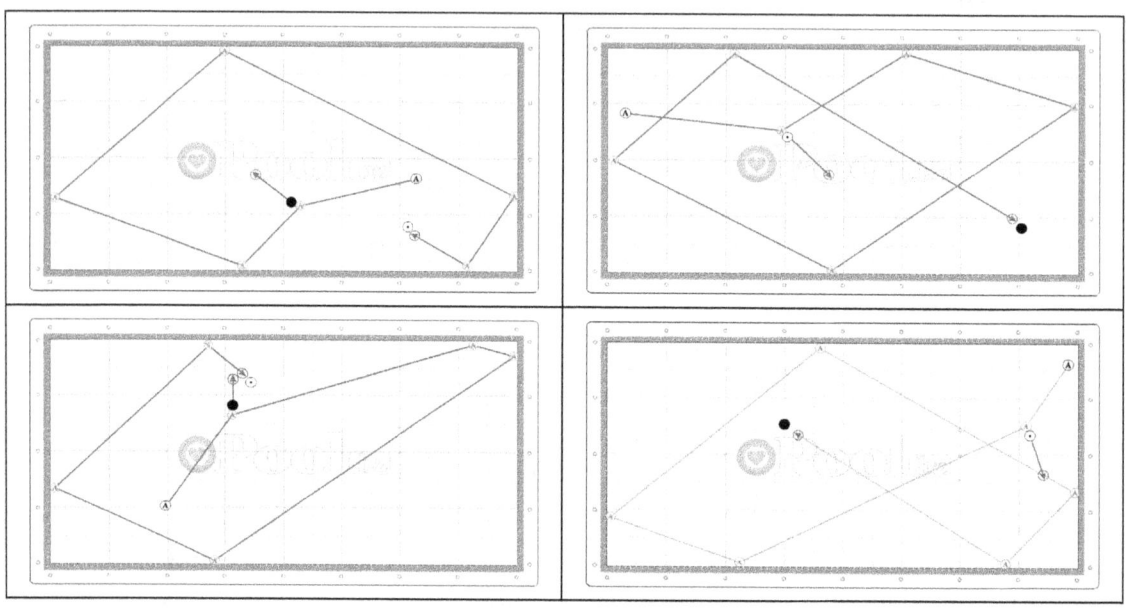

Analyysi:

E:3a. _____

E:3b. _____

E:3c. _____

E:3d. _____

E:3a – Piirustus

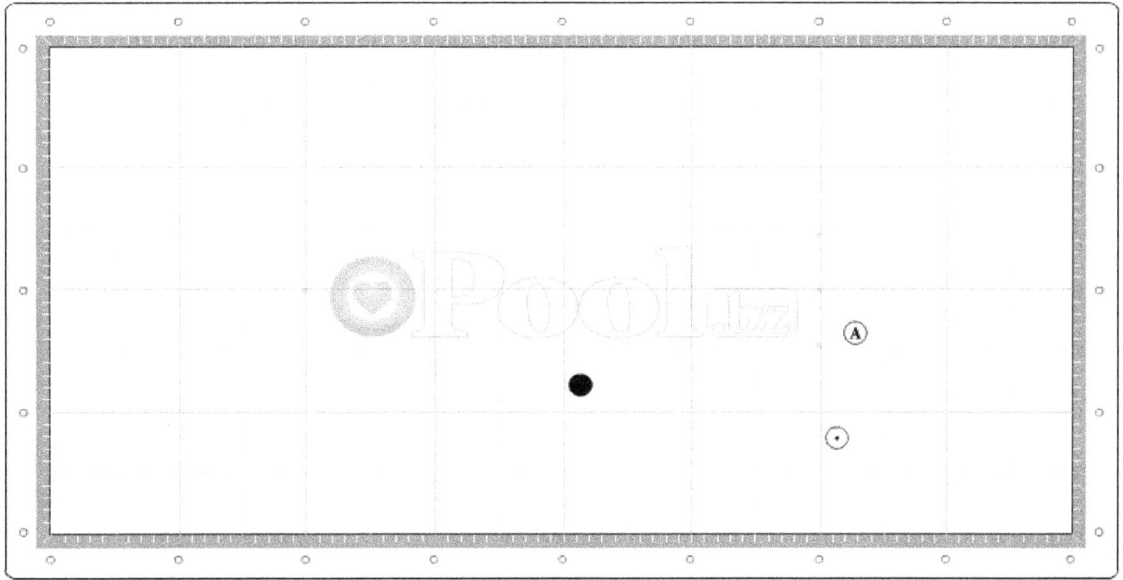

Huomautuksia ja ideoita:

Pallokuviota

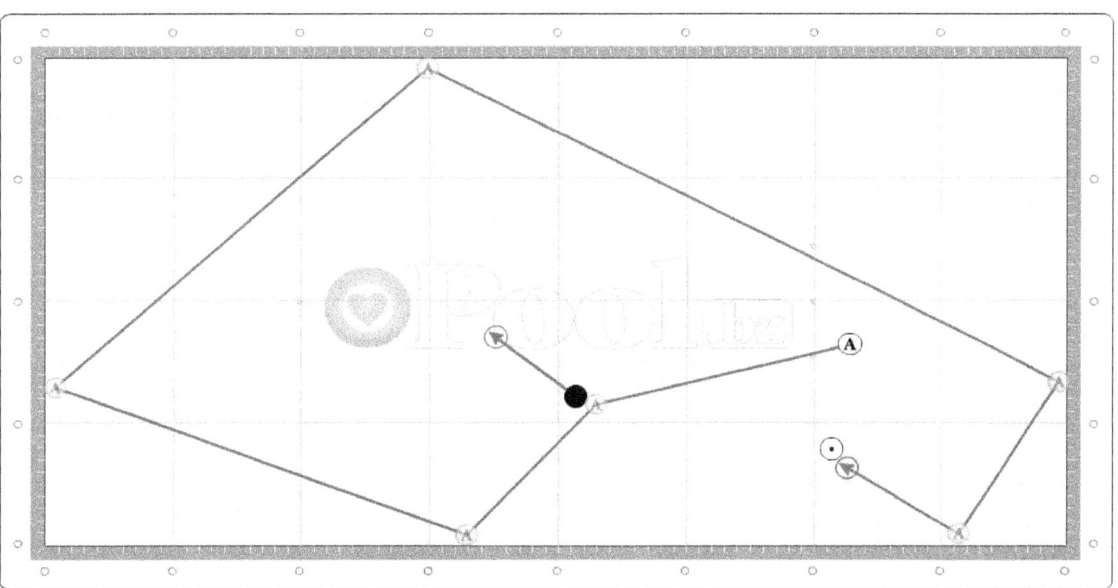

E:3b – Piirustus

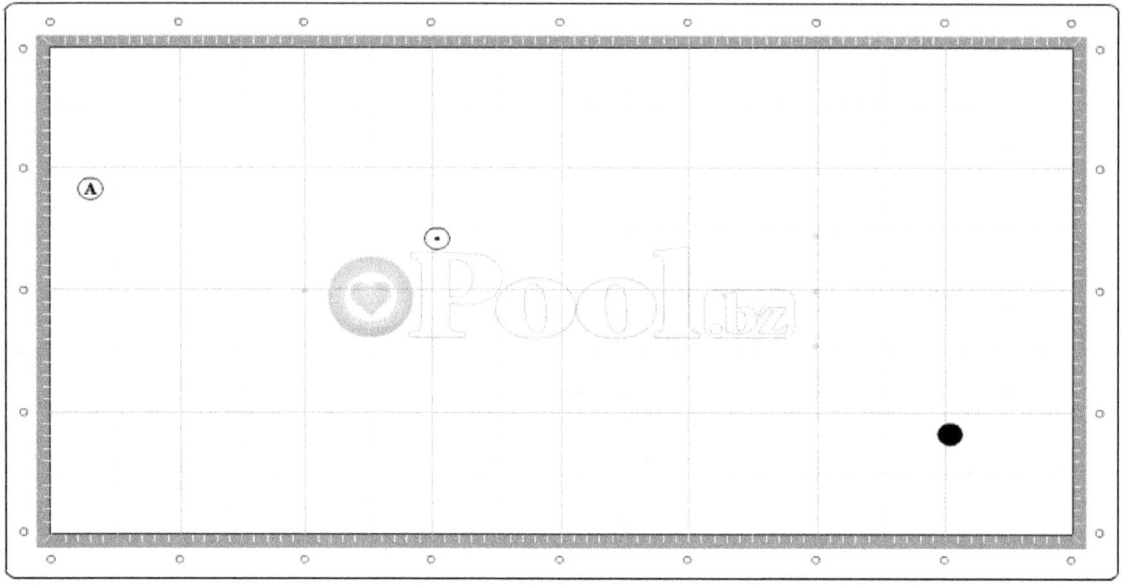

Huomautuksia ja ideoita:

Pallokuviota

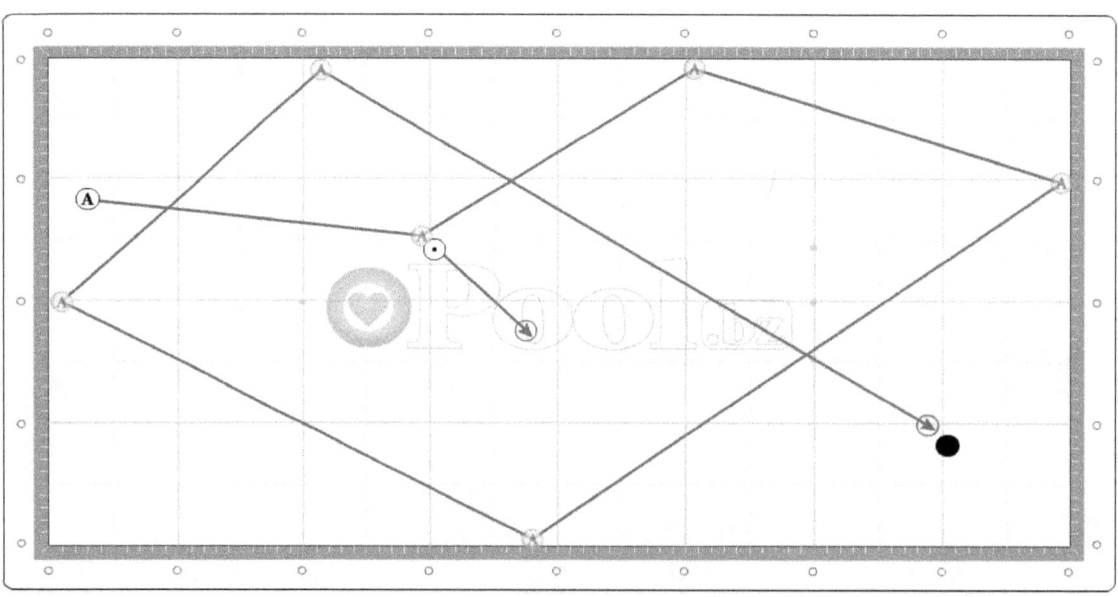

E:3c – Piirustus

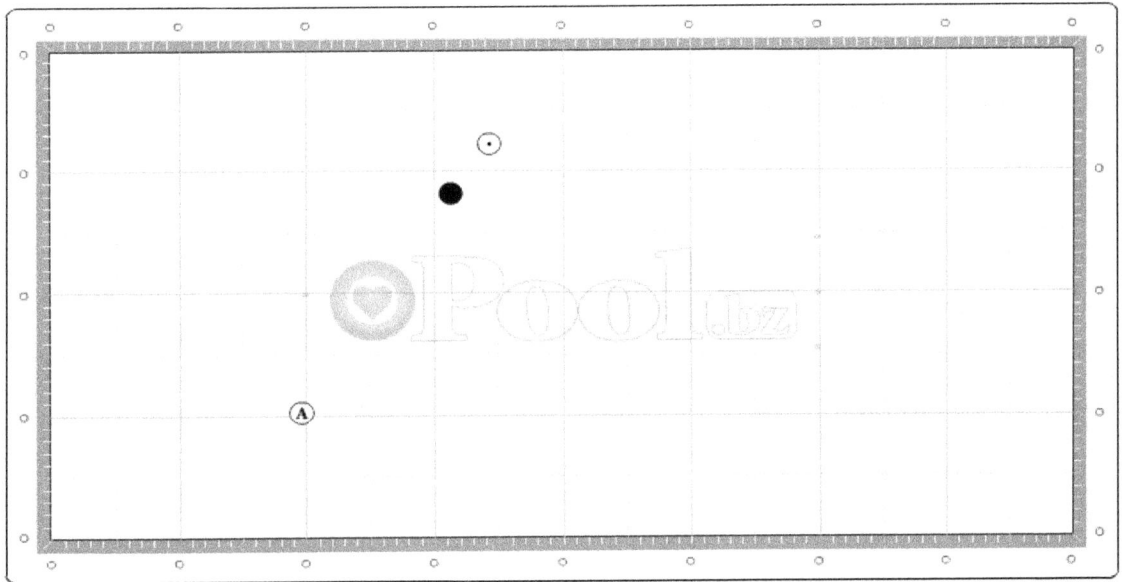

Huomautuksia ja ideoita:

Pallokuviota

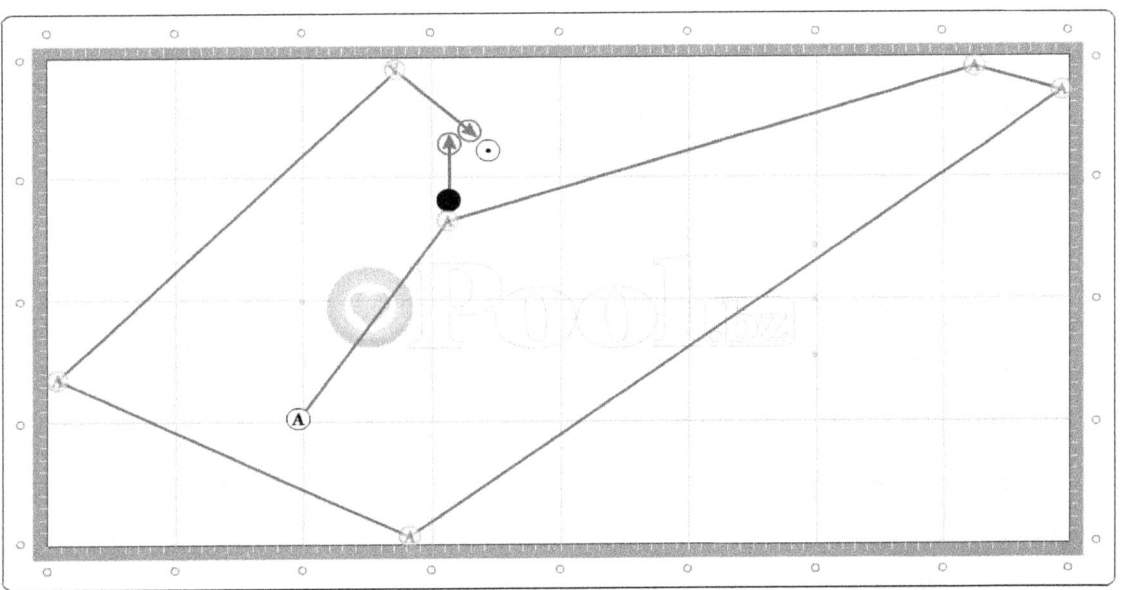

3-vallin kara: Täysi pöydän ympyräkuvio

E:3d – Piirustus

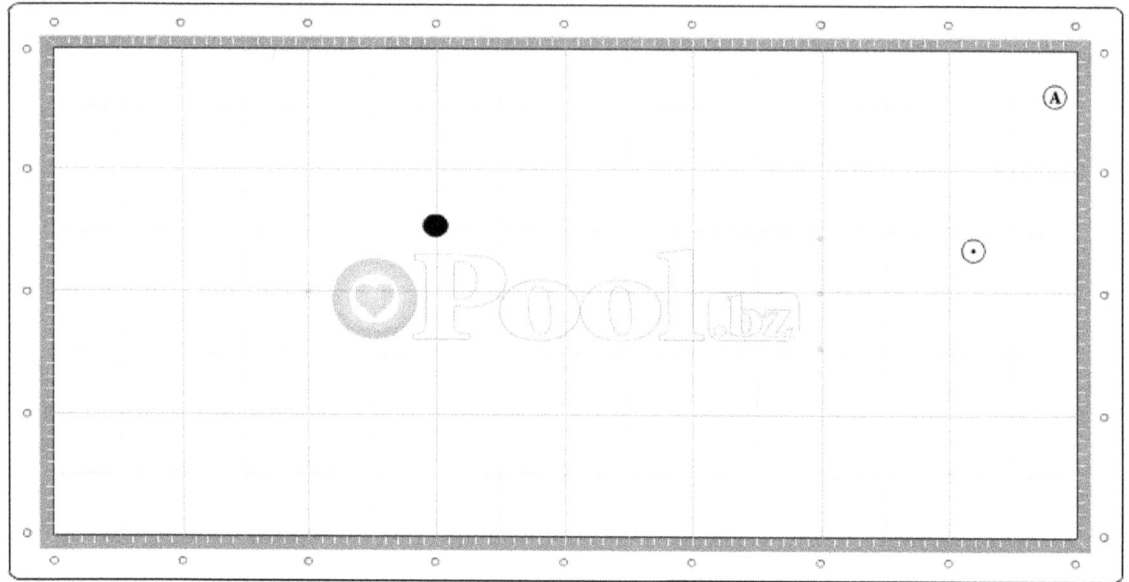

Huomautuksia ja ideoita:

Pallokuviota

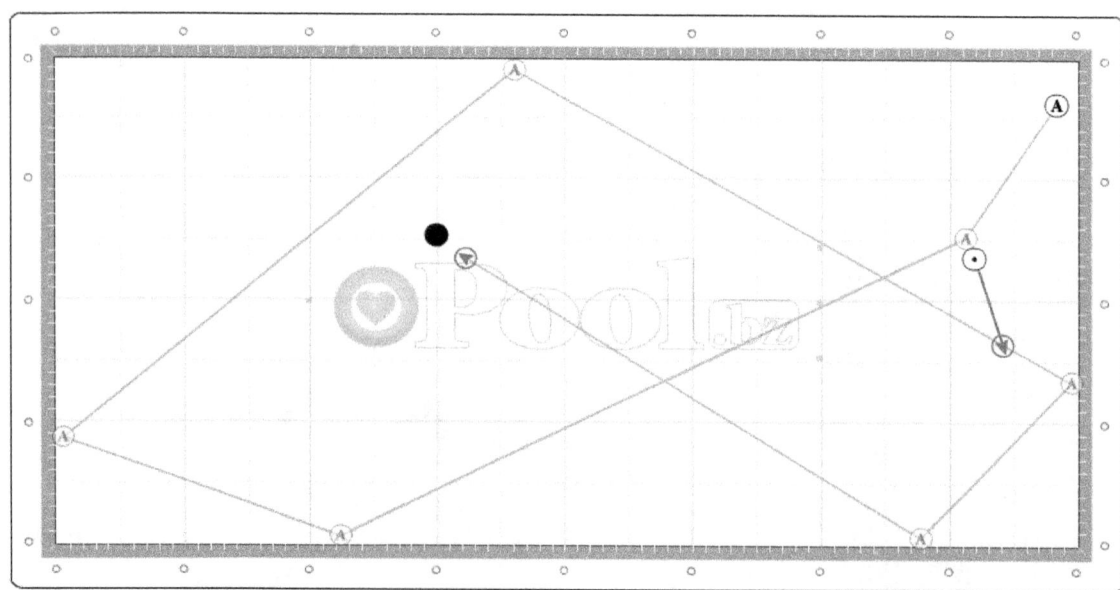

E: Ryhmä 4

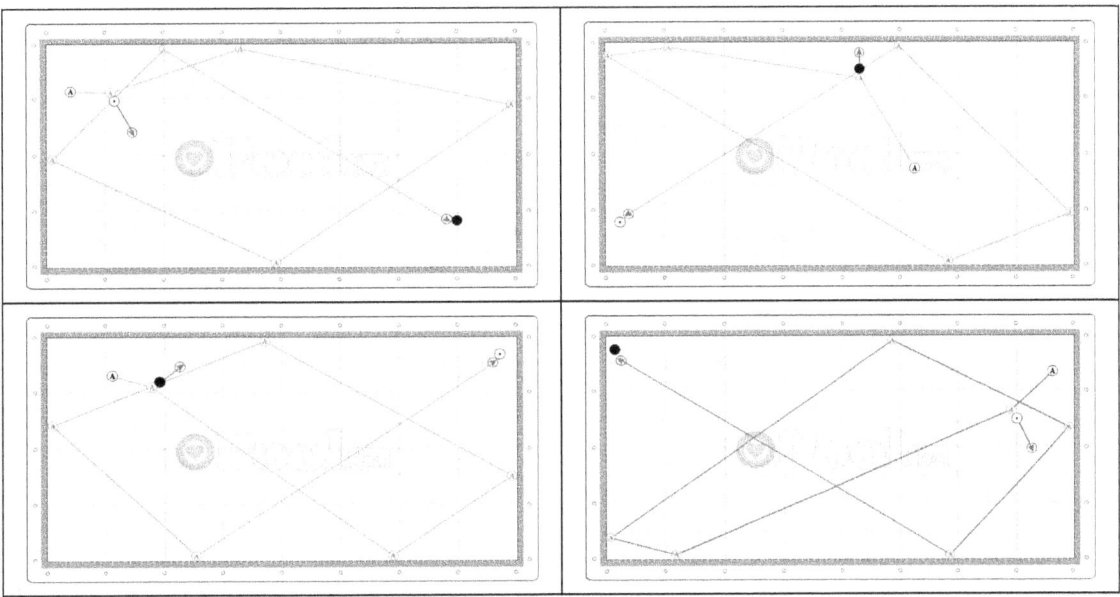

Analyysi:

E:4a. _____

E:4b. _____

E:4c. _____

E:4d. _____

E:4a – Piirustus

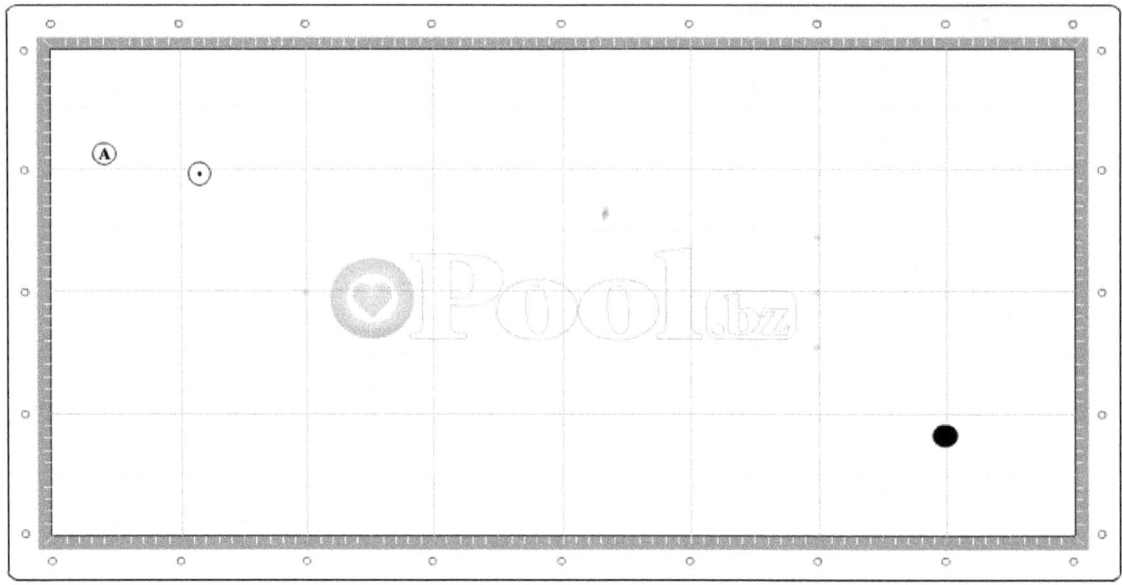

Huomautuksia ja ideoita:

Pallokuviota

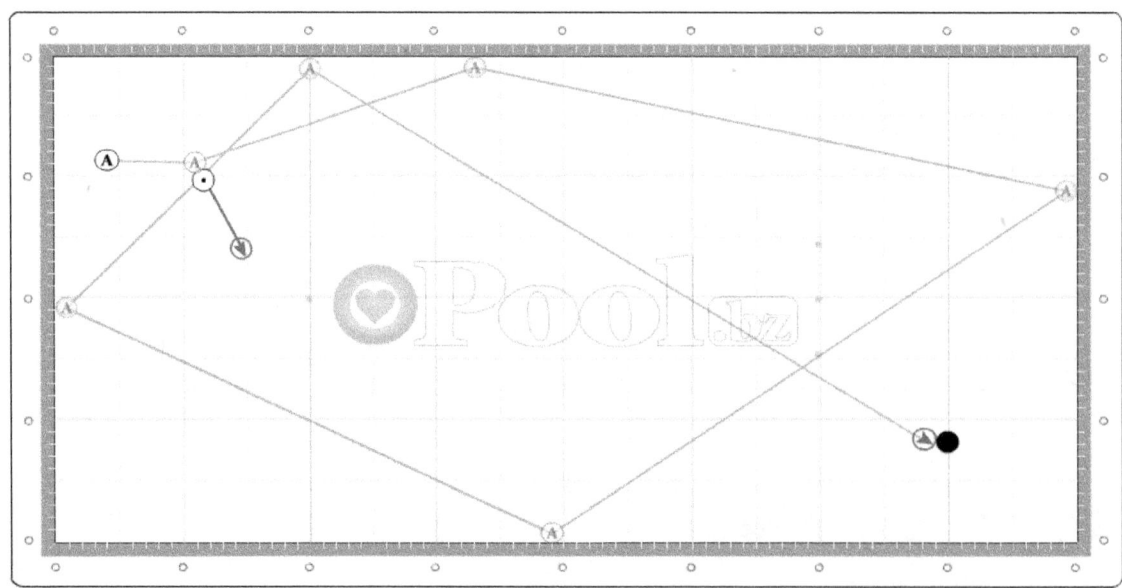

E:4b – Piirustus

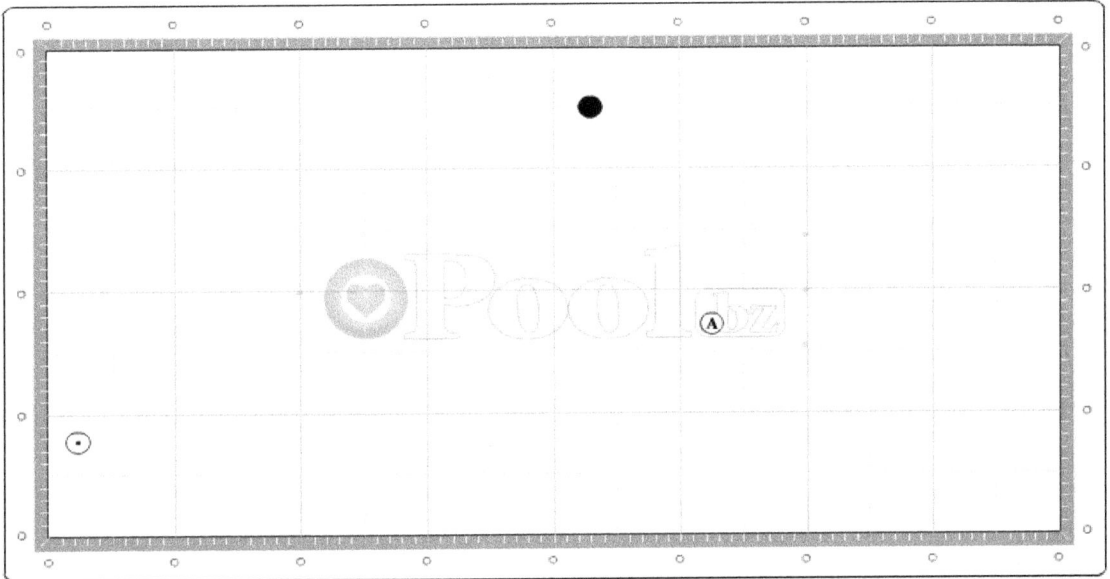

Huomautuksia ja ideoita:

Pallokuviota

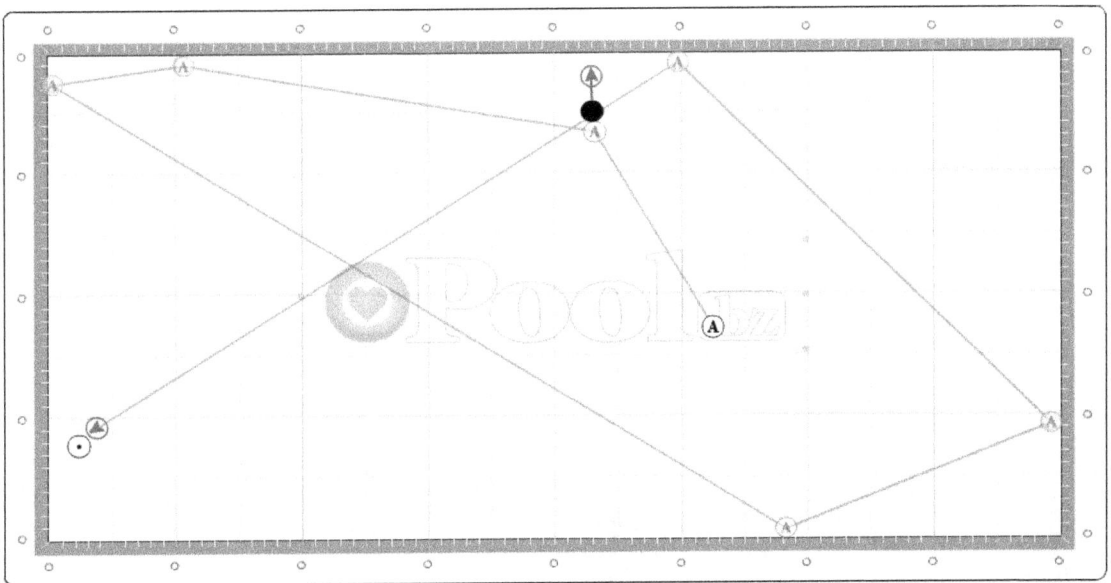

E:4c – Piirustus

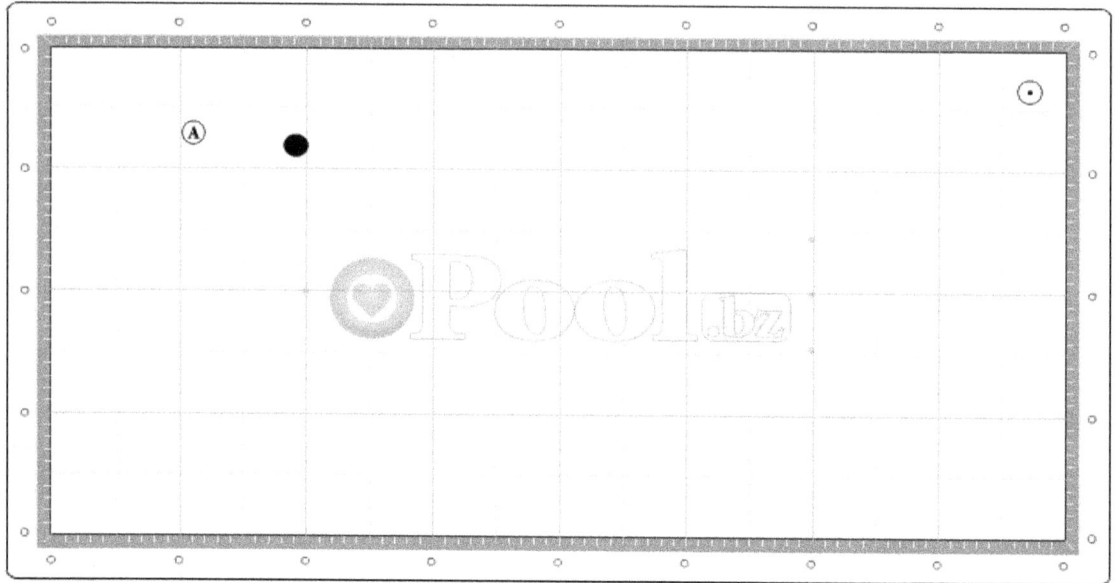

Huomautuksia ja ideoita:

Pallokuviota

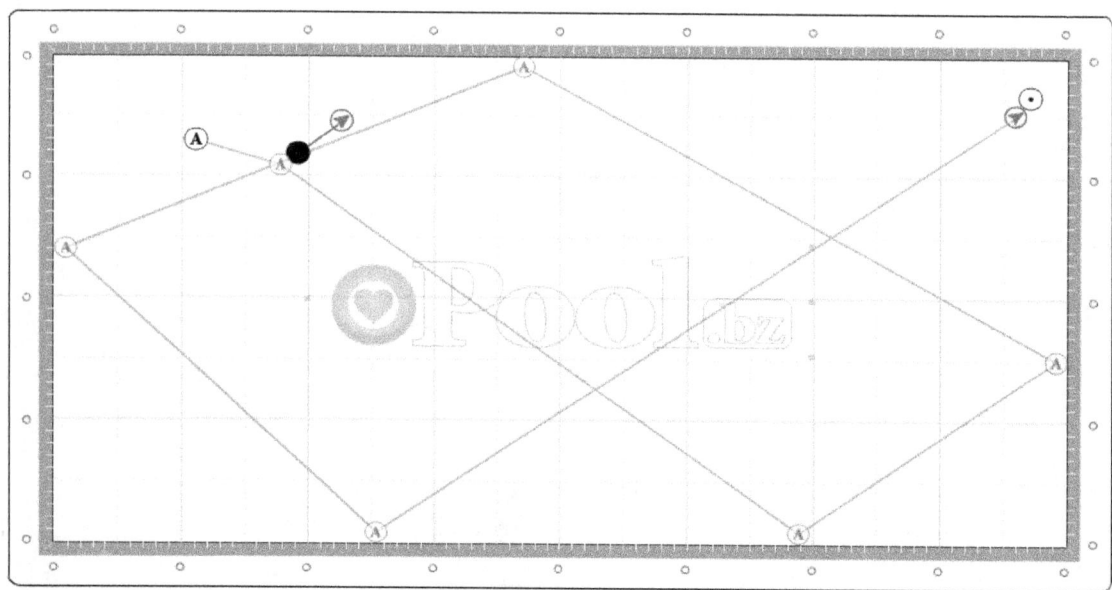

E:4d – Piirustus

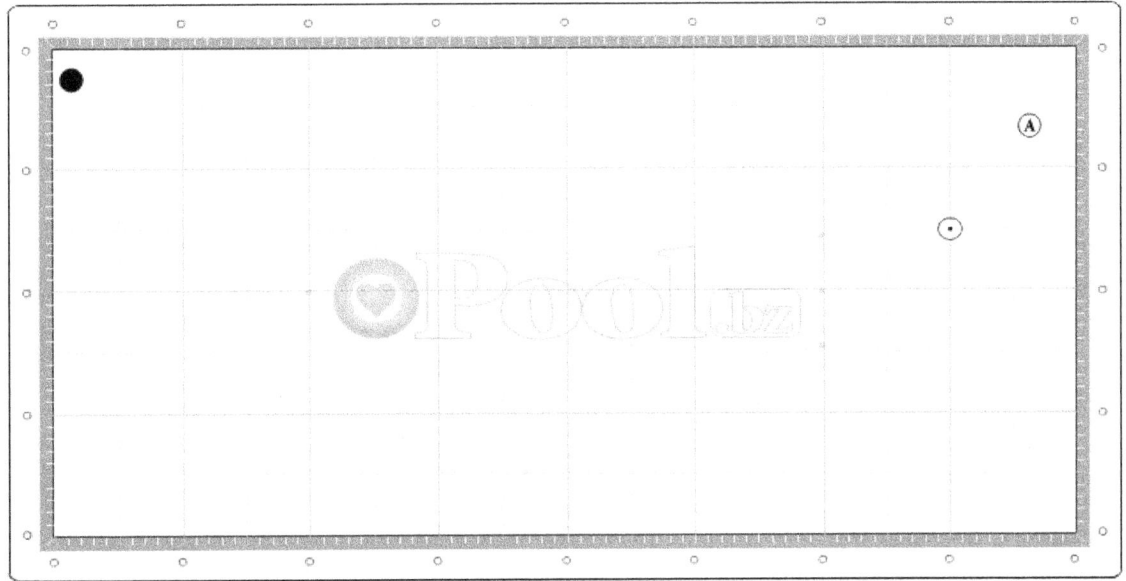

Huomautuksia ja ideoita:

Pallokuviota

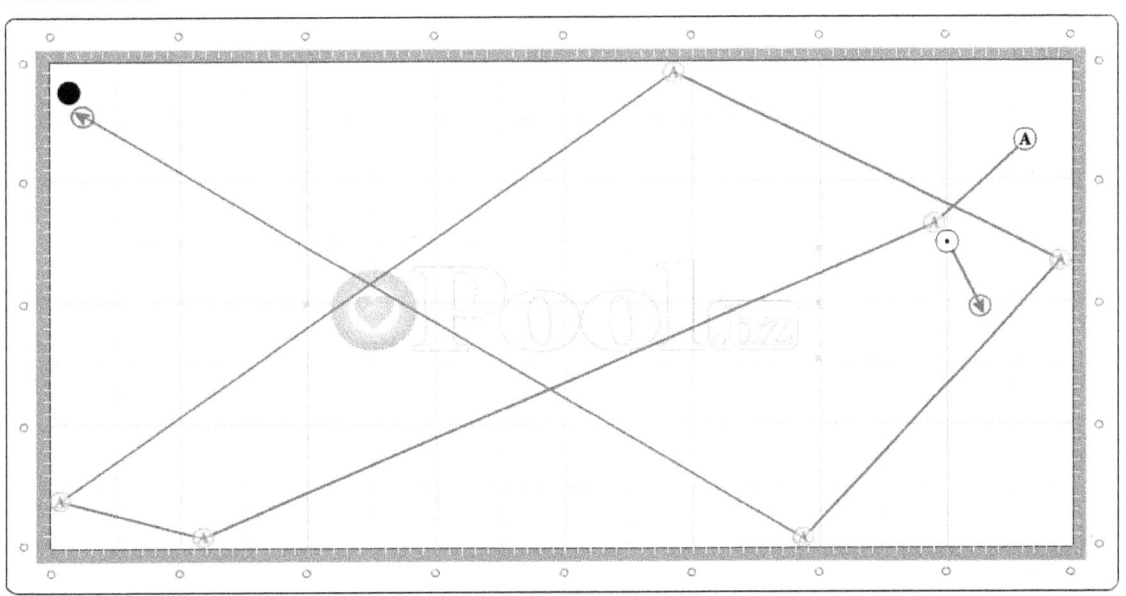

E: Ryhmä 5

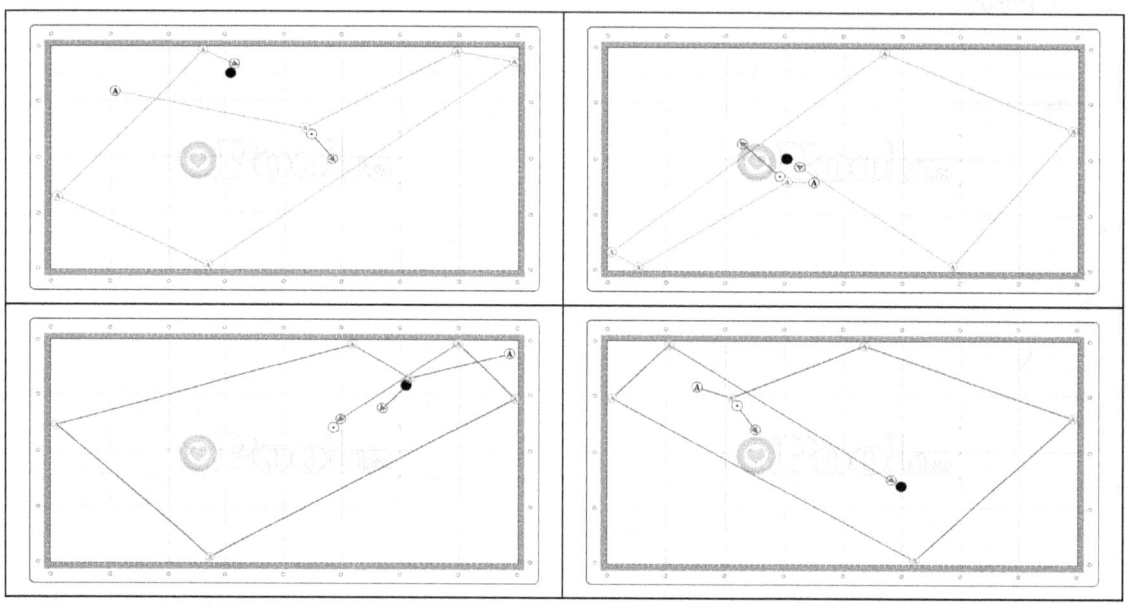

Analyysi:

E:5a. _____

E:5b. _____

E:5c. _____

E:5d. _____

E:5a – Piirustus

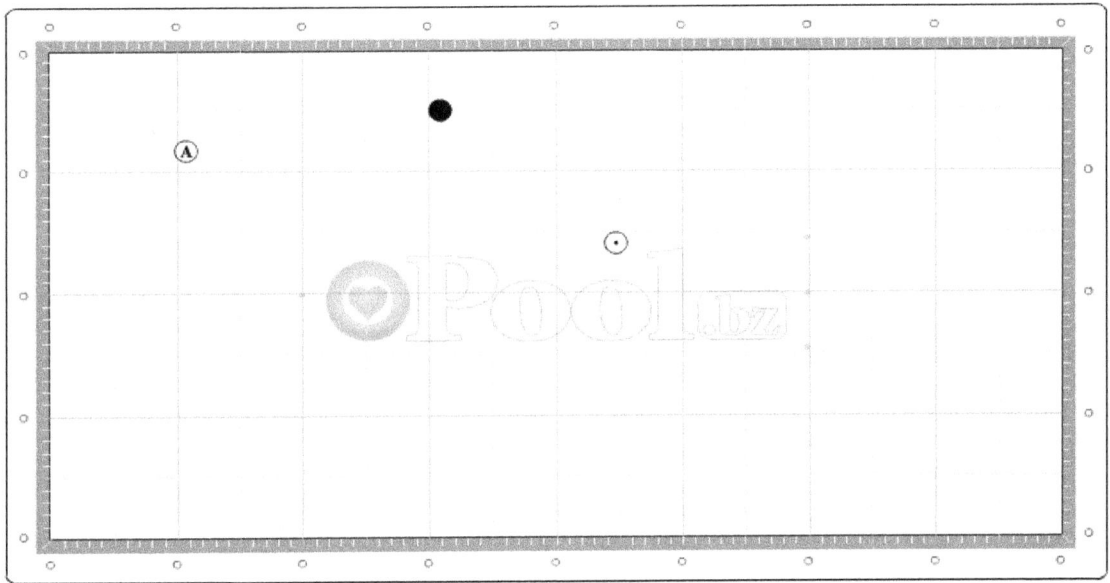

Huomautuksia ja ideoita:

Pallokuviota

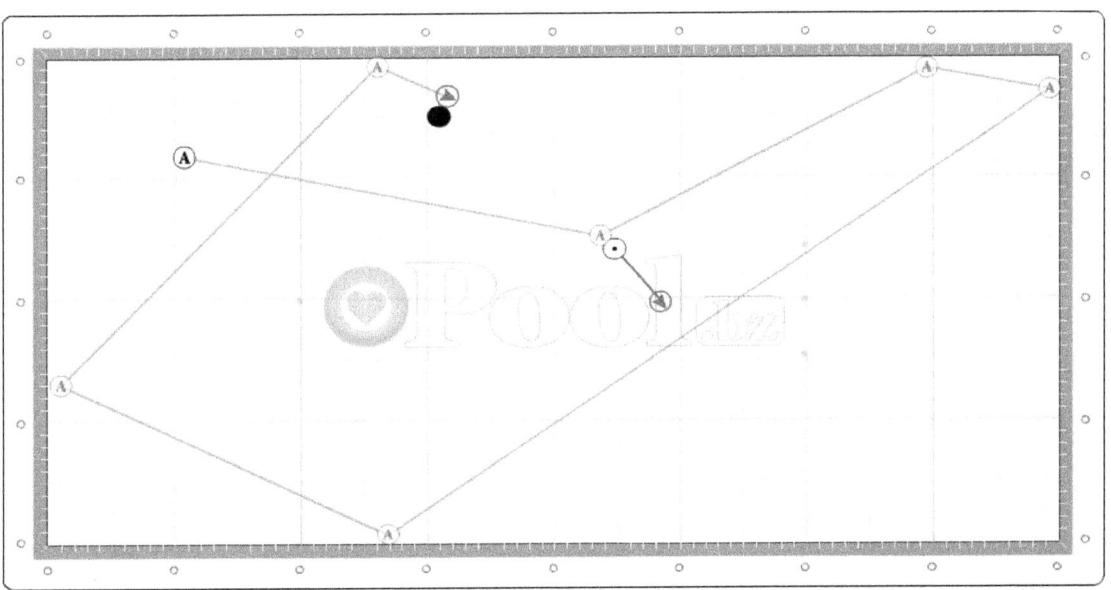

E:5b – Piirustus

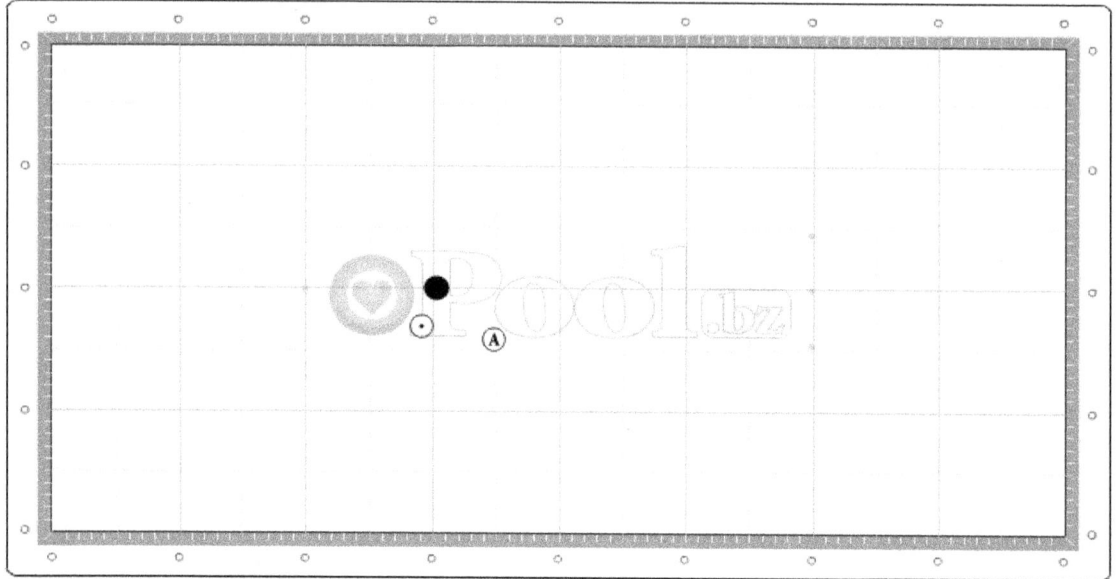

Huomautuksia ja ideoita:

Pallokuviota

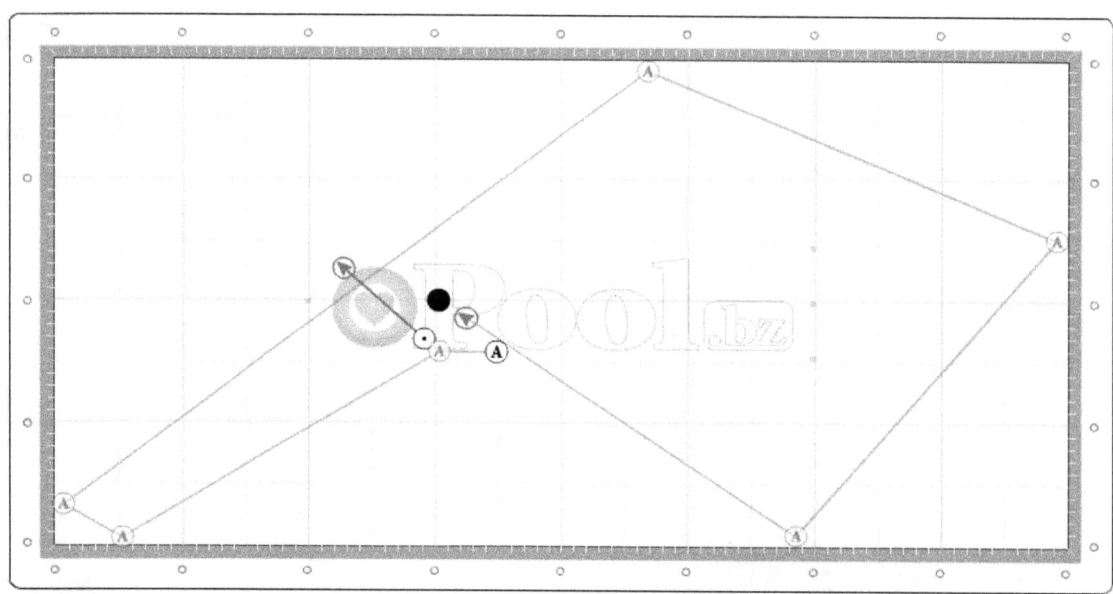

E:5c – Piirustus

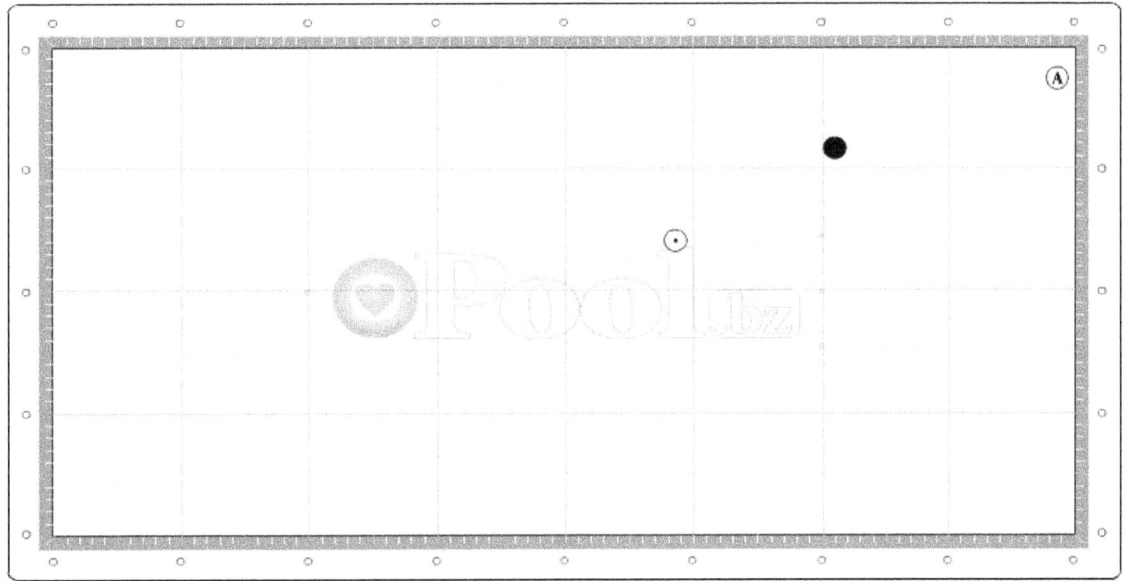

Huomautuksia ja ideoita:

Pallokuviota

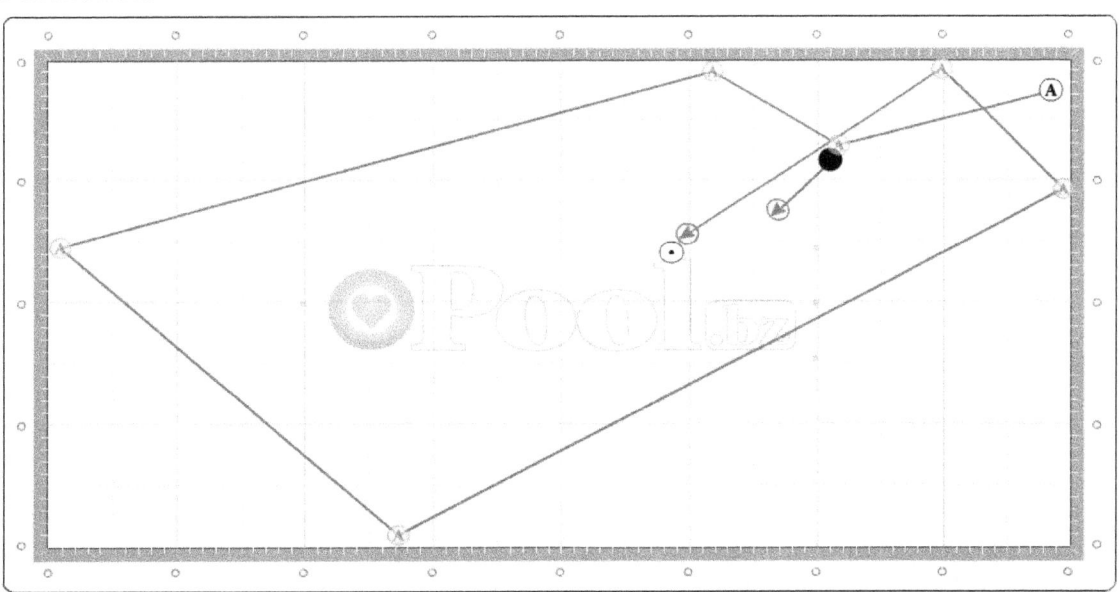

E:5d – Piirustus

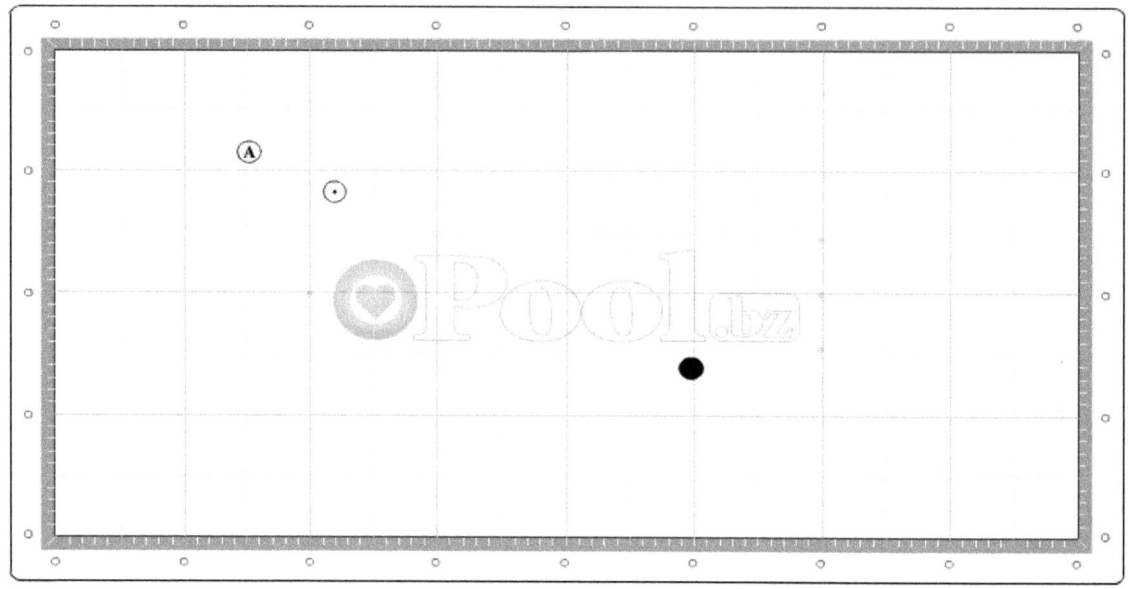

Huomautuksia ja ideoita:

Pallokuviota

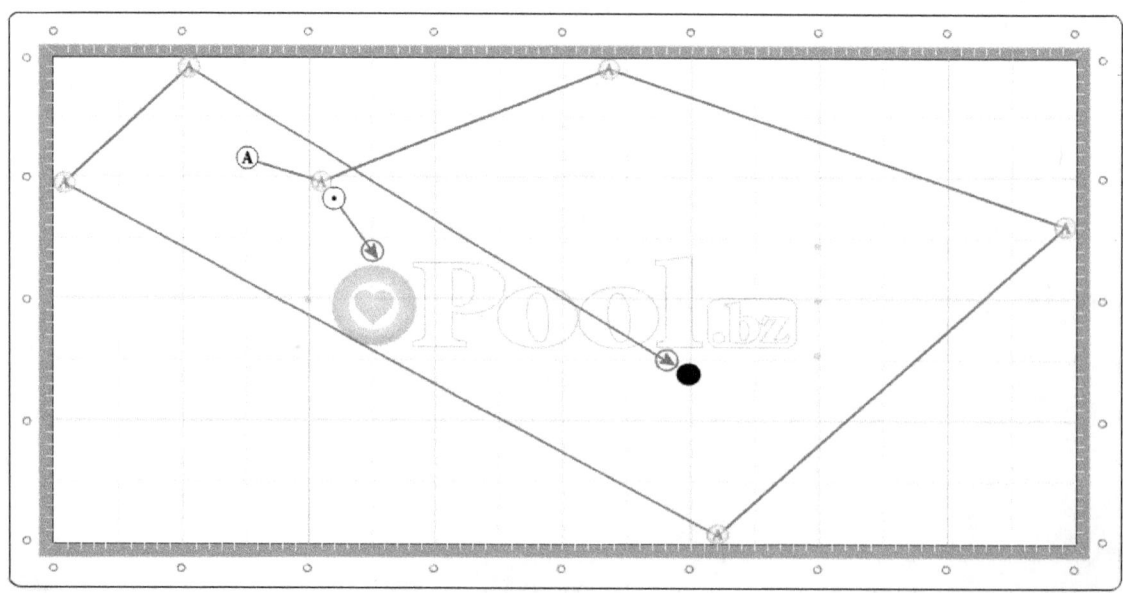

3-vallin kara: Täysi pöydän ympyräkuvio

F: 5 vallin (lyhyt vallin)

(CB) irtoaa ensimmäisestä (OB) ja lyhyestä vallin. Sitten se kulkee pöydän ympärillä viiteen peräkkäiseen vallin. Ainoastaan sitten (CB) liittyy toiseen (OB).

(A) (CB) (sinun biljardipallo) – (·) (OB) (vastustaja biljardipallo) – ● (OB) (punainen biljardipallo)

F: Ryhmä 1

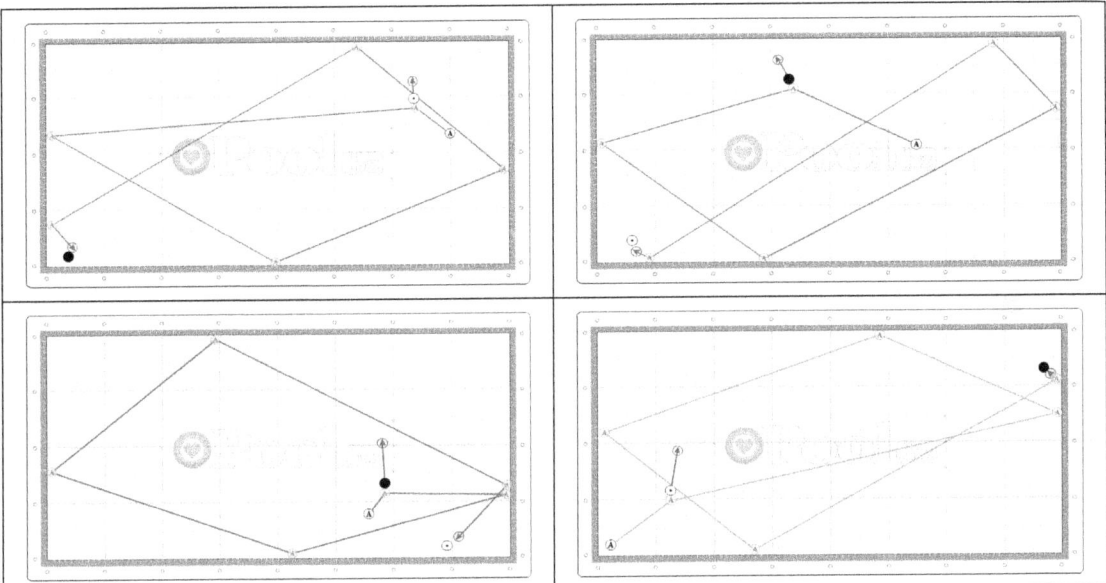

Analyysi:

F:1a. _____

F:1b. _____

F:1c. _____

F:1d. _____

F:1a – Piirustus

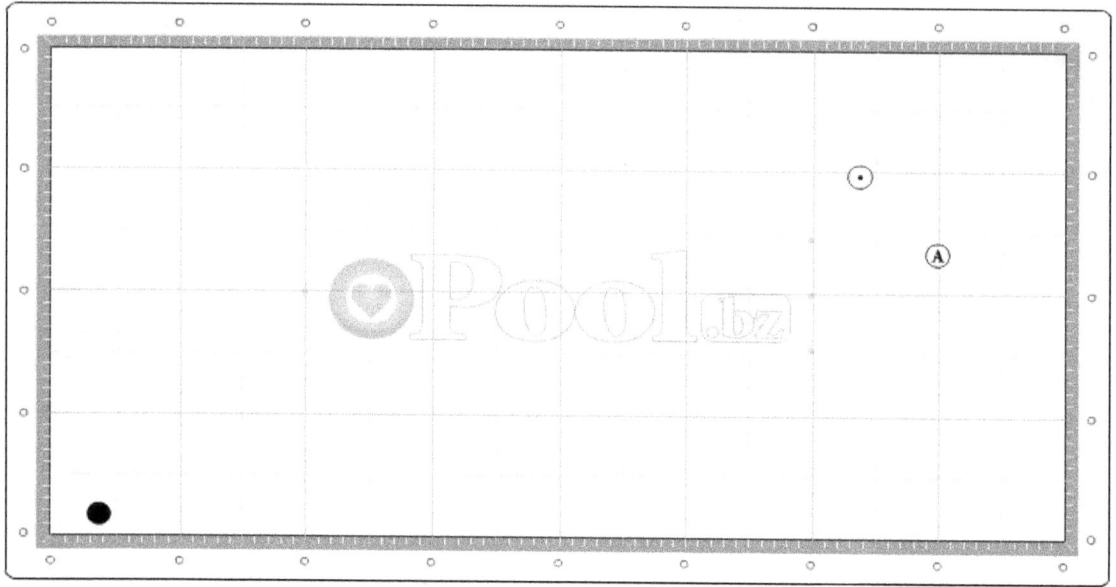

Huomautuksia ja ideoita:

Pallokuviota

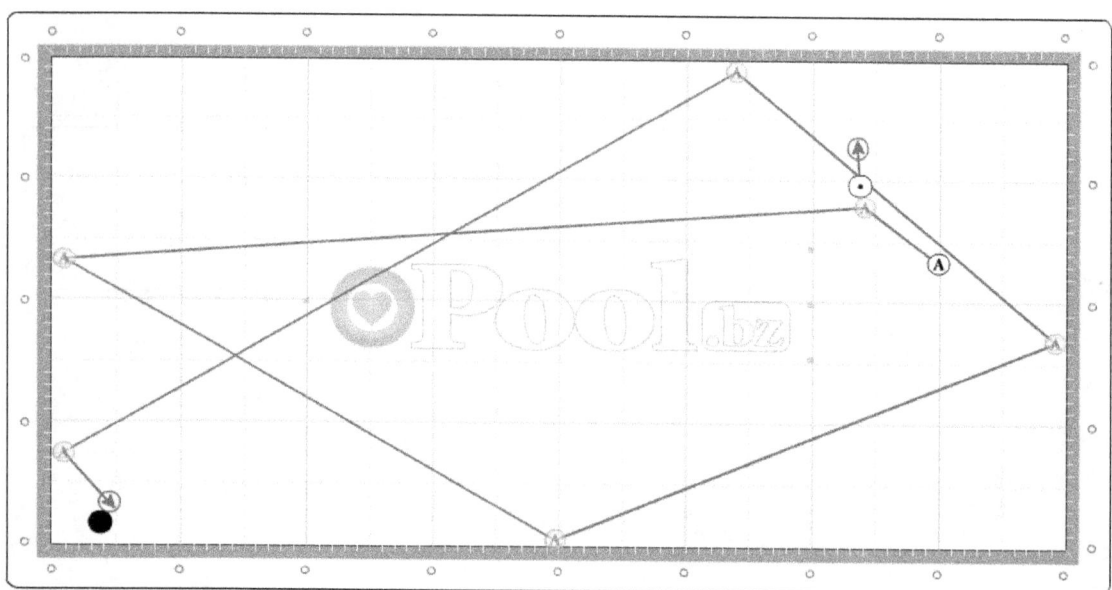

3-vallin kara: Täysi pöydän ympyräkuvio

F:1b – Piirustus

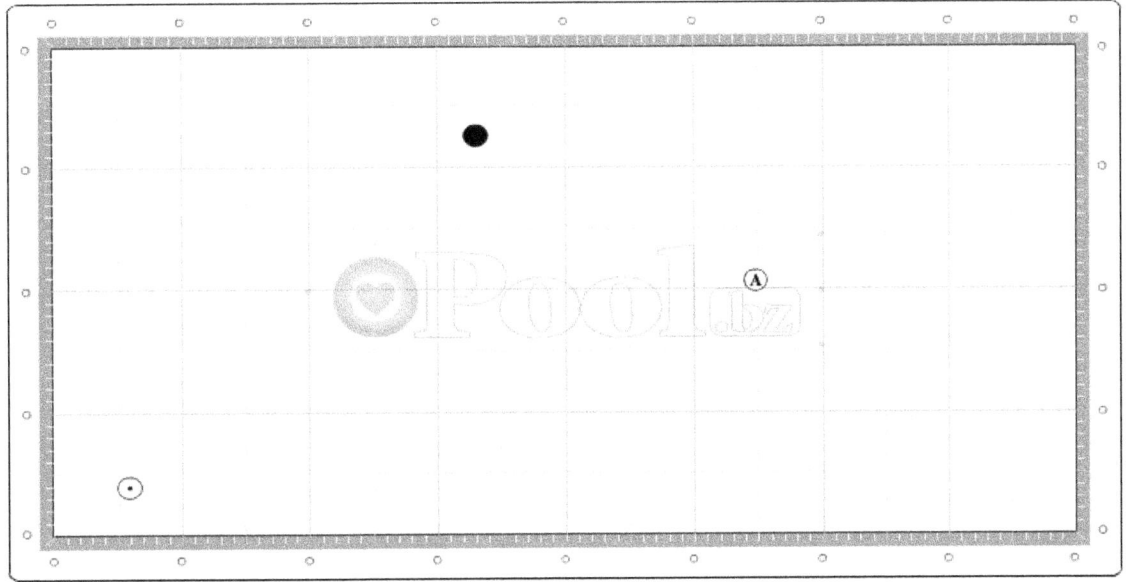

Huomautuksia ja ideoita:

Pallokuviota

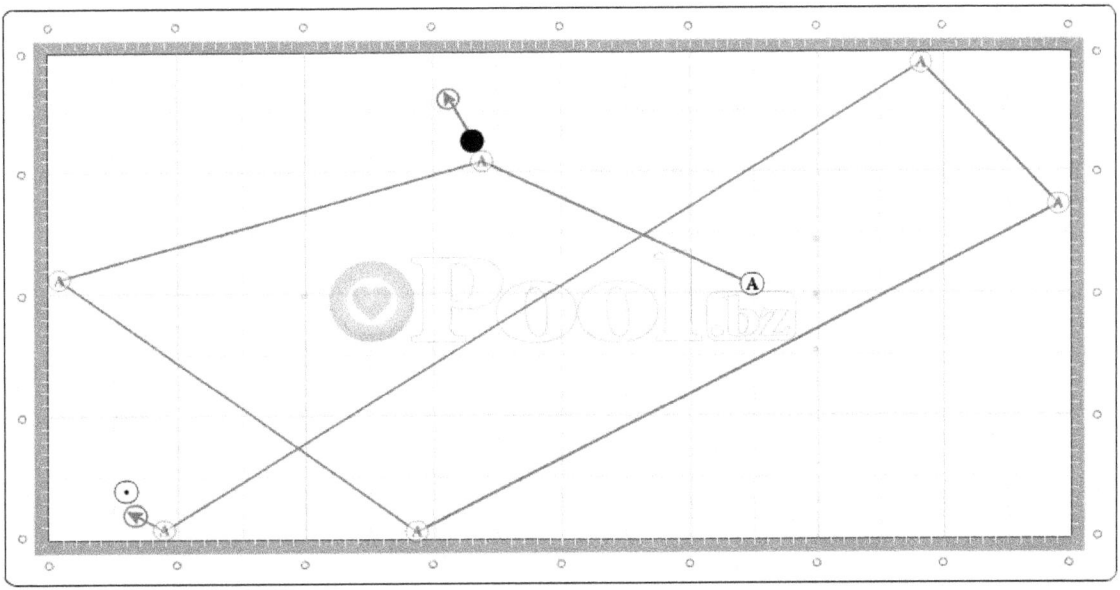

F:1c – Piirustus

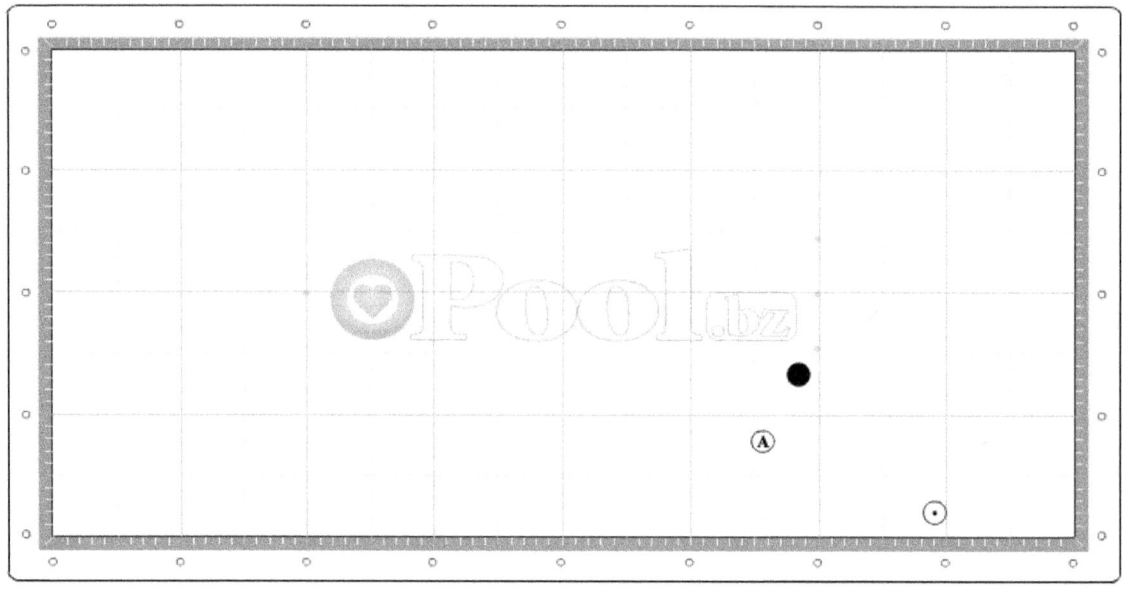

Huomautuksia ja ideoita:

Pallokuviota

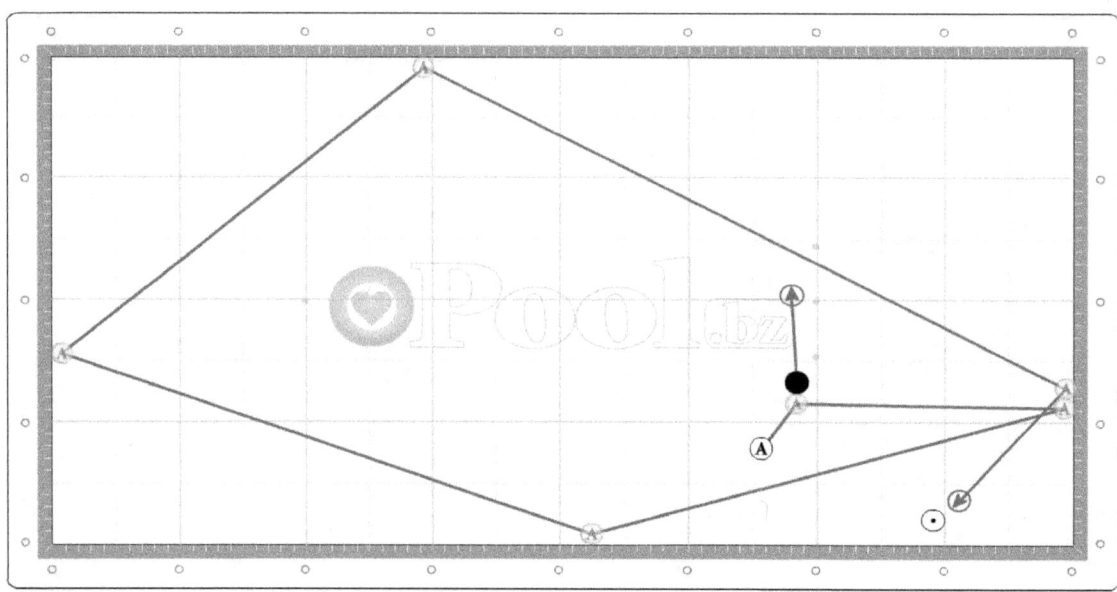

F:1d – Piirustus

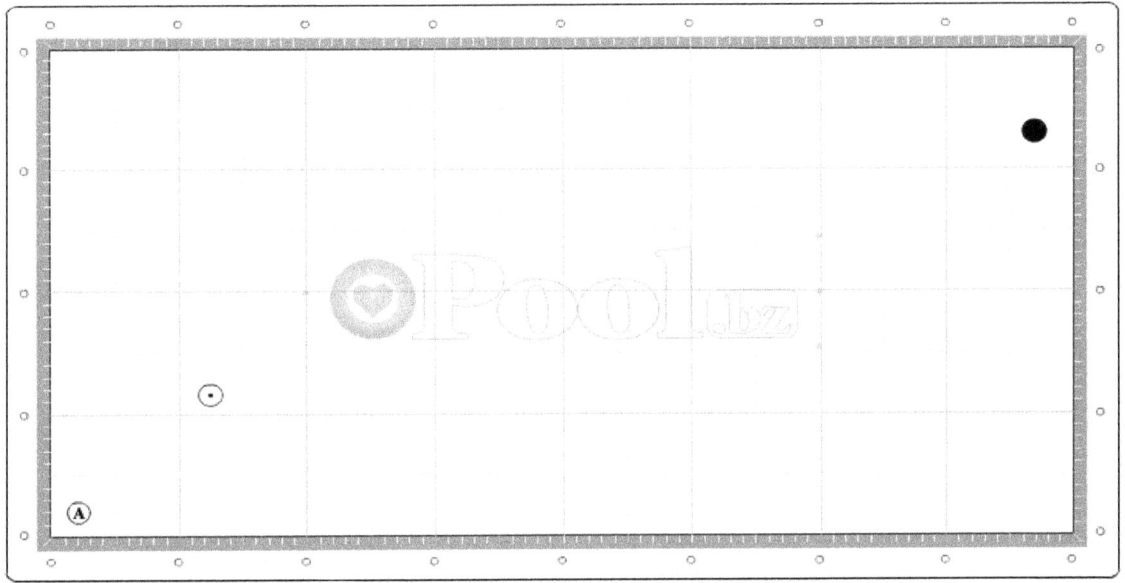

Huomautuksia ja ideoita:

Pallokuviota

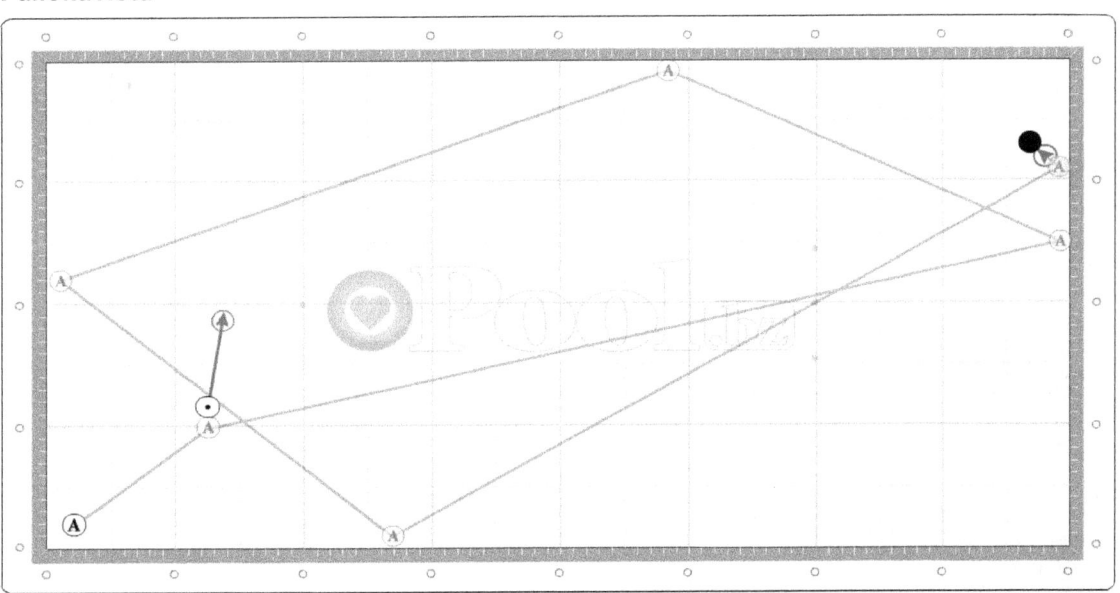

F: Ryhmä 2

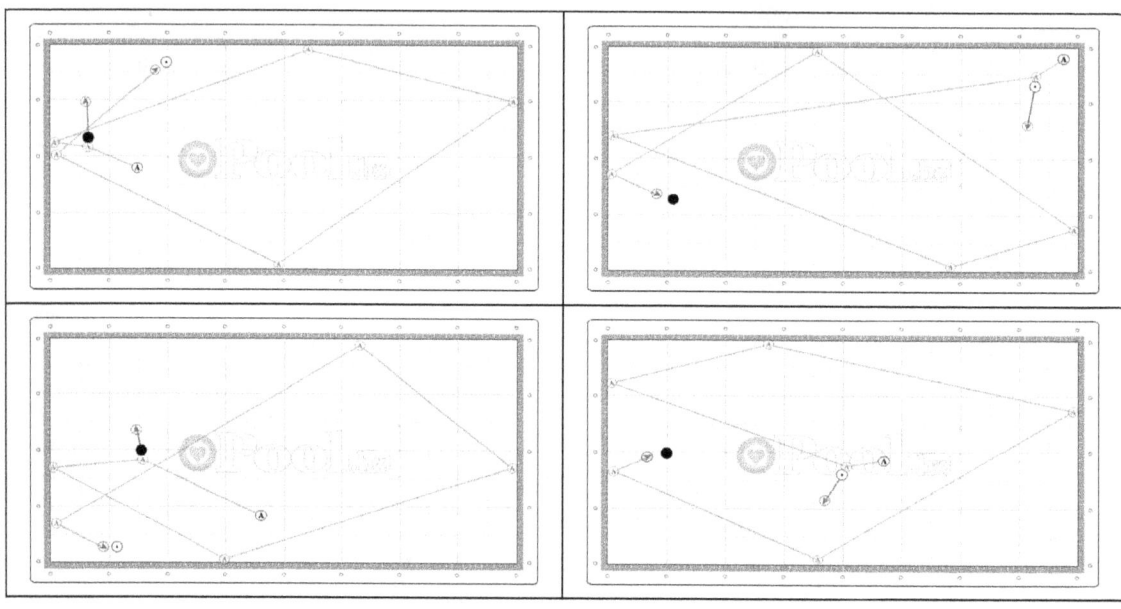

Analyysi:

F:2a. _____

F:2b. _____

F:2c. _____

F:2d. _____

3-vallin kara: Täysi pöydän ympyräkuvio

F:2a – Piirustus

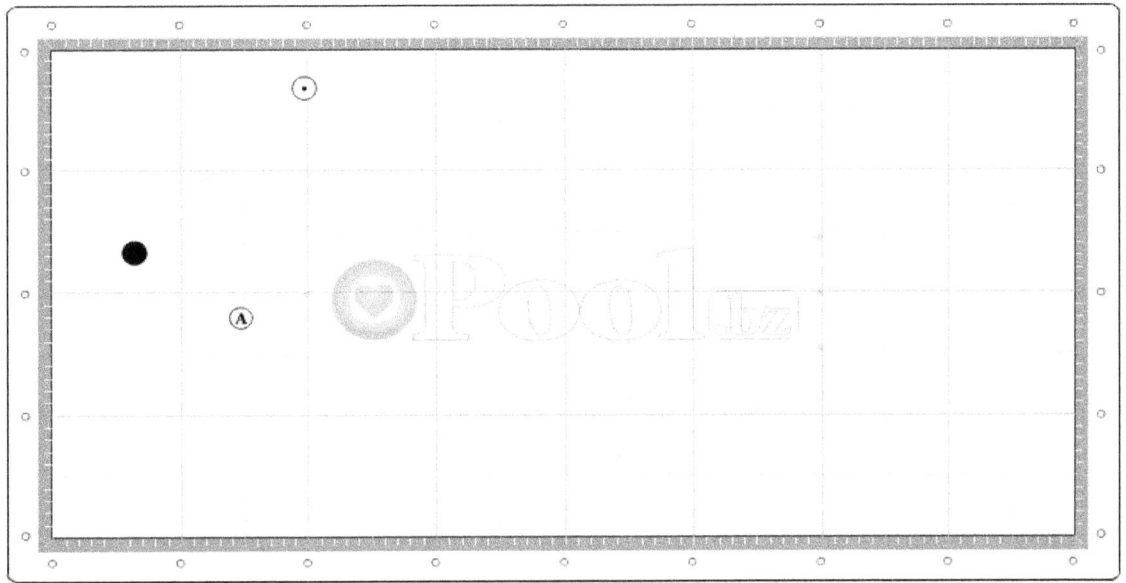

Huomautuksia ja ideoita:

Pallokuviota

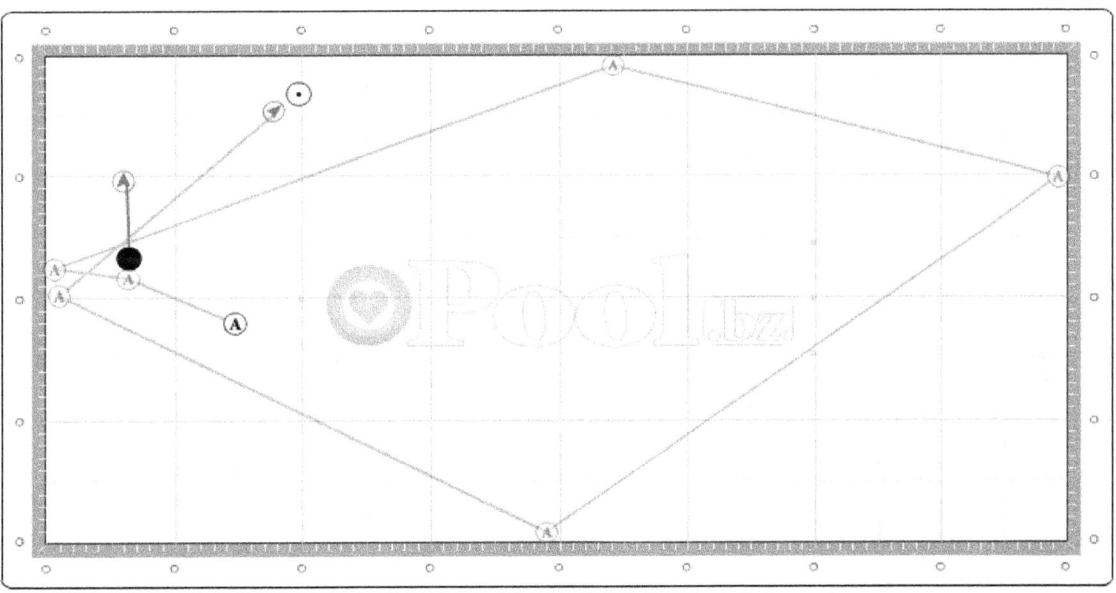

F:2b – Piirustus

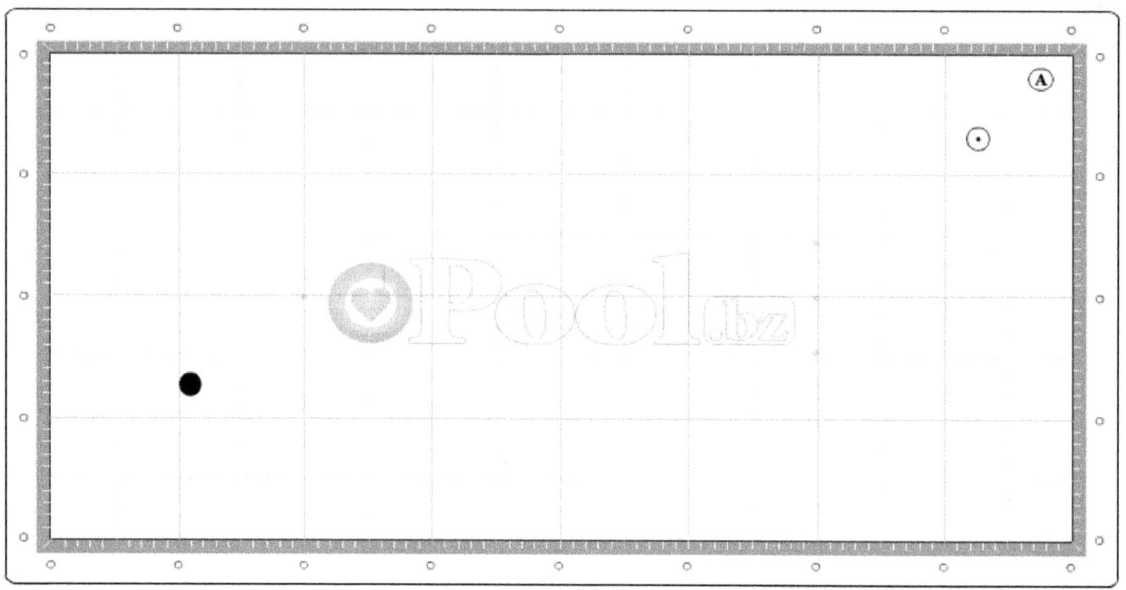

Huomautuksia ja ideoita:

Pallokuviota

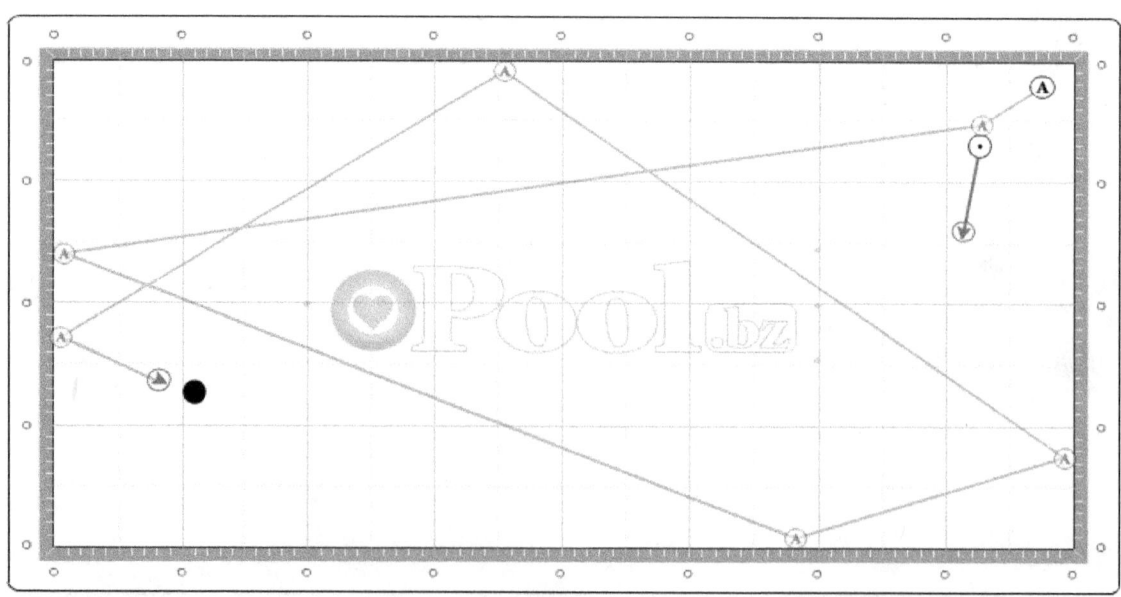

F:2c – Piirustus

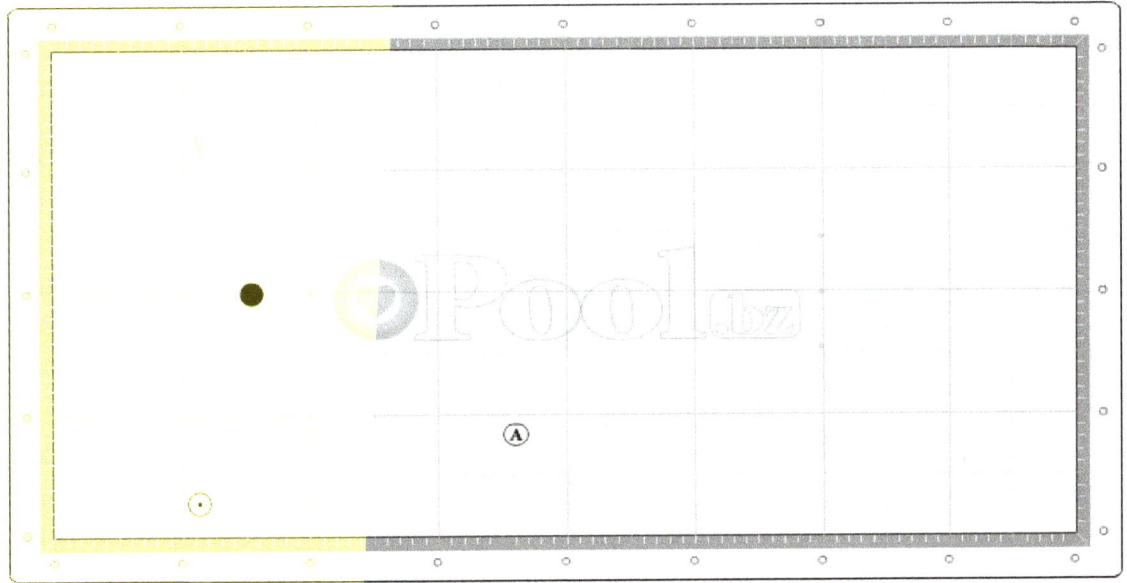

Huomautuksia ja ideoita:

Pallokuviota

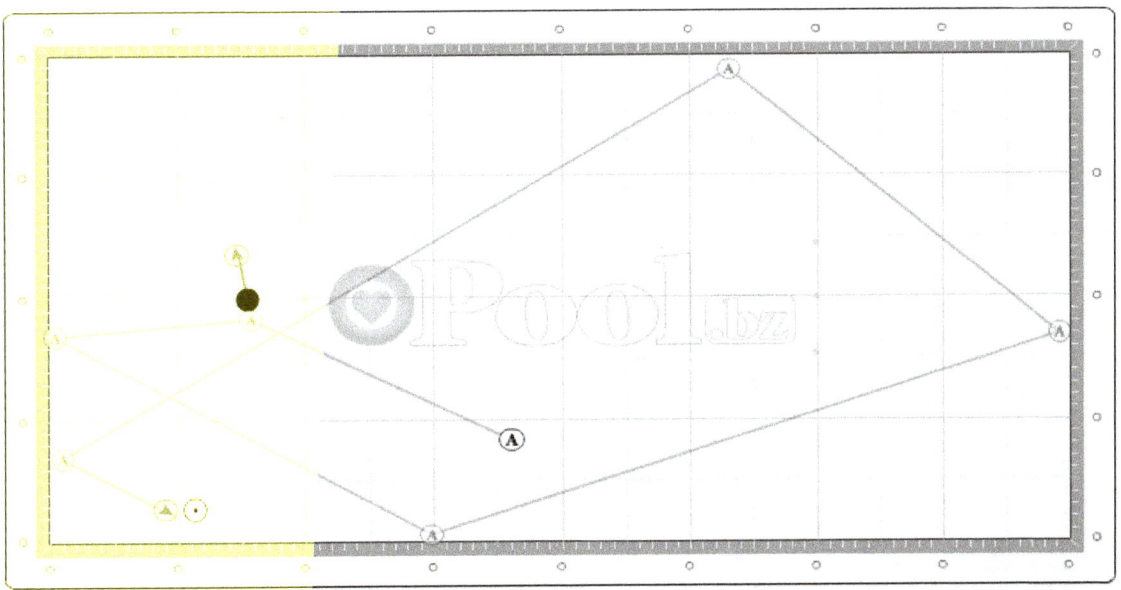

F:2d – Piirustus

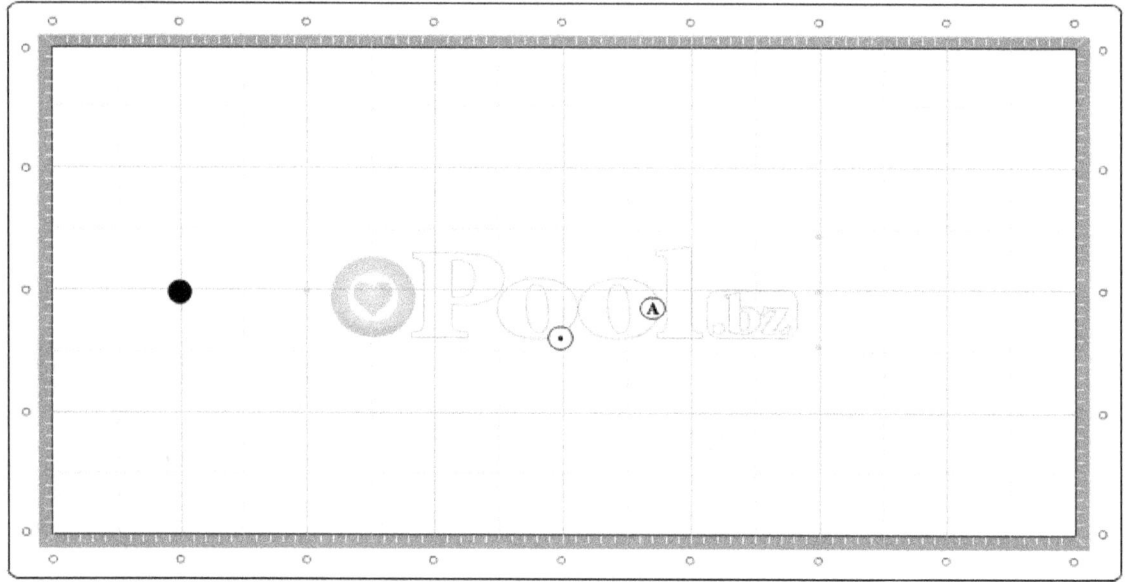

Huomautuksia ja ideoita:

Pallokuviota

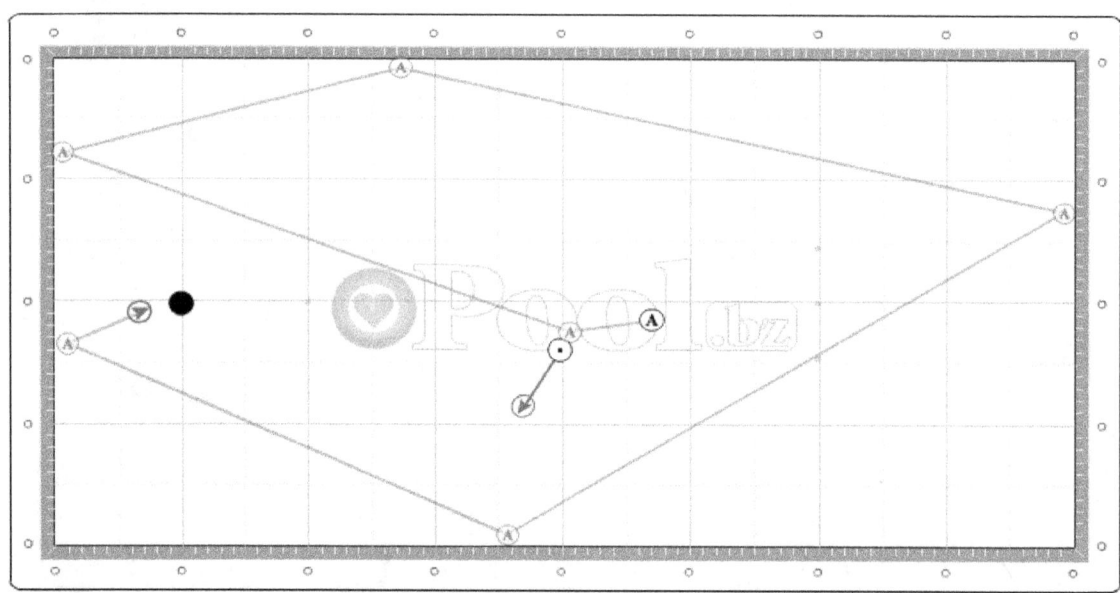

G: 6+ vallin (pitkä vallin)

(CB) tulee ensimmäisestä (OB) ja pitkästä vallin. Sitten se kulkee pöydän ympärillä vähintään kuuteen vallin (joskus seitsemään).

(A) (CB) (sinun biljardipallo) – (•) (OB) (vastustaja biljardipallo) – ● (OB) (punainen biljardipallo)

G: Ryhmä 1

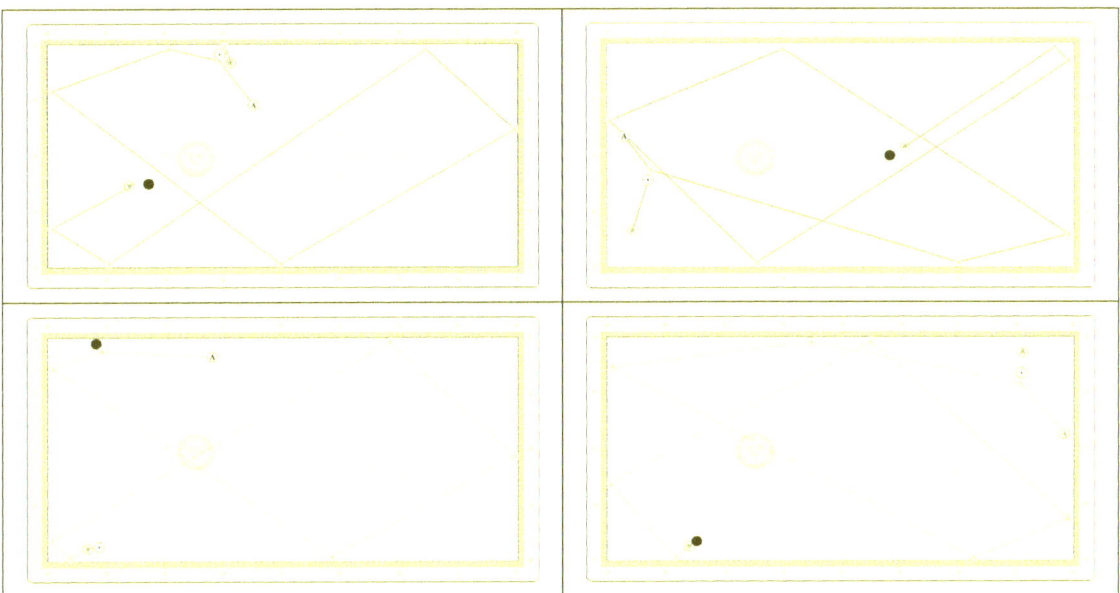

Analyysi:

G:1a. _____

G:1b. _____

G:1c. _____

G:1d. _____

G:1a – Piirustus

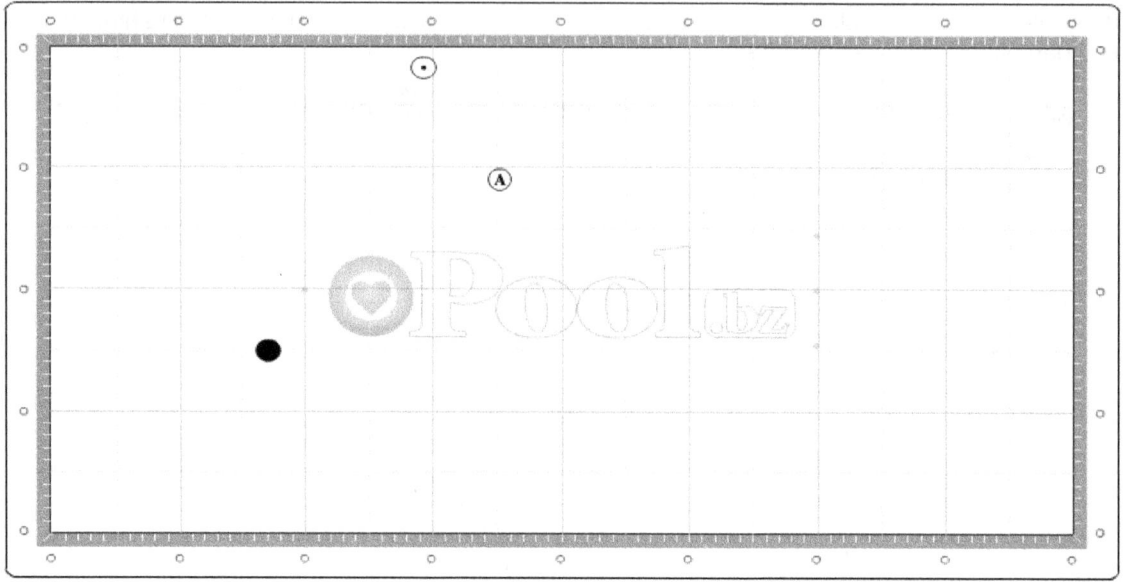

Huomautuksia ja ideoita:

Pallokuviota

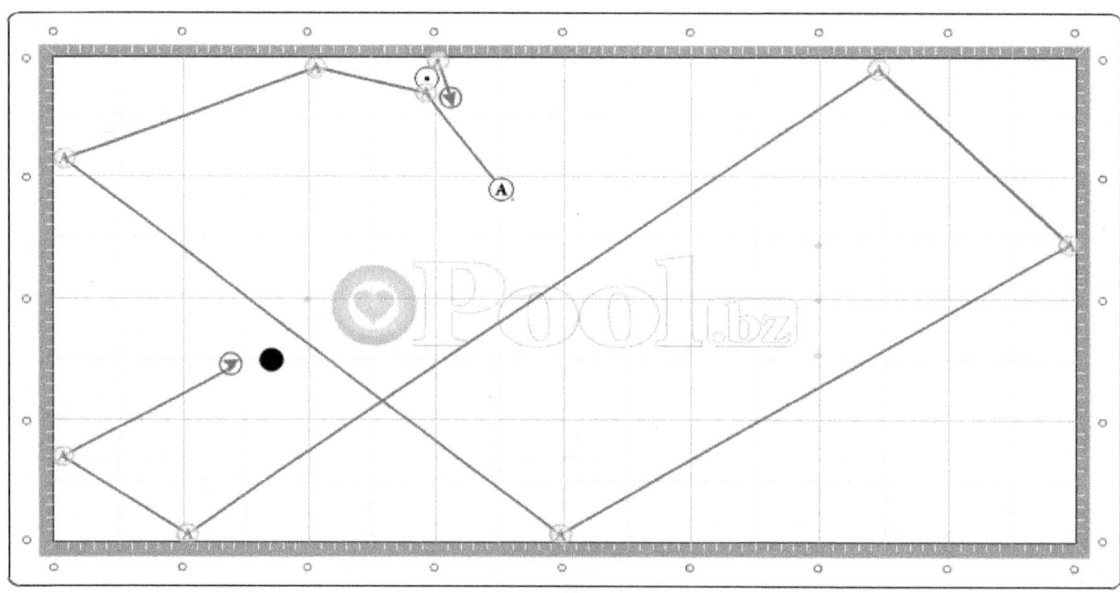

3-vallin kara: Täysi pöydän ympyräkuvio

G:1b – Piirustus

Huomautuksia ja ideoita:

Pallokuviota

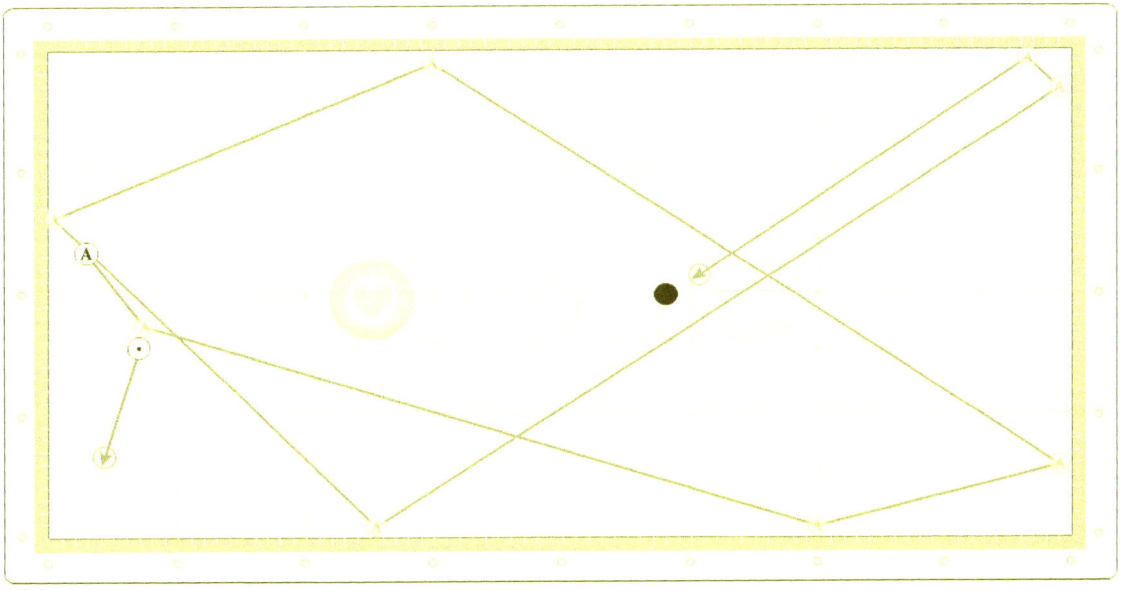

G:1c – Piirustus

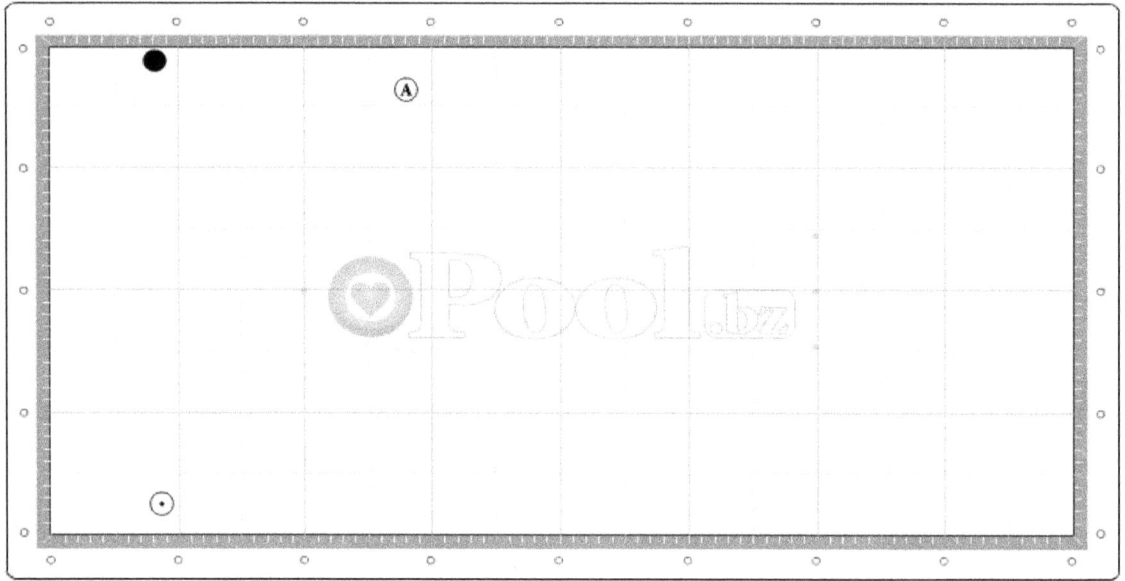

Huomautuksia ja ideoita:

Pallokuviota

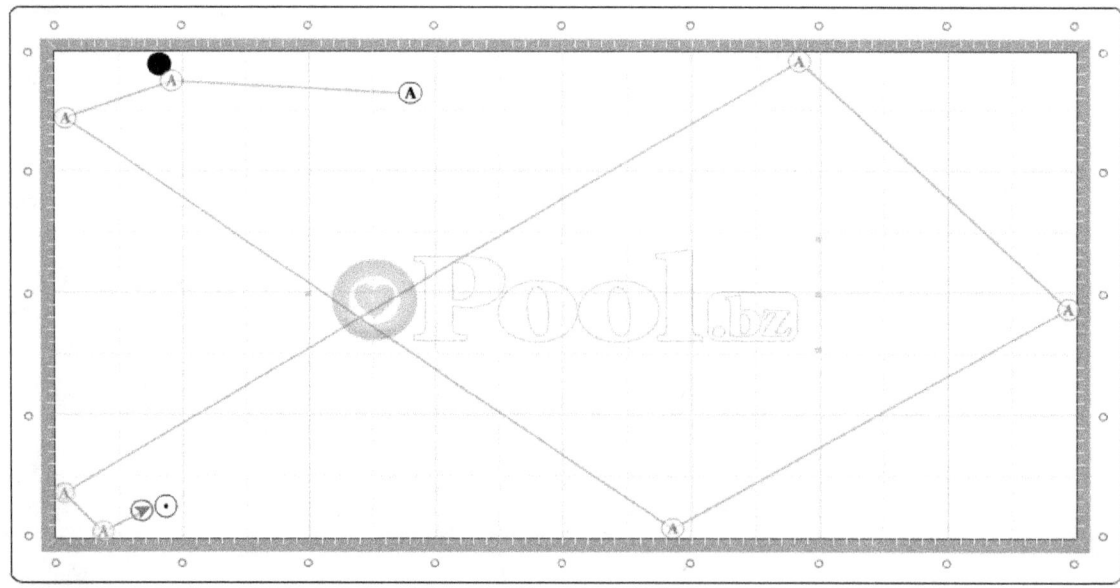

3-vallin kara: Täysi pöydän ympyräkuvio

G:1d – Piirustus

Huomautuksia ja ideoita:

Pallokuviota

G: Ryhmä 2

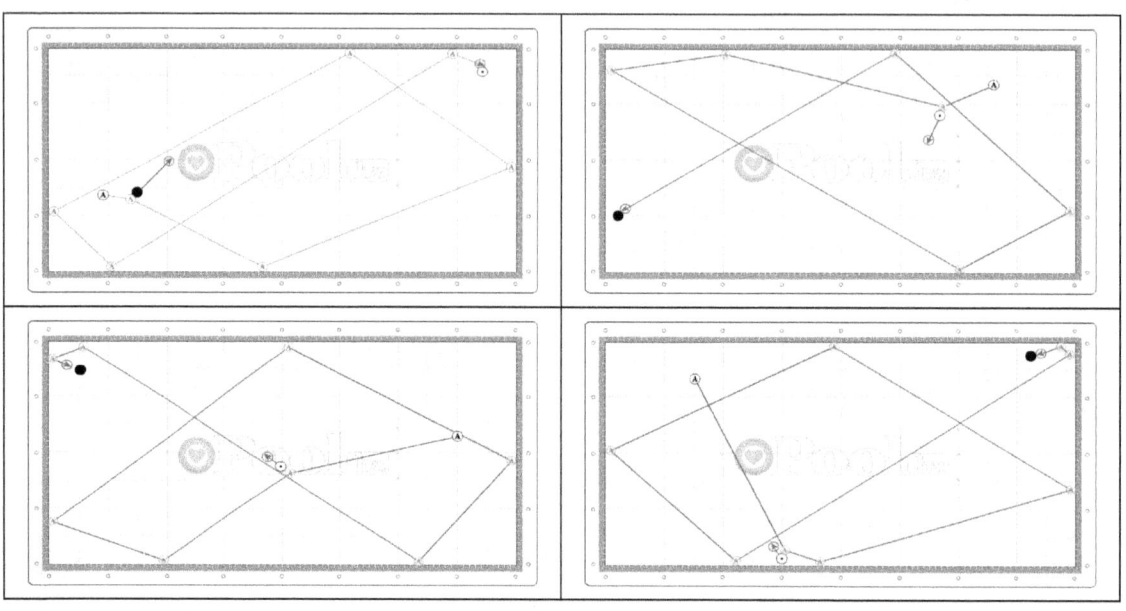

Analyysi:

G:2a. _____

G:2b. _____

G:2c. _____

G:2d. _____

G:2a – Piirustus

Huomautuksia ja ideoita:

Pallokuviota

G:2b – Piirustus

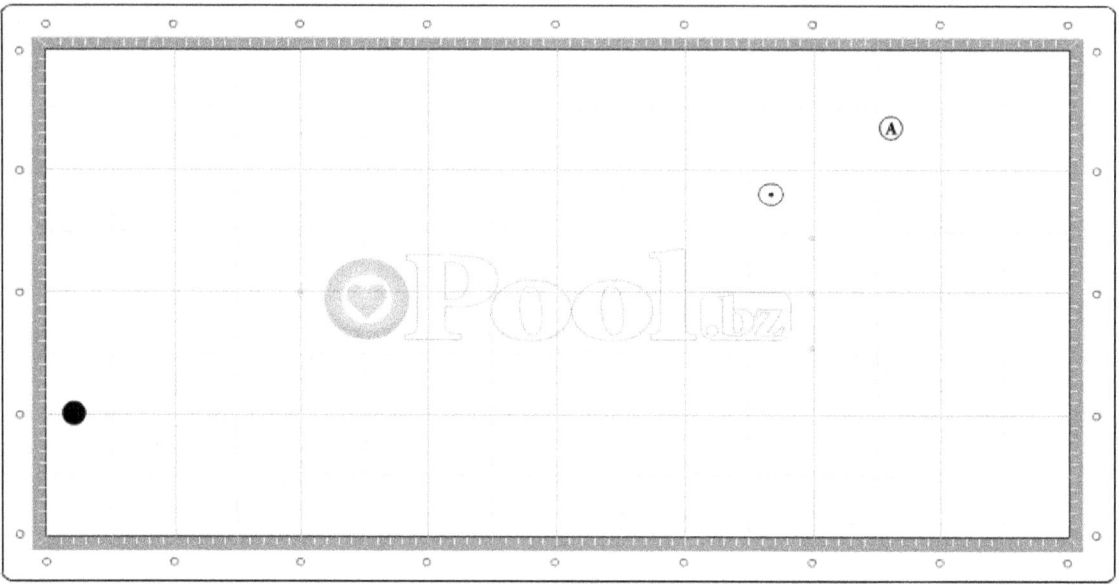

Huomautuksia ja ideoita:

Pallokuviota

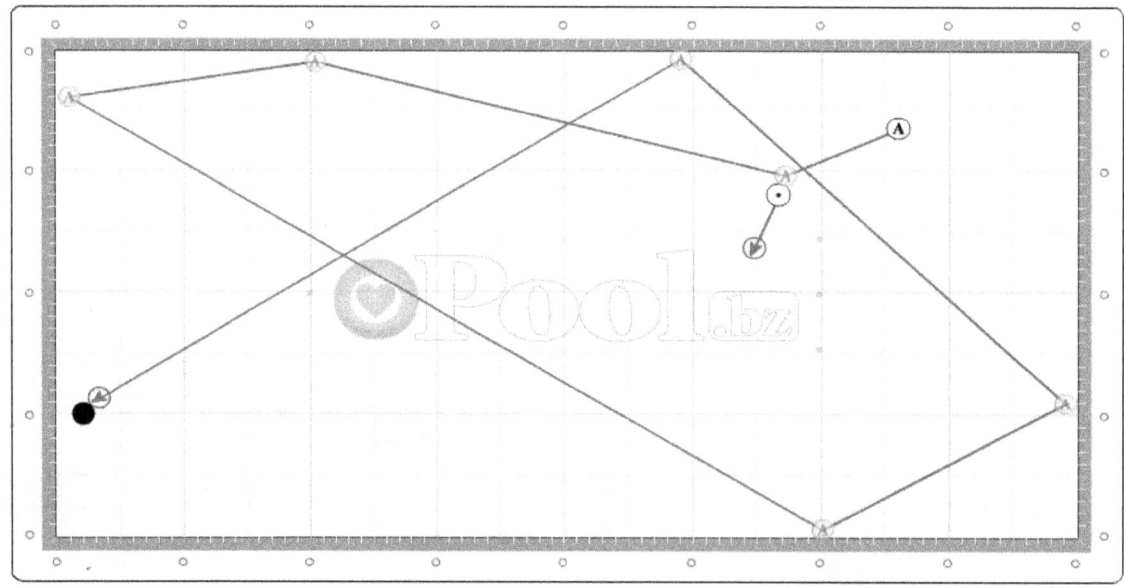

G:2c – Piirustus

Huomautuksia ja ideoita:

Pallokuviota

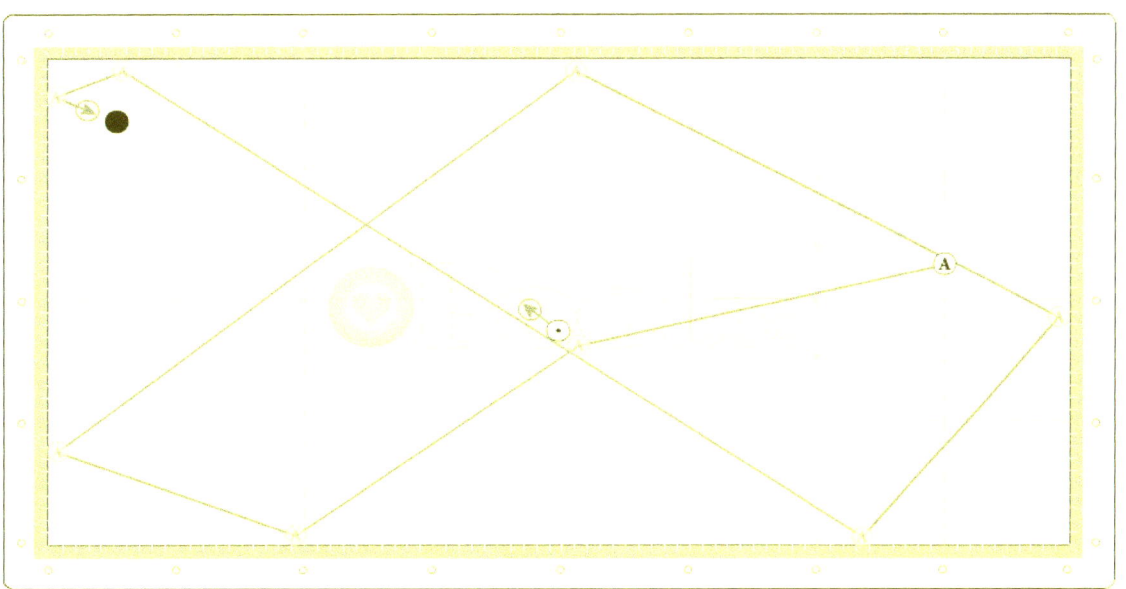

G:2d – Piirustus

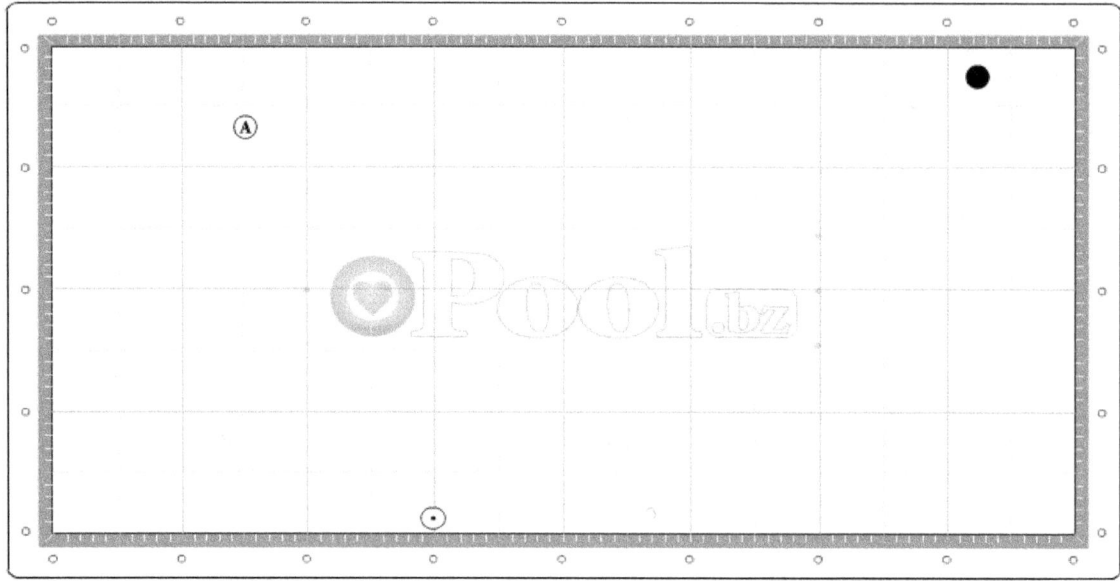

Huomautuksia ja ideoita:

Pallokuviota

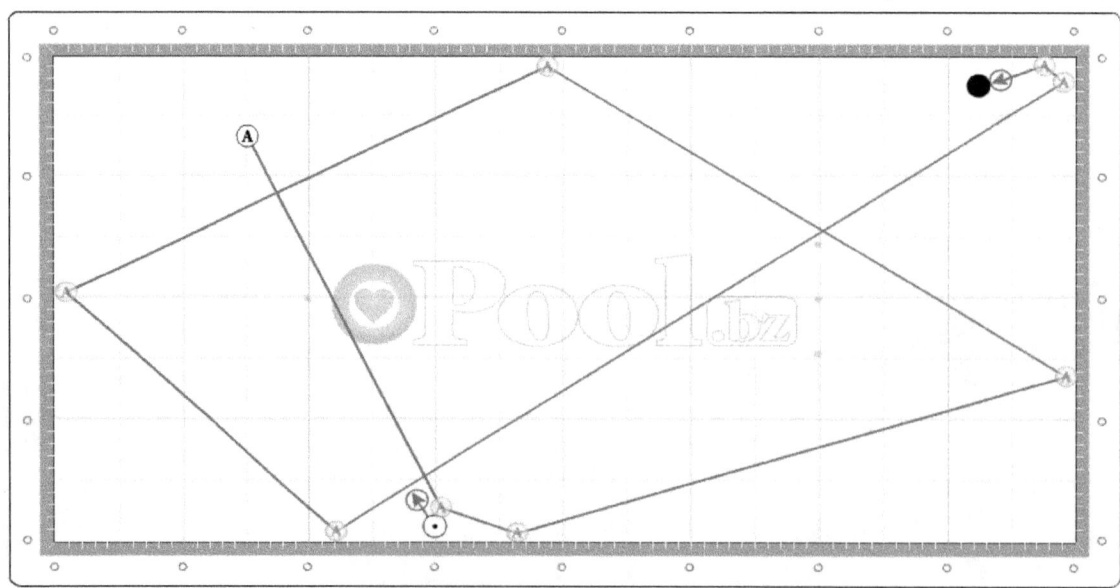

G: Ryhmä 3

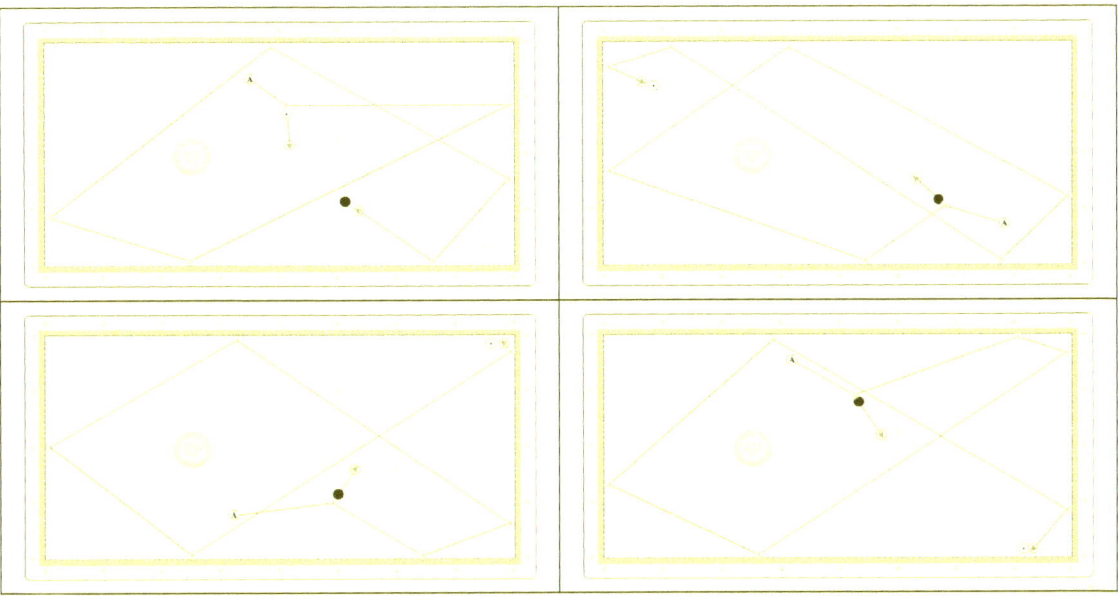

Analyysi:

G:3a. _____

G:3b. _____

G:3c. _____

G:3d. _____

G:3a – Piirustus

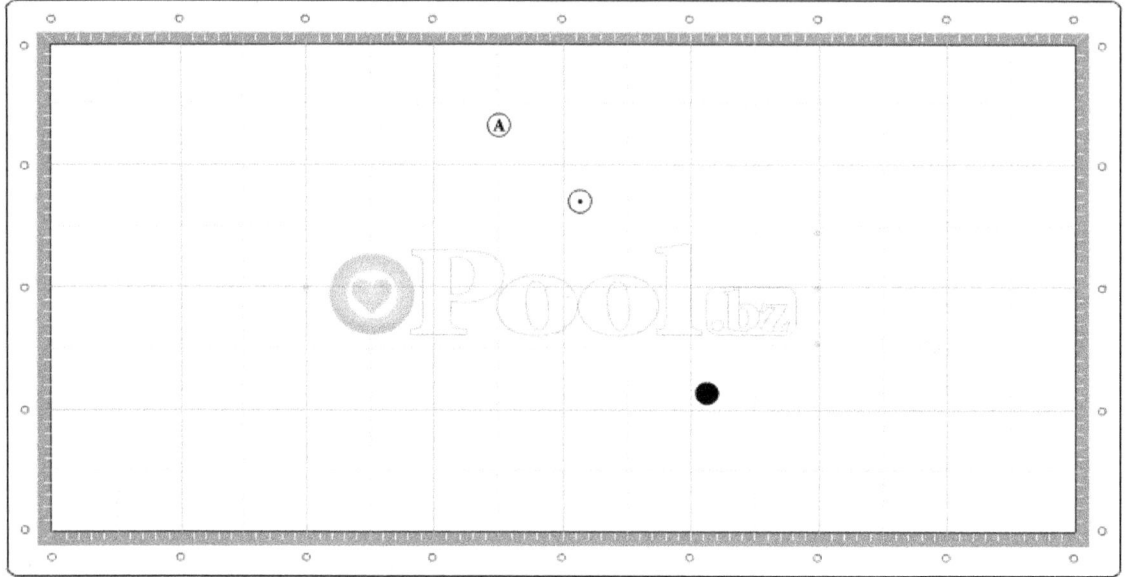

Huomautuksia ja ideoita:

Pallokuviota

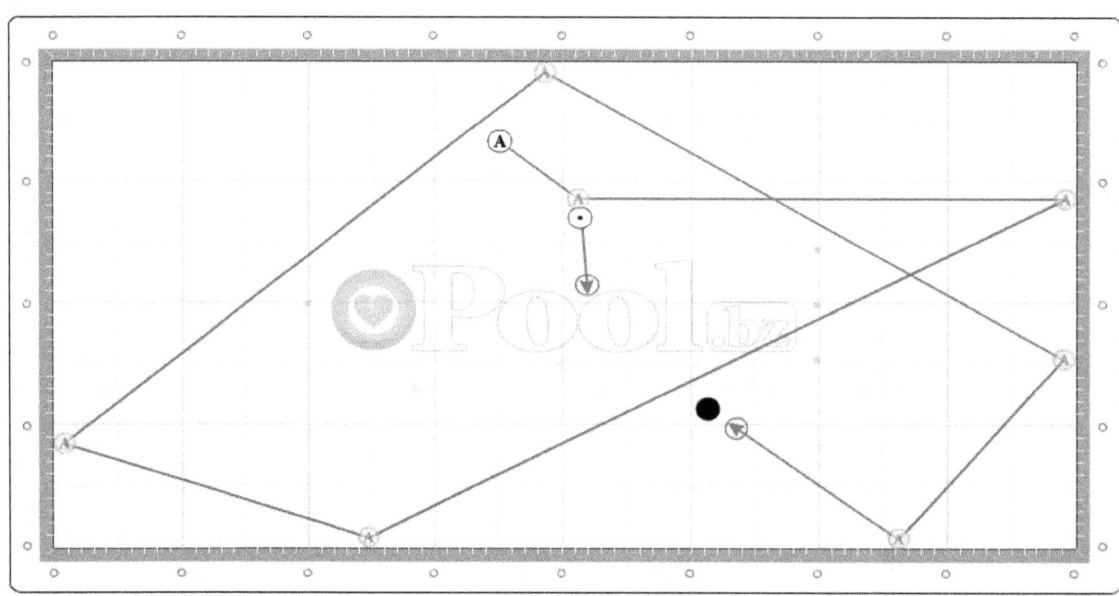

3-vallin kara: Täysi pöydän ympyräkuvio

G:3b – Piirustus

Huomautuksia ja ideoita:

Pallokuviota

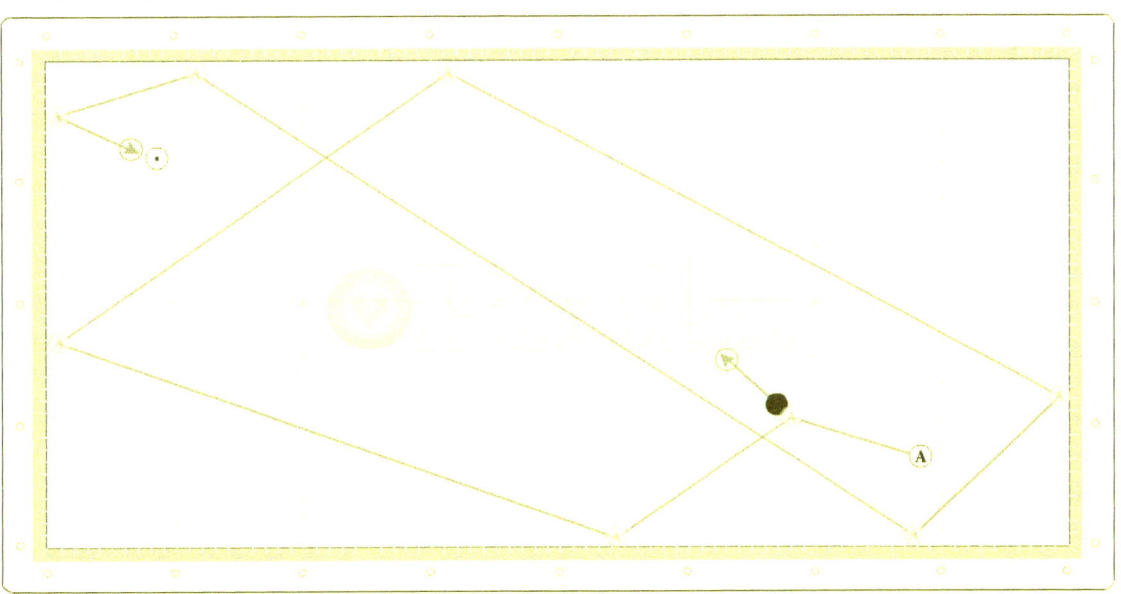

G:3c – Piirustus

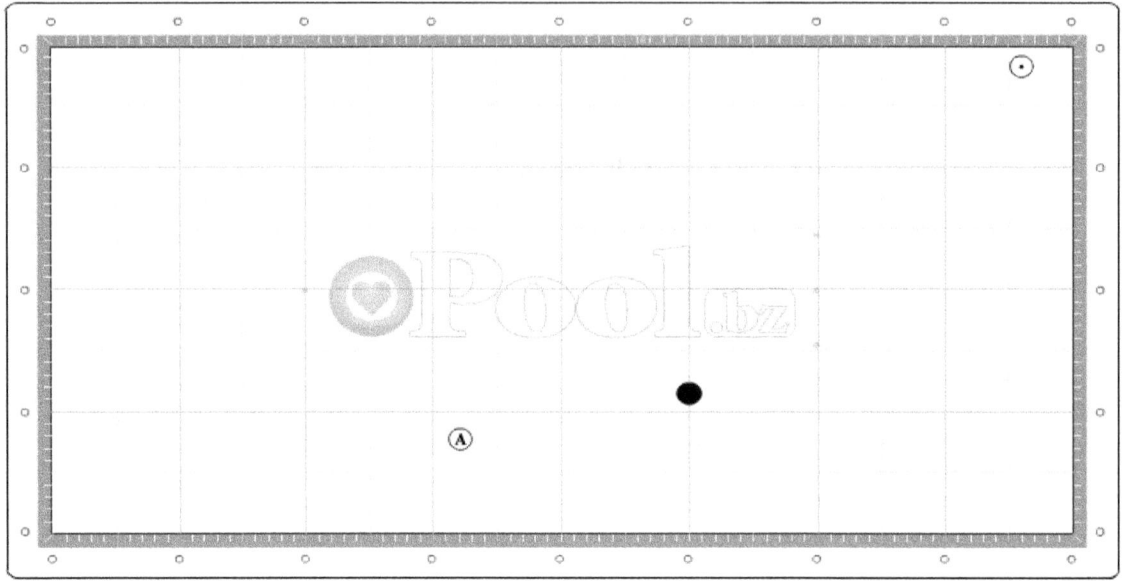

Huomautuksia ja ideoita:

Pallokuviota

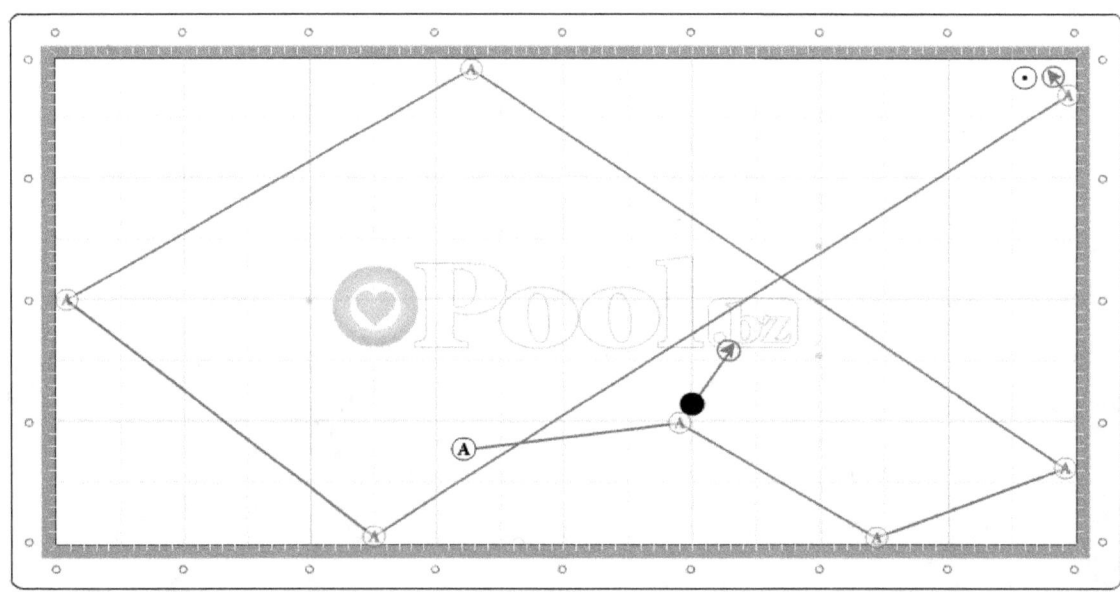

G:3d – Piirustus

Huomautuksia ja ideoita:

Pallokuviota

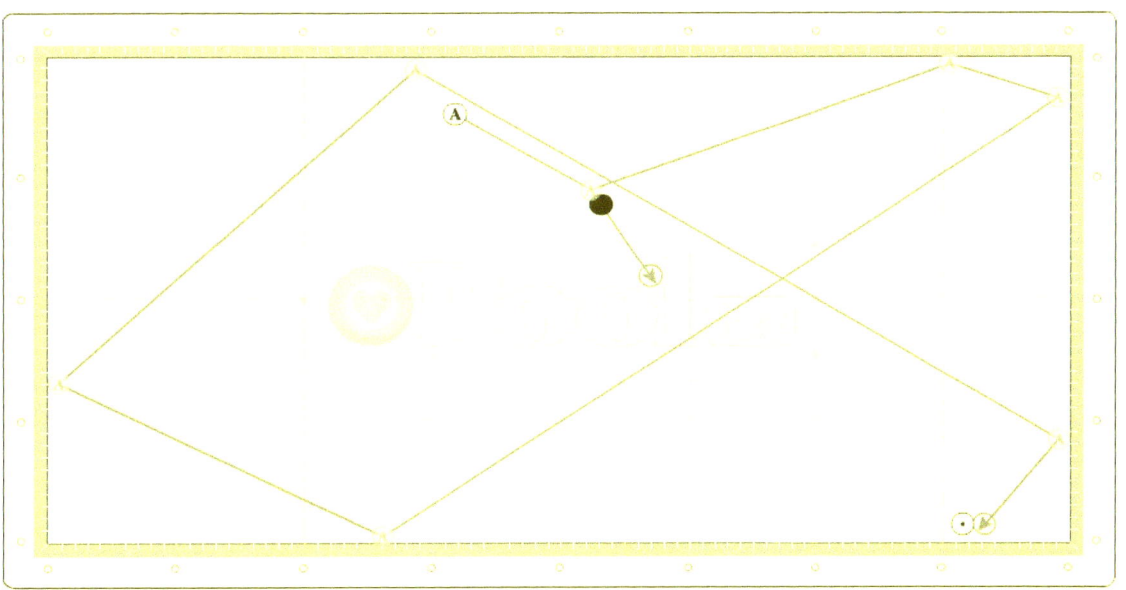

G: Ryhmä 4

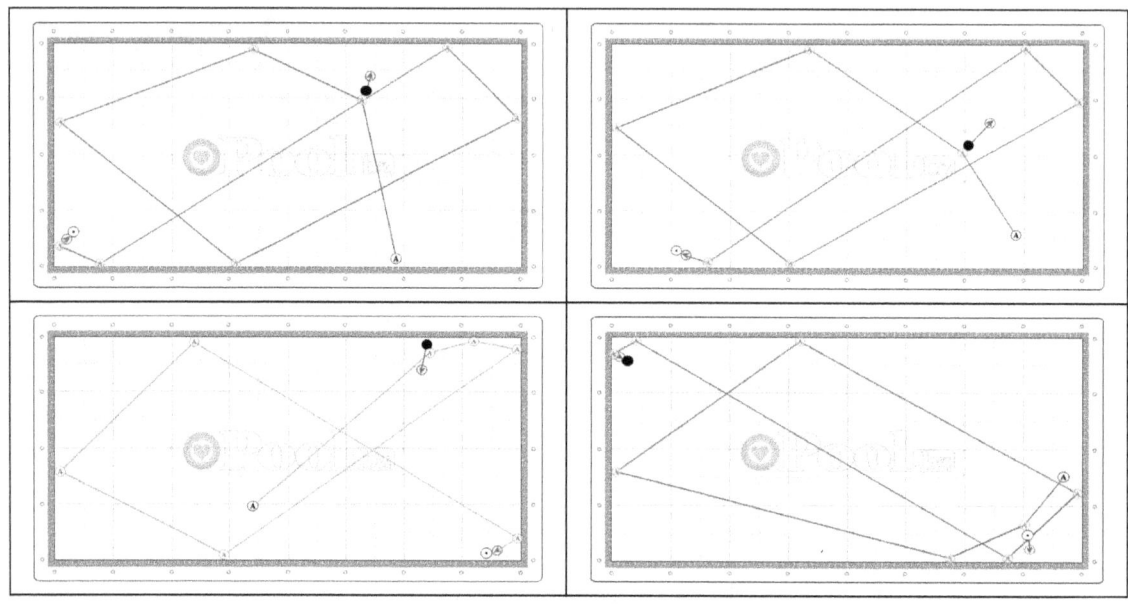

Analyysi:

G:4a. _____

G:4b. _____

G:4c. _____

G:4d. _____

G:4a – Piirustus

Huomautuksia ja ideoita:

Pallokuviota

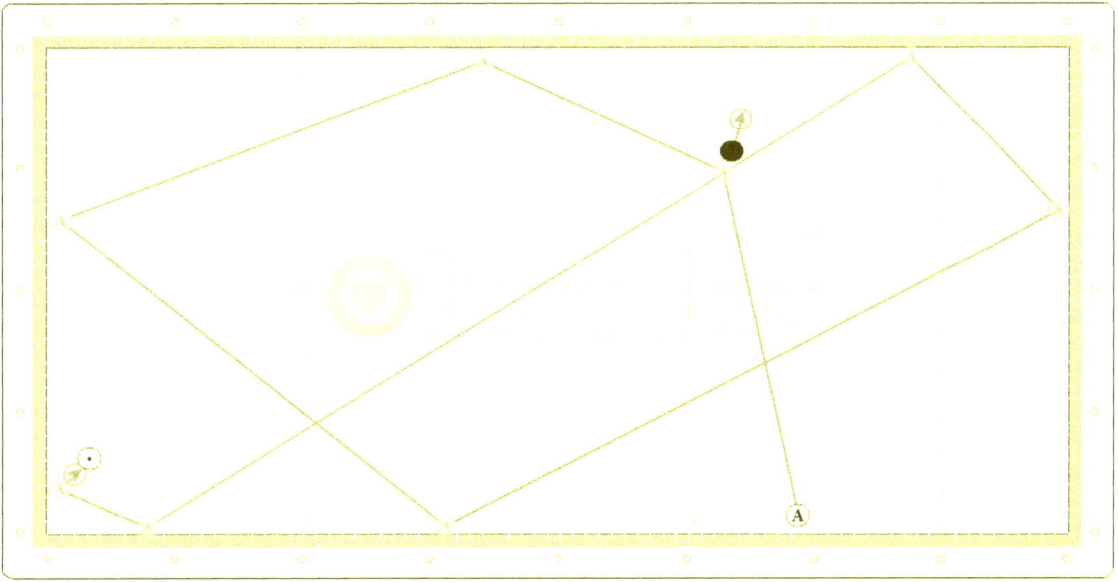

G:4b – Piirustus

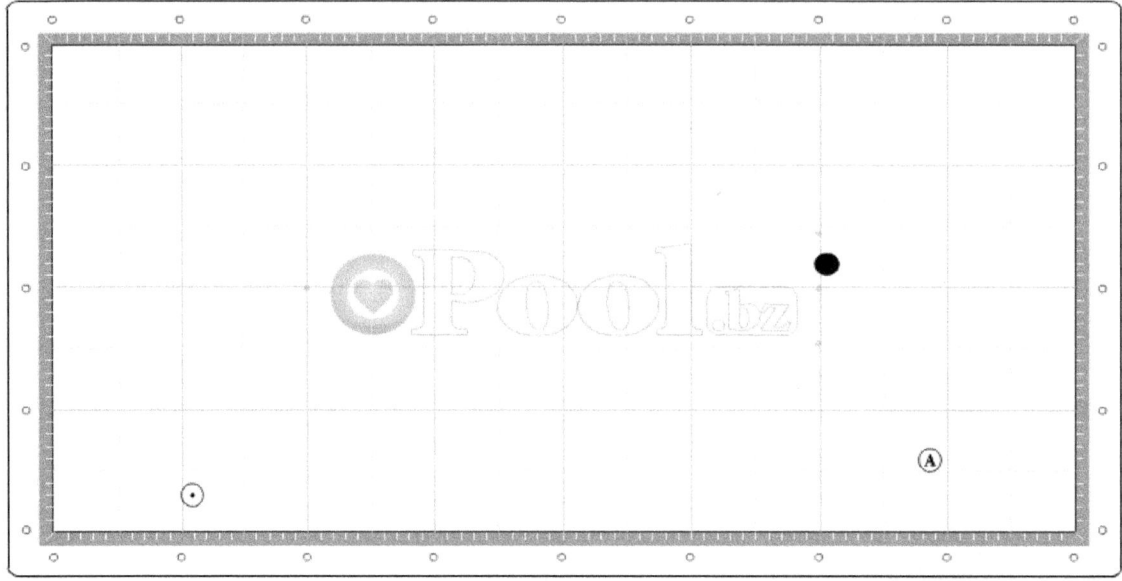

Huomautuksia ja ideoita:

Pallokuviota

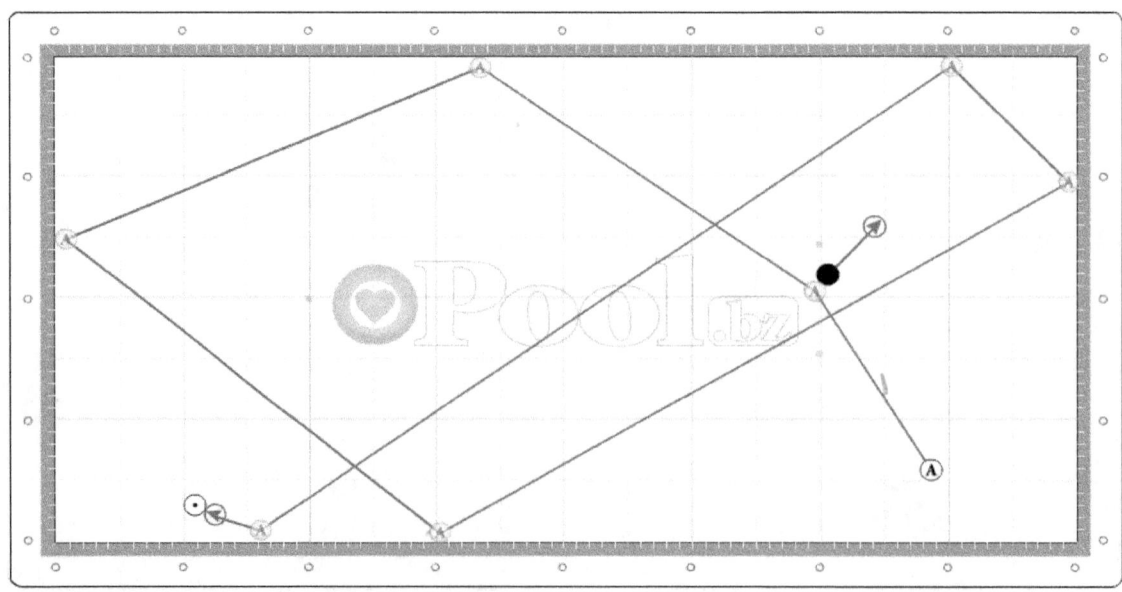

G:4c – Piirustus

Huomautuksia ja ideoita:

Pallokuviota

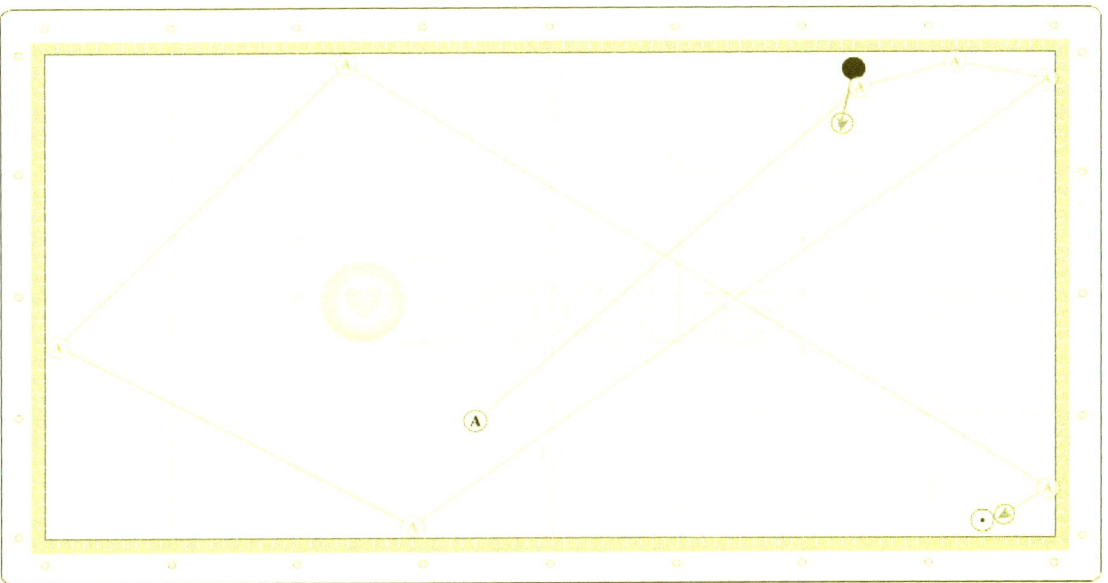

G:4d – Piirustus

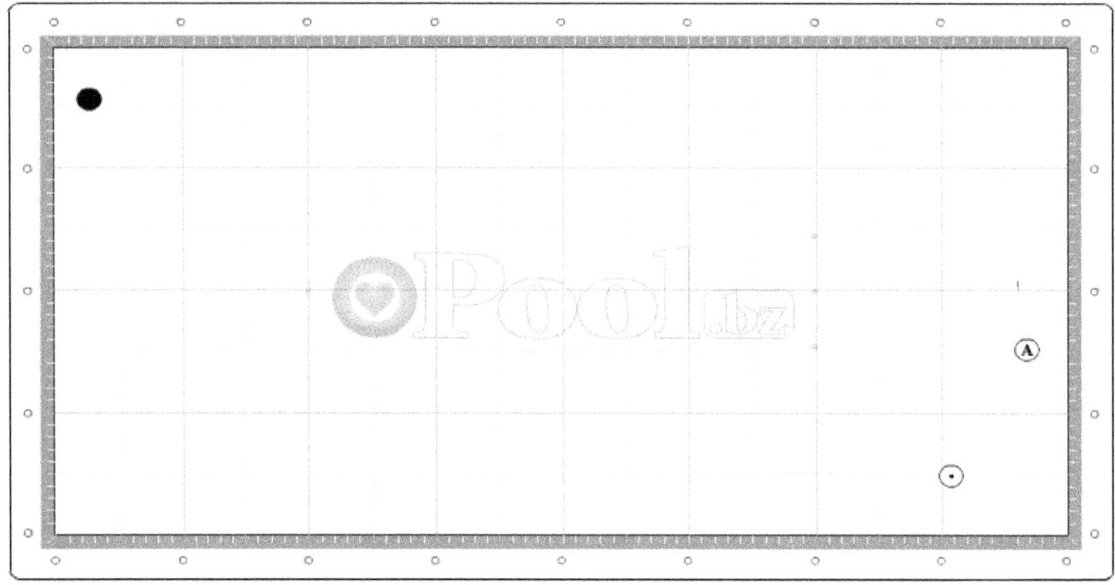

Huomautuksia ja ideoita:

Pallokuviota

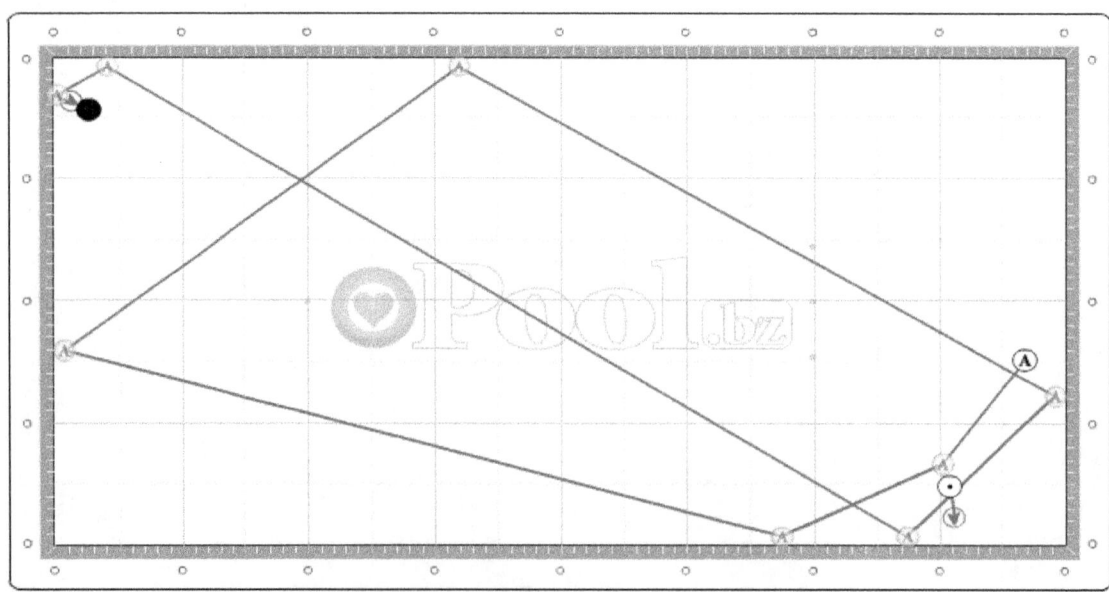

H: 6+ vallin (lyhyt vallin)

(CB) tulee pois (OB) ja lyhyt vallin. (CB) jatkaa pöydän ympärillä kuusi tai useampaa vallin. Vasta sitten (CB) ottaa yhteyttä toiseen (OB).

(A) (CB) (sinun biljardipallo) – (⋅) (OB) (vastustaja biljardipallo) – ● (OB) (punainen biljardipallo)

H: Ryhmä 1

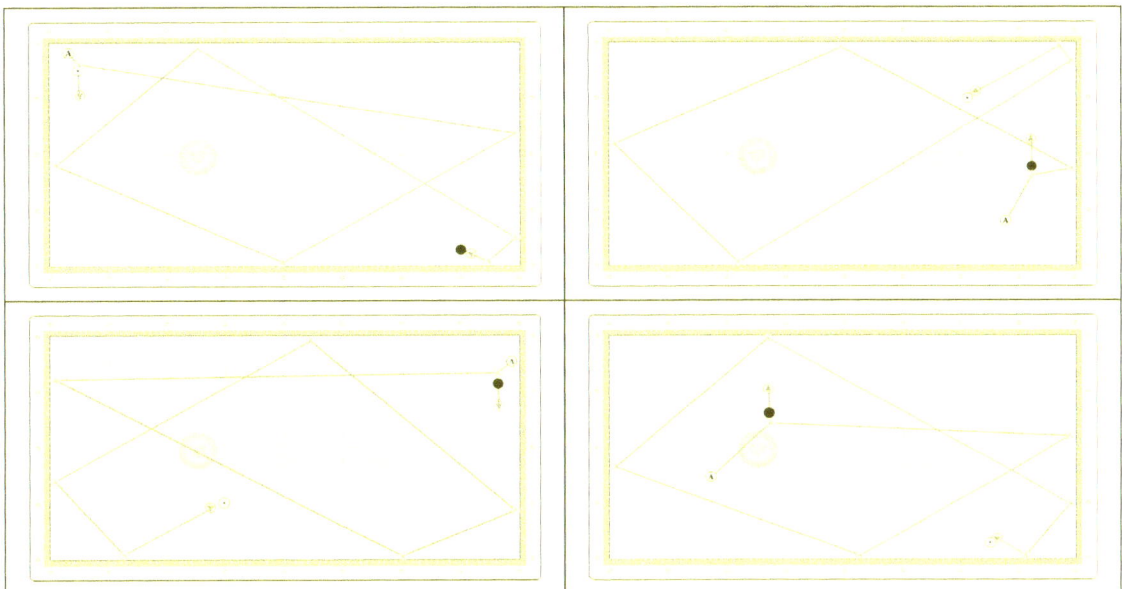

Analyysi:

H:1a. _____

H:1b. _____

H:1c. _____

H:1d. _____

3-vallin kara: Täysi pöydän ympyräkuvio

H:1a – Piirustus

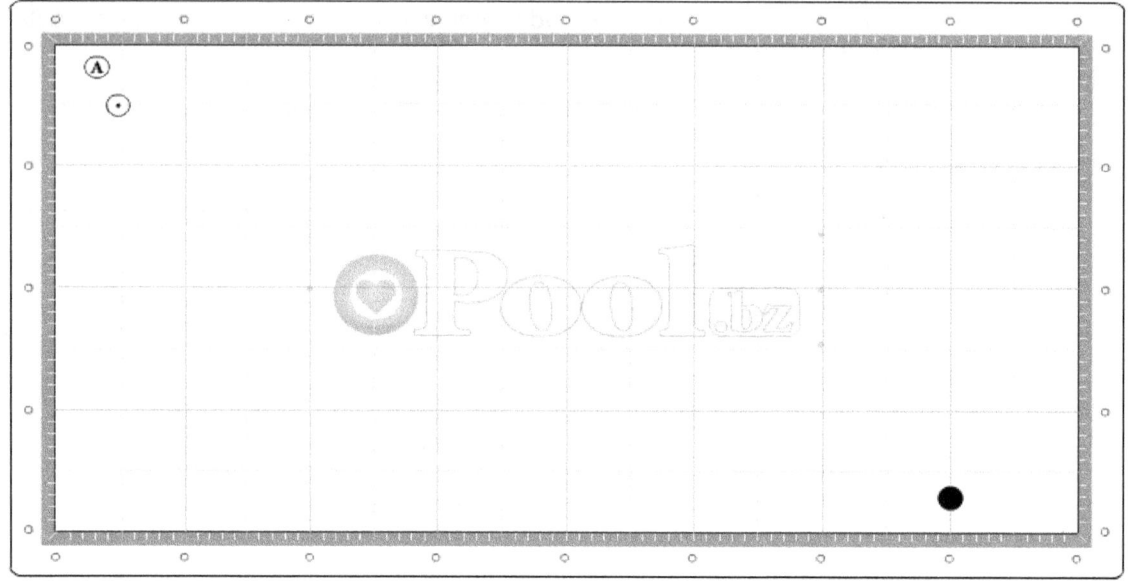

Huomautuksia ja ideoita:

Pallokuviota

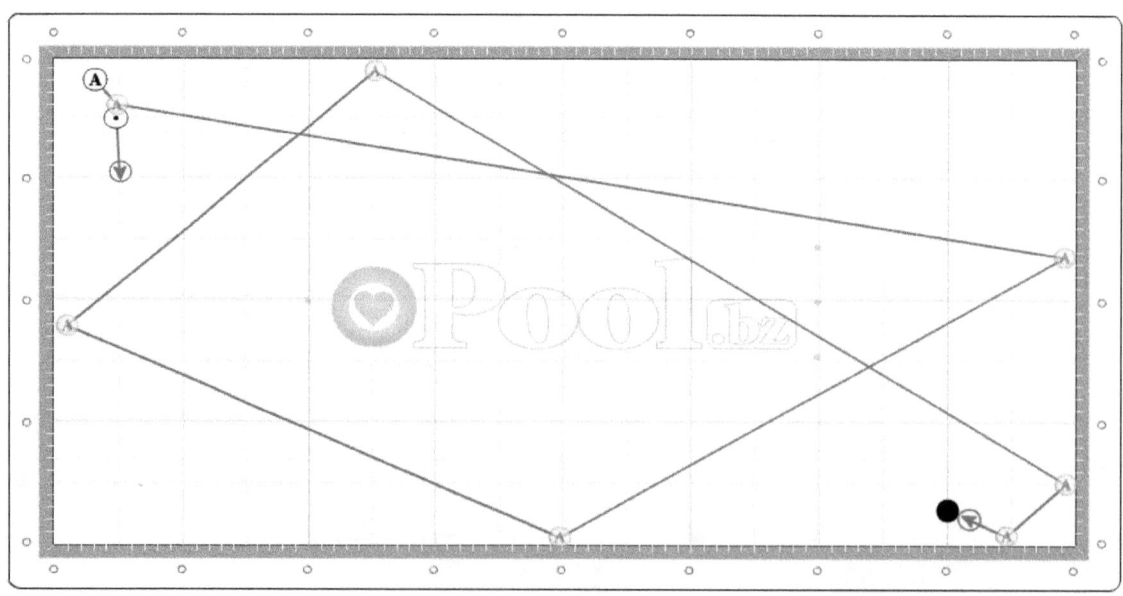

3-vallin kara: Täysi pöydän ympyräkuvio

H:1b – Piirustus

Huomautuksia ja ideoita:

Pallokuviota

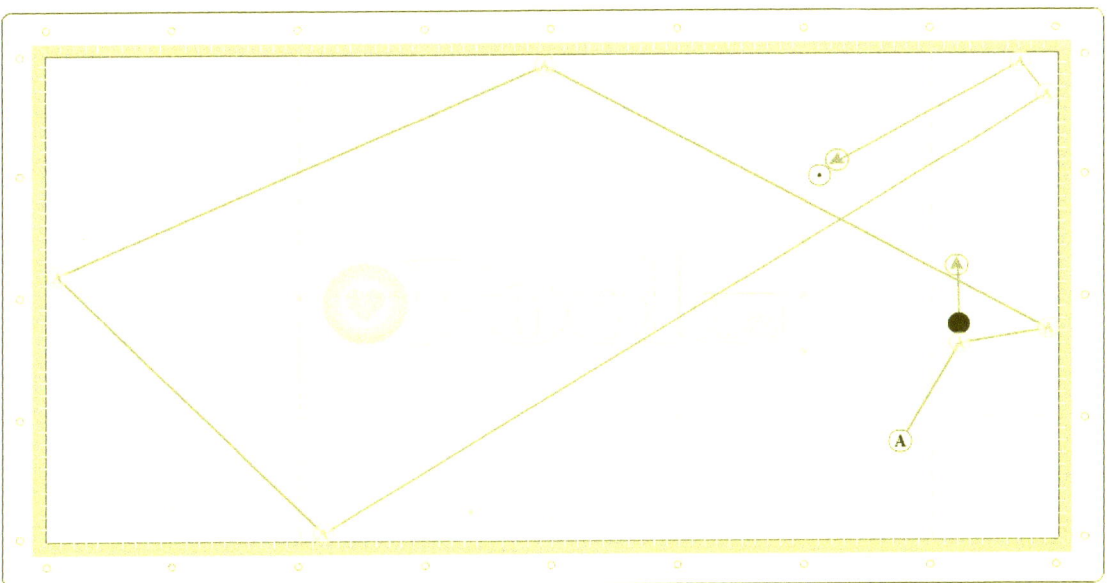

H:1c – Piirustus

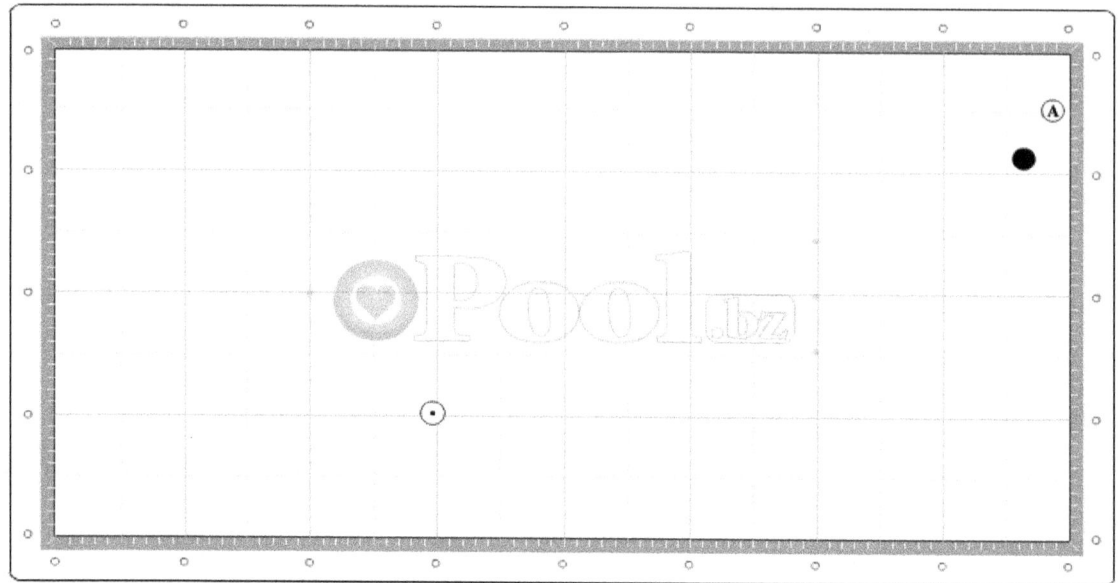

Huomautuksia ja ideoita:

Pallokuviota

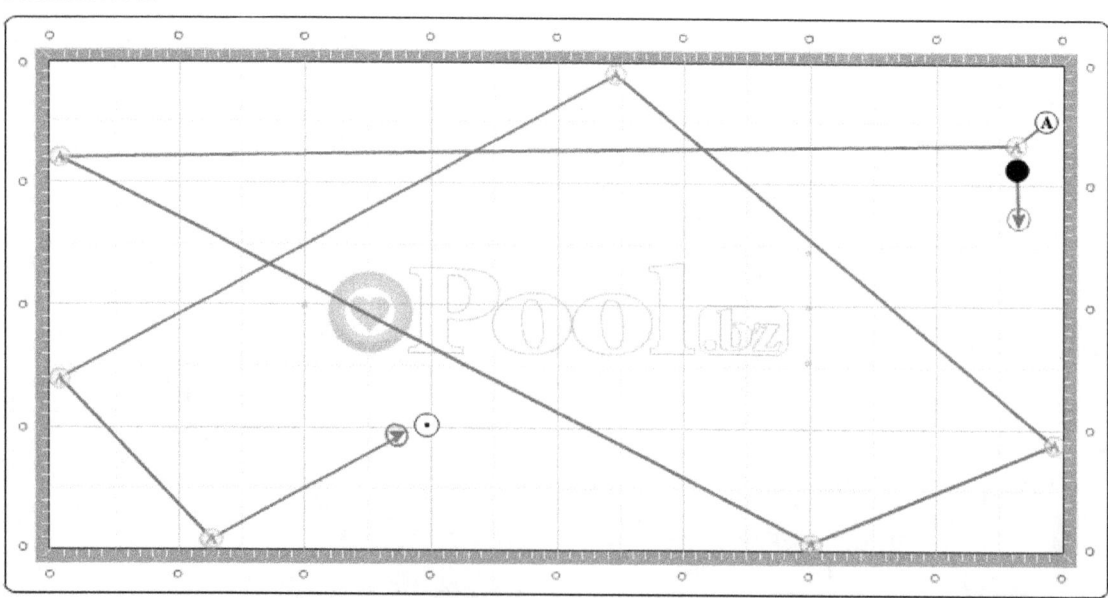

H:1d – Piirustus

Huomautuksia ja ideoita:

Pallokuviota

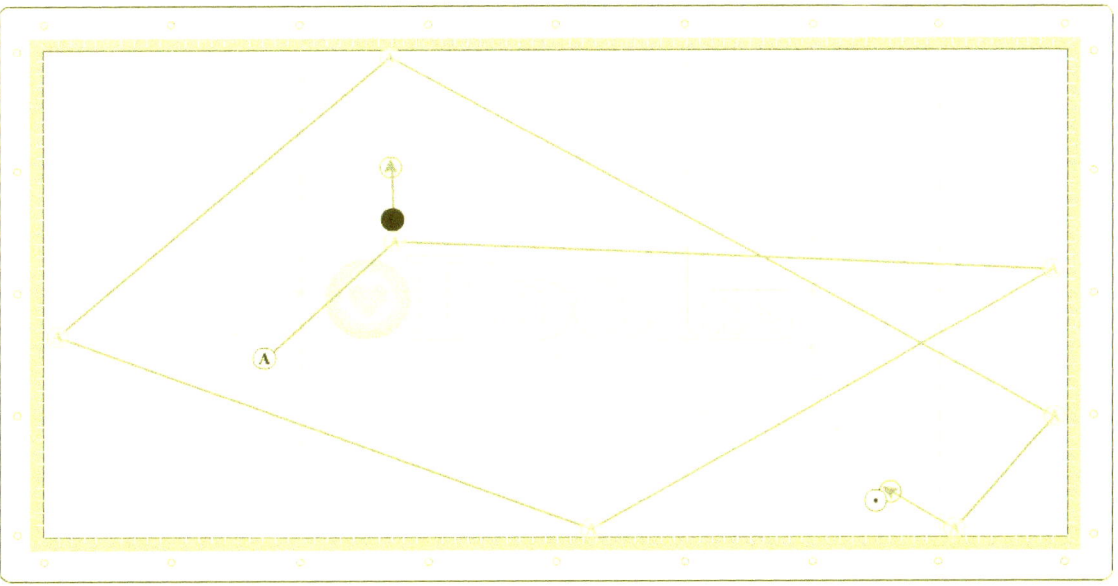

H: Ryhmä 2

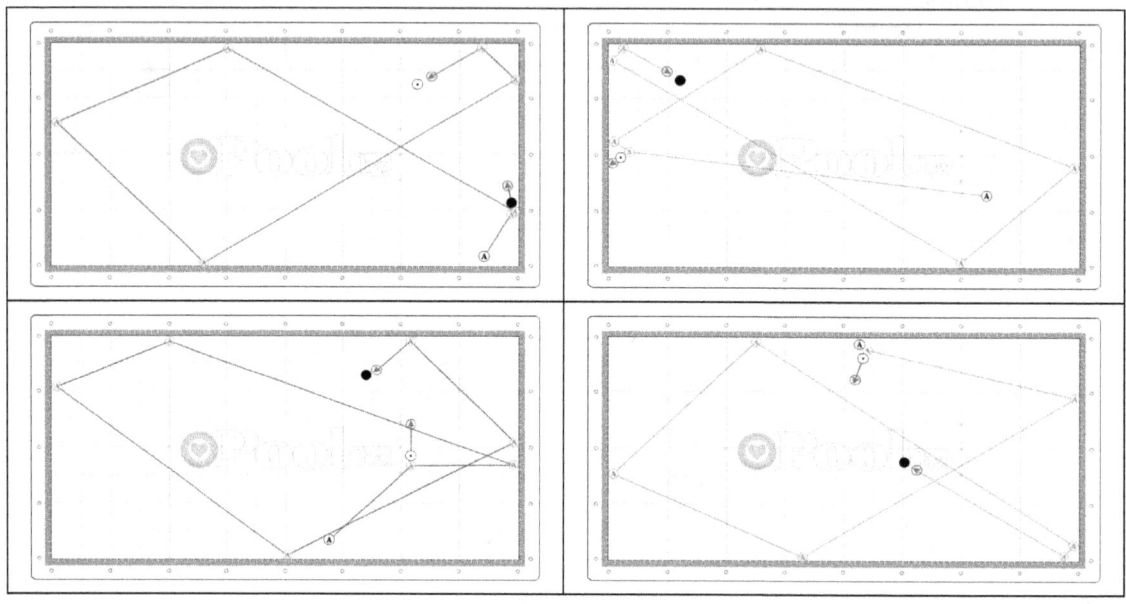

Analyysi:

H:2a. _____

H:2b. _____

H:2c. _____

H:2d. _____

H:2a – Piirustus

Huomautuksia ja ideoita:

Pallokuviota

H:2b – Piirustus

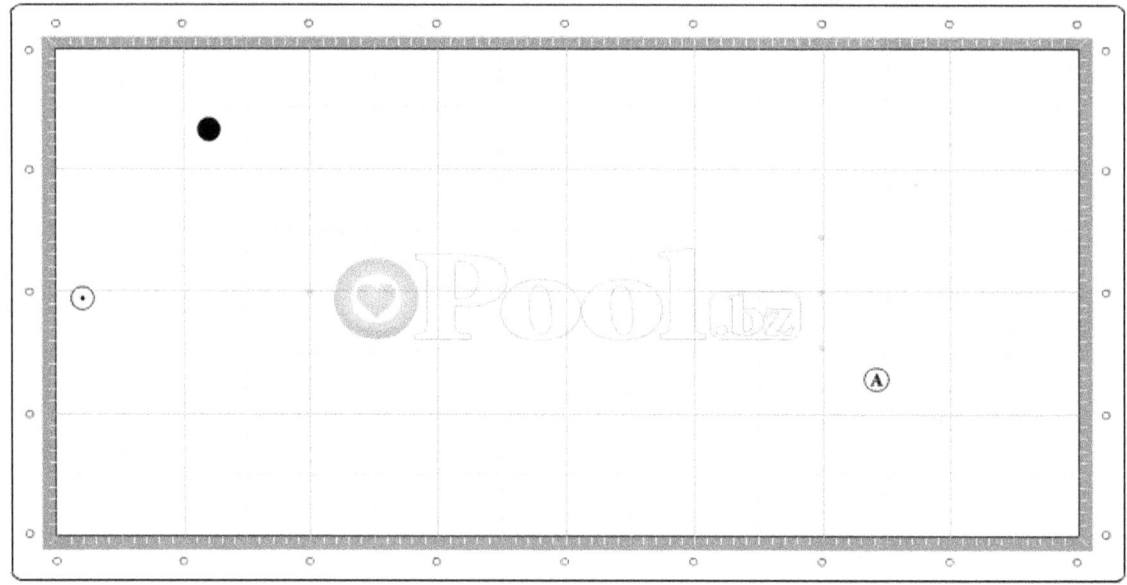

Huomautuksia ja ideoita:

Pallokuviota

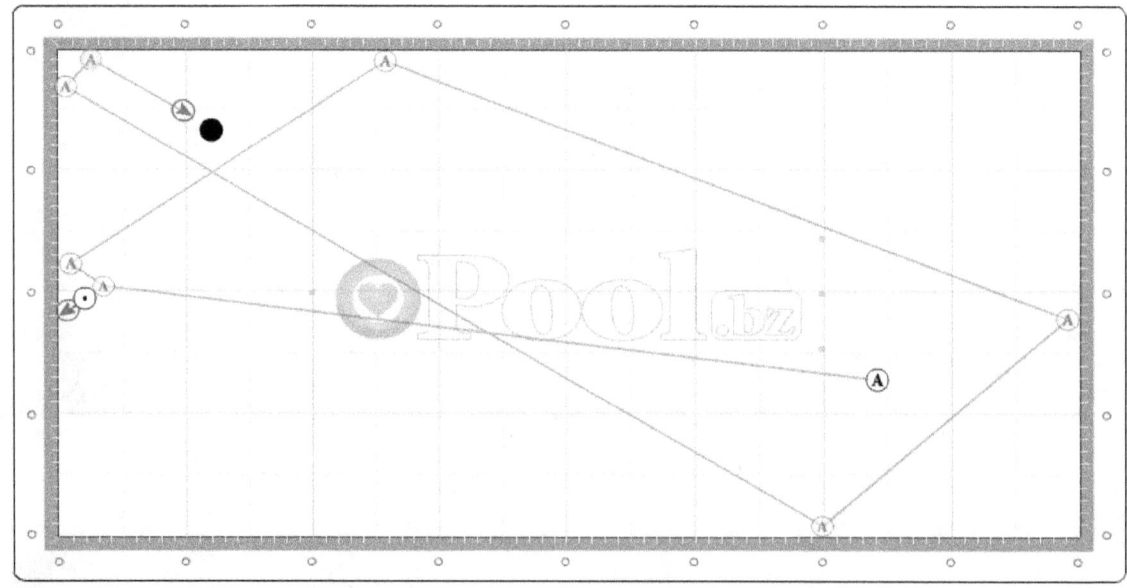

H:2c – Piirustus

Huomautuksia ja ideoita:

Pallokuviota

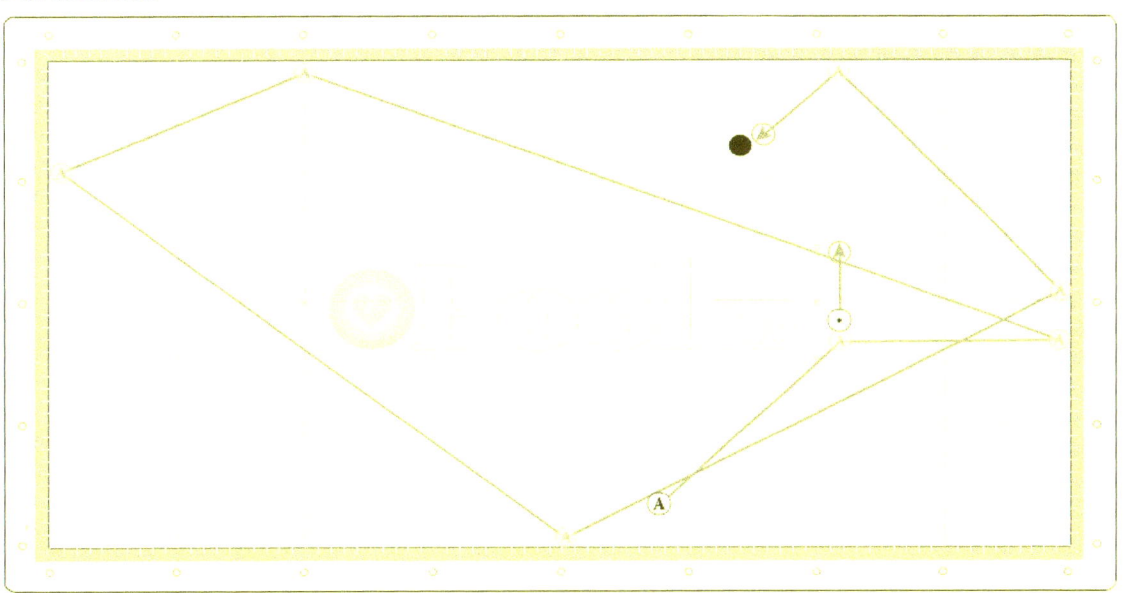

H:2d – Piirustus

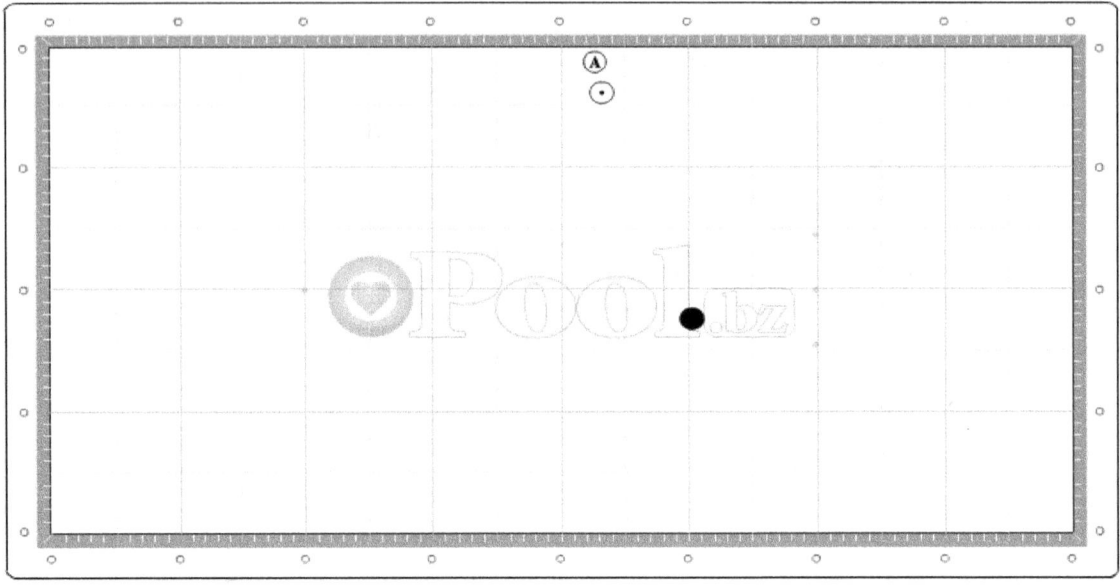

Huomautuksia ja ideoita:

Pallokuviota

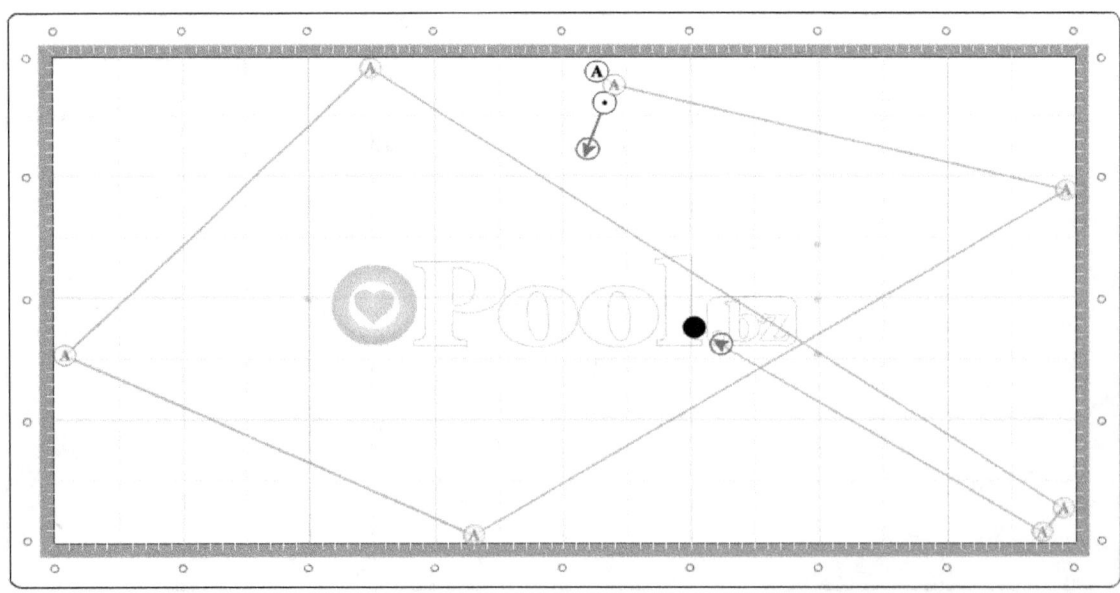

www.ingramcontent.com/pod-product-compliance
Lightning Source LLC
Chambersburg PA
CBHW080920170426
43201CB00016B/2210